文艺复兴时期
西欧民族历史写作

徐 波 / 著

中国社会科学出版社

图书在版编目（CIP）数据

文艺复兴时期西欧民族历史写作/徐波著.—北京：中国社会科学出版社，2019.12
ISBN 978-7-5203-6506-2

Ⅰ.①文⋯　Ⅱ.①徐⋯　Ⅲ.①民族历史—研究—西欧—中世纪　Ⅳ.①K560.8

中国版本图书馆 CIP 数据核字（2020）第 087291 号

出 版 人	赵剑英
责任编辑	宋燕鹏
责任校对	杨　林
责任印制	李寡寡

出　　版	中国社会科学出版社
社　　址	北京鼓楼西大街甲 158 号
邮　　编	100720
网　　址	http://www.csspw.cn
发 行 部	010-84083685
门 市 部	010-84029450
经　　销	新华书店及其他书店
印　　刷	北京明恒达印务有限公司
装　　订	廊坊市广阳区广增装订厂
版　　次	2019 年 12 月第 1 版
印　　次	2019 年 12 月第 1 次印刷
开　　本	710×1000　1/16
印　　张	16.25
字　　数	251 千字
定　　价	85.00 元

凡购买中国社会科学出版社图书，如有质量问题请与本社营销中心联系调换
电话：010-84083683
版权所有　侵权必究

目 录

绪 论 西方史学中的民族历史写作传统 ………………………（ 1 ）
第一章 意大利人文主义史学与民族史学 ……………………（ 18 ）
　　第一节 布鲁尼开创的人文主义史学新风格 ………………（ 19 ）
　　第二节 比昂多的历史—地志学方法与民族历史写作 ……（ 29 ）
　　第三节 马基雅维利的新政治史与意大利的民族身份 ……（ 40 ）
　　第四节 圭查迪尼的《意大利史》 …………………………（ 50 ）
第二章 法国民族历史写作的初步和民族历史观的形成 ………（ 61 ）
　　第一节 法国新政治史的开端：从科敏纳到塞瑟尔 ………（ 63 ）
　　第二节 盖刚的尝试：《法兰克人的起源和事业纪要》 …（ 76 ）
　　第三节 教会法和封建法研究与民族历史观 ………………（ 80 ）
　　第四节 迪穆兰和霍特曼的民族历史观 ……………………（ 90 ）
　　第五节 皇家博学研究团体与民族历史研究 ………………（103）
第三章 法国史学新理论和新方法的探究 ……………………（114）
　　第一节 博杜安的"整体史"观念 …………………………（116）
　　第二节 博丹的"历史方法" ………………………………（125）
　　第三节 勒鲁瓦和加亚尔的文明史 …………………………（131）
　　第四节 拉波佩利埃尔的"完美历史" ……………………（135）
第四章 法国民族历史写作的成熟 ……………………………（142）
　　第一节 迪蒂耶和皮图的法国中世纪研究 …………………（143）
　　第二节 迪埃朗的法国通史编撰 ……………………………（153）
　　第三节 德·图的法国当代史 ………………………………（155）

第四节　帕基耶的法兰西文化研究 …………………………（158）
第五章　英国人文主义民族政治史写作 ………………………（169）
　　第一节　托马斯·莫尔的《理查三世本纪》…………………（170）
　　第二节　海沃德的政治策略史著作 …………………………（174）
　　第三节　培根的历史理论及其民族史写作 …………………（181）
第六章　英国博学传统的民族史写作 …………………………（198）
　　第一节　英国的方志学传统与历史—地志学研究 …………（198）
　　第二节　约翰·利兰的历史地志研究 ………………………（202）
　　第三节　威廉·卡姆登的《不列颠志》………………………（205）
第七章　德国的民族历史写作与德意志民族的塑造 …………（213）
　　第一节　温斐林的《德国史纲》………………………………（215）
　　第二节　贝亚图斯的《德国纪事》……………………………（221）
　　第三节　德国民族史的奠基者弗兰克 ………………………（226）
第八章　西班牙和尼德兰的民族历史写作 ……………………（234）
　　第一节　西班牙人文主义史学的奠基者梅西亚 ……………（235）
　　第二节　"西班牙的李维"马里亚纳 …………………………（239）
　　第三节　杰出的荷兰民族历史家霍夫特 ……………………（245）
　　第四节　最博学的荷兰历史家格劳秀斯 ……………………（250）

绪论　西方史学中的民族历史写作传统

一

西方民族历史写作传统的古典渊源是罗马史学，而不是希腊史学。希腊人在政治上从来不是一个统一体，他们写作埃及史、巴比伦史、罗马史，但从来没有创造过自己的民族历史传统。我们知道，中古早期的历史家，如都尔的格雷戈里和比德，他们为了记述一个民族的历史，都向罗马历史家、教会历史家和东方历史家学习，并没有看见他们求助于希腊历史家。[①] 这种情况也适用于文艺复兴时期的近代民族历史写作的兴起。文艺复兴时期的历史家是从罗马人，而不是从希腊人那里得到了民族史的观念。色诺芬、波里比阿等希腊历史家对布鲁尼等人文主义者是有影响的，但是，希腊历史家对人文主义民族史的发展的作用依然是个问题。文艺复兴时期的学者们认为，修昔底德和色诺芬等都不是希腊民族史家，他们是当代史家，而俄福鲁斯[②]和波里比阿则是世界史家。应该说，希腊历史家对民族史的产生有特殊影响，他们促使罗马人和犹太人，以及基督徒至少是部分根据希腊模式来写作他们的历史。所以，民族史的产生是希腊历史思想和历史方法与罗马强烈的民族传统相遇的

[①] 参阅格雷戈里《法兰克人史》，寿纪瑜等译，商务印书馆1981年版。同时参阅比德《英吉利教会史》，陈维振、周清民译，商务印书馆1996年版。
[②] 俄福鲁斯（Ephorus，公元前400—前336年），古希腊历史家，著有《世界史》。其生平参阅《历史著作史》上卷，谢德风译，商务印书馆1988年版，第49页。

结果。①

　　罗马人写作自己的民族历史，并越过中世纪，通过文艺复兴对近代民族史写作传统发挥了重要作用。在罗马民族史的产生过程中起重要作用的第一个罗马历史家是费边·皮克托（Fabius Pictor，约生于公元前254年）。他出身于一个贵族家庭，早年曾参与高卢战争和汉尼拔战争，公元前216年坎奈战役后，他曾作为罗马使团成员，出使希腊。② 在公元前3世纪末他用希腊语写作了他的《罗马史》，从罗马起源一直写到公元前3世纪末。他的出现是罗马史学兴起的标志。在第二次布匿战争期间诞生罗马史学，绝非偶然。首先，这场与迦太基人所进行的生死存亡的大搏斗，激发了罗马人的爱国热忱，使他们想到祖辈创业的艰难和自身责任的重大。其次，由于这次战争是在辽阔的区域进行的，随着战争形势的发展，罗马人的眼界扩大了。正是在第二次布匿战争③期间，罗马人开始大规模地吸收希腊文化。再次，希腊化的冲击迫使各民族反思自己的历史，界定自己的民族身份，开始用希腊语，根据希腊历史编纂方法来写作自己民族的历史，以便各国读者了解自己的民族。最后，希腊化时代修昔底德式的以关注当代，探索人性的永恒特征，解释政治事件的前因后果为特征的政治史的衰落，博学研究的兴盛，都对皮克托的历史写作有重大影响。由此，可以看出，影响皮克托的既有希腊因素，也有罗马因素。实际上，他是在二者之间寻求一种平衡。

　　皮克托受到希腊作家的影响，并不意味着他完全受制于希腊历史家。他有自己的方法，同时也利用希腊历史家的成果，并且，延伸到希腊历史家没有充分研究的时期和方面。在实践过程中，他用了罗马的编

---

① Arnaldo Momigliano, *The Classical Foundations of Modern Historiography*, Berkeley: University of California Press, 1990, p. 87.
② 皮克托的生平，参阅汤普森《历史著作史》上卷，谢德风译，商务印书馆1988年版，第86—88页。
③ 布匿战争（Punic Wars）是公元前264—前146年罗马与迦太基两国为争夺地中海沿岸霸权，前后进行的三次战争。第二次布匿战争是指两国在公元前218—前201年进行的战争。

年框架，无疑也利用了祭师编年纪事（the Annals of the Pontiffs）①和别的罗马材料。皮克托的贡献是开创性，他的《罗马史》开创了一个新的历史著作传统，即民族史传统。他的著作比以前希腊人写作的世界史更注重政治制度的连续性。罗马人不可能仅仅局限于当代史，因为他们有一种深刻的传统意识和历史连续性的观念。他们或许在对过去的批判态度上不如希腊人，但他们感到有必要从起源叙述自己的历史。从罗马的起源开始写是罗马历史写作的最重要的特点之一。

皮克托开创的民族史写作传统，后来经过老加图（Cato the Elder，公元前234—前149年）②、萨鲁斯特（Sallust，公元前86—前34年）③和李维（Livy，公元前59—公元17年）的继承和发扬，成为对后世影响极大的民族历史写作范式，考虑到李维在后世的盛名，我们可以将这一范式称为"李维范式"。李维范式的特点是：其一，通史体例，从起源开始写；其二，以政治、军事为主线，有强烈的民族意识；其三，重视历史的垂鉴作用④。

在罗马，除皮克托和李维开创的民族政治史范式外，民族历史写作中还有另外一个重要范式，即源于希腊的，以罗马作家瓦罗为代表的博学研究范式。该范式与希腊化时期盛行的传记（bios）这一著作体裁密切相关。希腊化时代的传记既可以讲述个人的故事，也适宜于讲述民族的故事。亚里士多德的学生迪凯亚尔库写有《希腊人的生活》，用传记形式来讲述一个民族的故事，系统描述希腊的习俗和典章制度。公元前1世纪的罗马作家瓦罗（Varro，公元前116—前27年）是罗马博学研

---

① 罗马的祭师编年纪事是祭师们把他们认为重要的事记在粉板（tabula dealbata）上，逐年更新，有如纪事表，到年末则将其抄录成卷。公元前2世纪末，罗马曾把全部祭师编年纪事编辑成书，共80卷。见西塞罗《论演说家》，王焕生译，中国政法大学出版社2003年版，第239—241页。

② 加图，古罗马政治家和学者，他的《起源》一书带来了拉丁史学的革命性变化，被李维称为罗马史学的鼻祖。他也是罗马最早的农业论著《农业志》的作者。参阅汤普森《历史著作史》上卷，谢德风译，商务印书馆1988年版，第90页。

③ 萨鲁斯特，古罗马政治家和学者，著有《喀提林阴谋》《朱古达战争史》，据说还写有一部《罗马史》，但已失传。汤普森：《历史著作史》上卷，谢德风译，商务印书馆1988年版，第99—100页。

④ 同上书，第103—109页。

究的典范，他的一生著述宏富，涉猎广泛。在博学研究方面，他继承了希腊前辈的系统研究的方法，但他运用更得当、更有力、更富于成果，从而使他的前辈黯然失色，使他的同时代人震惊，5个世纪以后的圣奥古斯丁仍然为他着迷①。他著有25卷《罗马古事考》和16卷《罗马神事考》，对罗马习俗制度和宗教神话进行研究。他还仿效迪凯亚尔库写作《罗马人民的生活》②，由此开创了民族历史写作的博学研究范式，我们可以将其称为"瓦罗范式"。

瓦罗范式具备博学研究的全部特征，与李维范式是有很大差异的，首先，瓦罗范式不是按年代顺序来进行的叙事，而是专题性的系统研究。当然，在编年顺序容易确定时，他们也不反对按编年顺序来处理安排材料。总之，时间因素在博学研究中的作用不如在政治史中那么大，这与二者研究的主题有关。人们对政治、军事史的理解取决于事件因素，即取决于相继发生的事件的时间顺序，而博学研究侧重于习俗和典章制度的系统描述。习俗、制度、宗教等的起源时间，要么全然不知，要么难于考证，所以，在研究这些主题时，很难完全做到按编年顺序来处理。其次，瓦罗范式广泛使用各种档案文书和碑刻铭文，这正是博学研究的著作值得注意的特点。传统的历史家从修昔底德到波里比阿，从费边·皮克托到李维，虽然偶尔也使用档案材料，但是，他们中没有一人是通过系统研究档案，主要依据档案材料来写作历史的。甚至公元前1世纪罗马统治时期的希腊历史家哈利卡纳苏斯的狄奥尼修斯，虽然深受罗马学者瓦罗的影响，也认为没有必要对罗马档案进行透彻研究。历史家很少去档案馆，更少详尽引用偶然发现的档案资料，而博学研究者则视搜集档案资料和碑刻铭文为他们的职责，他们的研究成果几乎都是在详尽档案研究的基础上做出来的。最后，著作体裁上，瓦罗范式与李维范式也有很大不同。瓦罗范式的著作体裁实际上是把讲述个人故事的著作体裁用来讲述民族的故事，是传记体裁的发展。

---

① Arnaldo Momigliano, *The Classical Foundations of Modern Historiography*, p. 68.
② Ibid., p. 66.

二

传统上认为，近代民族历史写作兴起于文艺复兴时期。其大致过程是，意大利人文主义者布鲁尼通过有意识地模仿李维写作了《佛罗伦萨人民史》，其他的人文主义者也相继写出意大利其他城邦和民族的历史。意大利人文主义者通过依照古典方式写作民族历史来谋生，他们向欧洲各国君主推销这种新型历史，最终引起各国本民族历史家的竞争，随后出现了各民族本土的民族历史家。① 这种描述过分简单化，有明显的不足，它过分强调了李维的重要性。实际上，文艺复兴时期还存在另一种人文主义者的民族历史，它与李维关系甚微，而以瓦罗为古典榜样。所以，我们认为，文艺复兴时期存在着两种民族历史写作范式，即李维—布鲁尼政治叙述史范式和瓦罗—比昂多博学研究范式。这两种范式的民族史不仅有竞争，而且有融合。

人文主义史学的诞生地是佛罗伦萨，第一位人文主义历史家是列奥纳多·布鲁尼。布鲁尼的《佛罗伦萨人民史》为人文主义历史编纂提供了榜样。他从佛罗伦萨建城或起源开始写，以政治、军事为主线，模仿古典风格，充满强烈的城邦爱国主义的情绪。这种作为审慎和实践智慧的教师的历史，对后世影响非常大。在佛罗伦萨，布鲁尼的追随者中有两个是布鲁尼在佛罗伦萨政府秘书处的继任者，即波基奥·布拉乔利尼（Poggio Bracciolini，1380—1459 年）和巴托罗梅奥·德拉·斯卡拉。其他追随者都是俗语历史家，包括马基雅维利、圭查迪尼和西皮奥内·阿米拉托。波基奥本身就是一位伟大的人文主义学者，他的《佛罗伦萨人民史》是布鲁尼著作的续编，但范围要狭窄一些，是一本部头不大的著作，写作于他人生的最后几年，即 1455—1459 年。布鲁尼的著作是以李维为榜样，而波基奥则更多的是以萨鲁斯特为典范，他关注的是 14 世纪中期的军事和外交事务。他对心理因素，尤其是愤怒和对权力的追逐给予了相当的注意，同时，他还强调历史的教育意义。斯卡拉的

---

① Arnaldo Momigliano, *The Classical Foundations of Modern Historiography*, pp. 81 – 82.

著作不那么成功,他是从起源开始写,但到他去世时(1497年)还没有写到14世纪。佛罗伦萨学派的其他成果,包括贝内代托·阿科尔蒂的《第一次十字军东征史》,他也曾担任国务秘书(1458—1464年),还有吉安诺佐·曼内蒂的《比萨史》、马泰奥·帕尔梅里的几部著作、贝尔纳多·鲁切莱的关于意大利战争和古代罗马的历史著作等。但是,在马基雅维利和圭查迪尼之前,没有一部著作超越,甚至几乎没有一部著作达到布鲁尼所树立的标准。①

在15世纪,这种博学、雄辩、精英的编史新风格吸引了许多佛罗伦萨以外的追随者。同时,由于印刷术的发明和书籍的普及,它也吸引了越来越多的读者。在人文主义者看来,印刷术就是适时出现,以便传播他们的文化信息的。佛罗伦萨以外的追随者中最杰出的是两个威尼斯历史家,一个是贝尔纳多·圭斯蒂尼亚尼(1408—1489年),另一个是马堪托尼奥·科乔(也叫萨贝里科,约1436—1506年)。两人都大约在15世纪80年代,以李维和布鲁尼方式,从建城开始,分别写作了《威尼斯史》。在佛罗伦萨长期的劲敌米兰,也有许多学者颂扬米兰古代的辉煌,今日的成功。如贝尔纳蒂诺·科里奥的《米兰史》就是一部用俗语写成的人文主义历史。那不勒斯王国有自己的历史家,最著名的是乔万尼·庞塔诺和瓦拉。这种历史编纂风格在若干意大利小邦也有追随者,包括热那亚、锡耶纳、曼图亚和费拉拉,只是忠实和成功的程度不同。②

在佛罗伦萨之外虽然也有不少布鲁尼的追随者,但是,佛罗伦萨之外还流行着另一种史学范式,即博学研究范式。这一范式与语文学大师瓦拉密切相关,尽管他对历史编纂的直接贡献是微不足道的。瓦拉发起并领导了对过去的全面检讨,他所做的工作包括评注圣经新约和李维的历史著作;考释古典罗马法文本;翻译希罗多德和修昔底德,尤其是他关于拉丁语的论述,都表现出他重建整个罗马古代文明的企图。瓦拉反对为人普遍接受的亚里士多德关于历史的观点。亚里士多德认为,历史

---

① Donald R. Kelley, *The Writing of History and the Study of Law*, Burlington: Ashgate Publishing Company, 1997, I, p. 240.

② Felix Gilbert, Machiavelli and Guicciardini, *Politics and History in Sixteenth Century Florence*, New York: W. W. Norton & Company, 1984, p. 209.

比诗更少哲学意义，所以低于诗歌。① 瓦拉认为，历史比诗更直率，因为它更真实。它不是倾向于抽象，而是关注具体事实，是通过事例来说教。接着，他重申了西塞罗的名言："没有历史，人们就永远是一个孩子。"② 瓦拉对历史最大的贡献是他的《君士坦丁圣赠辨伪》，该书既是对具体的教会法学家作伪行为的批判，又是对教皇传统的总攻击。正像他指出的："不仅进攻死人，而且进攻活人，以及各种权威。"③ 对瓦拉来说，唯一的权威就是作为一个整体的古代，甚至只是语文学家所解释的古代。使瓦拉在史学史上占据中心位置的，不是他的《斐迪南统治时期的历史》，而是他的版本校勘，他对罗马法的语文学④研究，他对教会传统的批判（这一点对新教学术和观点有重要影响）。

把瓦拉的批判方法和精神与瓦罗的博学研究结合起来的是弗拉维奥·比昂多。他以瓦罗的《罗马古事考》和《罗马人民的生活》为榜样，形成自己独特的研究风格，成为后世系统研究民族古史的典范。尤其是他的极具创意的百科全书式的著作《意大利详述》，对意大利自古罗马以来的地理沿革和历史变迁作了详尽的考察，被德国、西班牙和英国等国历史家看作证明和赞颂自己的民族传统的最佳著作形式⑤。瓦罗—比昂多范式的民族史写作不是以政治、军事为主线的叙事，而是包括政治、经济、文化等多方面的专题性的系统研究。它力图摆脱修辞学的束缚，使历史研究建立在经得起考证的"客观事实"的基础上。它所用资料也不局限于古代历史著作，还包括档案材料和碑刻铭文。虽然

---

① 亚里士多德：《诗学》，罗念生译，人民文学出版社1982年版，第29页。
② 此语出自 Cicero, *De Oratore*。见 Lewis W. Spitz, *The Reformation: Education and History*, Vermont: Ashgate Publishing Company, 1997, XIII, p. 148。
③ Donald R. Kelley, *The Writing of History and the Study of Law*, Burlington: Ashgate Publishing Company, 1997, I, p. 242.
④ 语文学（philology）是指从文献角度对一种语言的性质和发展进行研究的学科。它包括对一种语言文献的语用学、语源学和语义学研究，与瓦拉使用的修辞学（rhetoric）这个词的意思相同。德国著名古典学者弗里德里希·A. 沃尔夫（1759—1829年）认为，古典语文学指的是"在古代表现出来的一切关于人类性质的知识"，语文学是一切古代文化的总和。参阅汤普森《历史著作史》下卷，孙秉莹、谢德风译，商务印书馆1992年版，第162页。
⑤ Eric Cochrane, *Historians Historiography in the Italian Renaissance*, Chicago: The University of Chicago Press, 1985, p. 40.

它不像李维—布鲁尼范式的著作那样焦点集中，观点明确，主题连贯，但它依然有强烈的倾向性，试图通过博学研究来发现民族力量的源泉。

三

人文主义新史学得到迅速发展，并且从意大利传播到西欧各国是从 15 世纪晚期开始的。各国接受人文主义新史学都有一个共同动机，即与意大利人文主义历史家竞争，也就是说具有强烈的民族意识。对人文主义新史学的传入，以及意大利人文主义者受雇于法国和英国君主编写法国和英国民族历史，各国人文主义者反应强烈，他们认为意大利人污染、败坏了他们的历史，因而积极行动起来仿效意大利人文主义史学风格，写作自己民族的历史。① 另外，人文主义新史学在传播过程中，民族历史写作的两个范式相互影响，相互融合的趋势也开始出现。

法国人文主义新史学的第一个典范是罗贝尔·盖刚，他曾是纪尧姆·菲歇②圈子的成员。像汪斐林一样，他曾哀叹他的同胞忽略了历史，认为自己的《法兰西起源和事业纪要》（1495 年）正好填补了这一空缺。该书以伊拉斯莫的一封信作为序言，伊拉斯莫在信中将盖刚比作李维。实际上，盖刚的著作是匆忙编写成的，主要材料得自《圣但尼大编年史》，剔除了一些神话传说（如查理曼的十字军征伐），对档案材料有所运用，当然，全书渗透了民族意识，认为无论是法兰西国王，还是法兰西文化都不低于罗马。

盖刚的著作为一个意大利学者保罗·埃米利奥所超越，此人早在 1483 年就来过法兰西，并依照比昂多的方法，考察法国古物，比昂多是他的主要榜样和资料源。保罗·埃米利奥（Paolo Emilio，卒于 1529 年）常常被认为是法国第一个皇家史官，他编写法兰西民族历史的计划

---

① Arnaldo Momigliano, *The Classical Foundations of Modern Historiography*, Berkeley: University of California Press, 1990, p. 82.

② 纪尧姆·菲歇（Guillaume Fichet），15 世纪法国著名人文主义者，索邦大学教授，是印刷技术传入法国的功臣。参阅 Norman E. Binns, *An Introduction to Historical Bibliography*, London: Association of Assistant Librarians, 1969。

确实得到官方的支持。① 他的《法兰西事纪》，像盖刚的著作一样，都曾作为经常引用的法律权威。埃米利奥的著作虽然基本上是意大利人文主义政治史叙述风格，但是，广泛地利用了人种学、语文学、地志学研究，并对制度进行比较研究，对社会和宗教习惯进行讨论，以及别的专题研究，显示出李维—布鲁尼范式与瓦罗—比昂多范式两种民族史写作风格的融合的最早迹象。但是，法国史学并非是从简单接受意大利人文主义史学，发展出自己具有独特品性的民族史学的。埃米利奥为法国人文主义民族史写作提供了最初的榜样，不过在他之后，法国民族史写作继续发展，缺乏突破，没有力作。法国民族史学发展过程中的下一步，也是非常重要的一步，不是出现在史学领域，而是"出人意料地发生在法学领域"。② 这一独特的发展路径不仅对法国史学，而且对西欧其他国家史学都影响深远，必须予以特别重视。

如前所述，文艺复兴时期的法国民族史学的真正突破是在法学领域，走过如下一段历程，即在意大利人文主义学术影响下，从语文学研究到法学研究；从法学的历史方法到历史学方法；从罗马法研究到制度史、文化史研究；从教会法和教会史、封建法和中古史研究到法兰西民族史写作。通过法学研究与历史研究联姻，来改造传统史学，在建构法兰西民族历史的过程中，造成历史思想、历史认识和方法的重大更新，进而在西方史学中开创了独具特色的法兰西史学传统。也就是说，法国思想家从语文学研究开始，通过法学研究，把法学研究与历史研究结合起来，在追寻法兰西民族的过去，重建法学和制度史的过程中，最终提出了史学新构想，开始了史学新实践。正如波科克指出的，16世纪研究过去最重要的方法是法学研究，欧洲各国在当时的政治发展和理论的刺激下，通过反思其法律来获得历史知识，民族历史观部分是其法学研究的产物。各民族关于过去的思想，也可以说是各民族与过去的关系，都深受各民族法律的特性及作为其法律基础的思想观念的影响。由于法

---

① 汤普森：《历史著作史》上卷，谢德风译，商务印书馆1988年版，第728页。
② Breisach, Ernst, *Historiography: Ancient, Medieval, & Modern*, Chicago: The University of Chicago Press, 1983, p.164.

国通过接受意大利人文主义法学研究的影响,在法学与历史学结合方面先于西欧其他国家,所以波科克认为西方现代史学有一个"法兰西序曲"(the French Prelude to Modern Historiography)。[1]

法国文艺复兴时期的法学家比代、博杜安、博丹、迪穆兰、霍特曼、皮图、德·图等都对新史学的探究做出了贡献,最后由历史家拉波佩利埃尔完成了对历史学的重新界定。拉波佩利埃尔的《历史著作史》和《完美历史的观念》是文艺复兴时期"史学新构想"的最全面的阐述。他不仅追溯了史学的发展历程,更重要的是,他提出了"法国历史的新构想",即他所谓"完美的历史"。他的"完美的历史"得自人文主义的这一观点:所有科学、艺术,以及别的人类发明都源于历史。[2] 历史家应该考量地理、政体、王权及其各种制度和法律机构、社会阶级和宗教。我们应该看到,在法国这一史学新构想的最初实践是在民族史领域,而对这样一种"完美历史"的新构想做出最重要、最具体的贡献的是有"史界蒙田"之称的艾蒂安·帕基耶。他的《法兰西研究》不仅涉及法学和制度史,如大学、巴黎高等法院和法兰西教会的历史,而且涉及艺术、文学,甚至大众文化。他一生致力于法兰西社会和文化的研究,也带动其他人,如克劳德·德·福歇和尼古拉·维涅参与这一研究。对于这些学者几乎没有任何东西不在其研究范围内,他们至少是在一个民族的范围内实践了"完美历史"的构想。[3]

法国思想家的史学新构想,以及迪埃朗、德·图、帕基耶等人的史学新实践,表现出人文主义遗产中最宏大的方面,我们可以称其为博学的冲动。人文主义运动在某种意义上就是作为对古代博学的颂扬,又特别强调人文学科而开始的。在其成熟阶段以宏大的历史观点来审视和评价人类知识各学科,这种历史观指向未来,更重视今世而不是古代。他

---

[1] J. G. A. Pocock, *The Ancient Constitution and the Feudal Law*, Cambridge: Cambridge University Press, 1987, p. 29.

[2] Donald R. Kelley (ed.), *Versions of History: from Antiquity to the Enlightenment*, New Haven: Yale University Press, 1991, p. 397.

[3] Donald R. Kelley, *The Writing of History and the Study of Law*, Burlington: Ashgate Publishing Company, 1997, I, p. 246.

们的"完美历史"既强调历史的广泛性、整体性，又不忽略地理和民族的差异性。实际上，他们的整体史就是文化史、文明史。勒鲁瓦的著作充分说明了这一点，他是比代的学生和传记作者。比代认为语文学研究应有广阔的视野，勒鲁瓦将其用于整体史，结果使其著作成为第一部论述文明史的著作。勒鲁瓦的著作是一部世界文化的比较研究，该研究是根据一个在民族层面是循环的，而从整体上看是进步的（主要是指知识和技术今人胜过古人）的模式来进行的。他强调的是人类的创新，特别是当代的"新海洋，以及新型的人、风俗、法律和习惯"。[1] 因此，他们的整体史不是中古基督教会的普遍史，它是各民族的历史，人类文明的历史。它不是上帝的神圣计划的表现，而是人类的活动。它是理性的、世俗的，本质上是民族的。

四

人文主义新史学在英国的出现与一位意大利学者分不开，他就是博莱多内·维吉尔（Polydore Vergil，1470—1555 年）。他是 1502 年来到英格兰的，在此之前，他已经表现出对历史的关注，曾在 1499 年发表《论发明》，这是一部博学研究著作，由此确立了他的历史观。对维吉尔来说，摩西是历史的"发明者"，但是历史学本身完全是人的事业，关涉人的行为、事迹，以及事件的原因和结果。到 1502 年，他完成了《英国史》第一卷，并将其题献给亨利七世。维吉尔依靠的是与法国一样丰富的英国编年史资料，他受编年史传统的影响非常大，不仅是在编年框架，而且表现在对灾害、洪水、收获、奇迹一类修道士所热衷的主题上。除此之外，维吉尔是一个博学的人文主义者，他为自己雄辩的拉丁语和古典风格的演讲感到骄傲。他对英国历史的神话起源抱一种怀疑的态度，尤其是特洛伊起源说和亚瑟王传奇。他对英国的各种制度都感兴趣，如英国的大学、修道院和法律制度。该书以讨论地理背景开始，

---

[1] Donald R. Kelley, *The Writing of History and the Study of Law*, Burlington: Ashgate Publishing Company, 1997, I, p. 262.

全书分成两个大部分，即征服前和征服后，每一卷写一个国王的统治时期。在全书出齐（他去世那年，1555年）前，它也像埃米利奥的《法兰西事纪》在法国一样，已经成为16世纪期间英国历史著作的权威。

维吉尔的著作的出版给英国学术界带来极大的震动，为了与意大利人文主义者竞争，许多人投身民族历史写作，产生了大量编年史著作，但是水平都不高。直到1586年，威廉·卡姆登的《不列颠志》出版，才改变了英国新史学落后的局面。该书标志着"中古编年史为近代历史所取代，其创造性的研究，尤其对公共档案的研究，使它成为优秀历史著作的典范。"[①] 这部著作不是李维—布鲁尼风格的史著，而是瓦罗—比昂多风格的著作。全书有一个总的引言，概述不列颠的历史，然后是按地区排列，系统地对各地的地形、人物、习俗、制度等方面分别予以叙述。卡姆登追随的榜样是比昂多的《意大利详述》。

同时我们还应该注意到，16世纪开始在英国出现的历史学与法学的交融深刻影响了近代早期英国的历史思想。英国普通法法学家通过追溯英国习惯法和国会的起源来主张英国历史发展的连续性和独特性，英国的封建法研究者和博学研究者更把英国封建法置于全欧背景下来考察，人文主义语文学方法应用于英国封建法研究，以便剔除英国历史解释中的神话因素，以期把英国历史学术建基于更真实可靠的历史学术的基础之上。这时期的普通法法学家和博学研究者既是新历史思想的阐发者，也是英国民族制度史和文化史的构建者。[②] 近代早期许多著名的英国历史学家，包括托马斯·莫尔和弗兰西斯·培根都是法学家。三位杰出的英国内战史家托马斯·梅、布尔斯特罗德·怀特洛克、克拉伦登也是法学家。许多法学家是古物协会成员，该协会成员都从事历史和法学研究。在英国，"完美的"与"不完美的"历史也有区别。从文艺复兴时期到启蒙时代，最受人赞赏的"完美历史"是以政治、军事、法律和制度为主题的扩大的历史叙述，作者往往是有公共事务经验的亲历

---

① F. Smith Fussner, *The Historical Revolution: English Historical Writing and Thought, 1580 – 1640*, Westport: Greenwood Press, 1976, p. 230.

② 关于英国这一时期法学研究对英国近代早期历史思想的影响具体情况，参阅 J. G. A. Pocock, *The Ancient Constitution and the Feudal Law*, Cambridge: Cambridge University Press, 1987。

者。完美的历史所做的不只是叙述"事实",它还提出教训和解释,讨论所述事件的原因。对于培根来说,完美历史聚焦于一个时期,值得记忆的个别人物,以及某种更高贵的"行为或功绩"。历史学与法学的交融对英国史学产生的最直接的结果是,对历史事实可信度的高度重视,以至于最博学的法学—历史家约翰·塞尔登用得自法学的关于历史证据的术语,将其处理资料的过程描述为"一种审讯"。①

文艺复兴时期德国人文主义民族历史写作的兴起与同时期塔西陀《日耳曼尼亚志》的发现和比昂多的《意大利详述》的出版密切相关。一方面,《日耳曼尼亚志》由意大利人文主义者埃尼阿斯·西尔维阿斯(1405—1464年,后当选为教皇,即庇护二世)传给德国人文主义者,书中塔西陀对古代日耳曼人固有的、纯粹的品性,他们的道德和经济关系的纯洁,以及他们政治制度的自由和民主的描述为德国民族史学提供了意识形态基础。另一方面,比昂多的《意大利详述》作为历史—地志研究的典范,为德国民族历史写作提供史著体裁的榜样,其中对德国人的贬低又形成对德国民族情绪的一个挑战。正是在这样的背景下,德国人文主义者康拉德·策尔蒂斯(Conrad Celtis,1459—1508年)及其同事才试图创作《日耳曼尼亚详述》,以颂扬德国的传统,反驳意大利人的攻击。②

汪斐林的《德国史纲》是对策尔蒂斯建议的响应,它更接近布鲁尼的《佛罗伦萨颂》,而不是他的《佛罗伦萨史》,只是它按照编年顺序来叙事而已。他把日耳曼的历史追溯到荷马时代,以此来宣称他们的历史比罗马更古老。接着他颂扬日耳曼人的伟大事迹和人物;讲述日耳曼人对外族的各种胜利,以及从查理曼开始的日耳曼帝国的命运,最后结束于德国文化成就概述,特别提到印刷术的发明。更具批判精神,也更符合意大利人文主义模式的历史著作当数阿尔伯特·克朗兹的关于萨克森和温德人历史的著作。该书也提出了日耳曼人起源问题,它抛弃了

---

① Barbara J. Shapiro, *A Culture of Fact: England, 1550 – 1720*, Ithaca: Cornell University Press, 2000, p. 37.

② Donald R. Kelley, *The Writing of History and the Study of Law*, Burlington: Ashgate Publishing Company, 1997, I, p. 246.

特洛伊起源说,但保留了其他起源神话。由于受比昂多和埃尼阿斯·西尔维阿斯的影响,他出版了《斯堪的纳维亚史》。不久以后,德国人文主义历史学经历了宗教改革的洗礼,在激烈的宗教争论中历史写作更加繁荣。这一时期产生了约翰·阿文提莱的《巴伐利亚史》,以及贝亚图斯的《德国纪事》(1531年)等优秀的历史著作。

总之,直到16世纪,人文主义民族历史写作的成就主要有两方面:其一是将各民族的中古过去古典化,即人文主义者对不文雅的、"野蛮的"的资料,依照古典散文风格进行加工润色。他们通过确定因果关系、利用虚构演讲和对话等文学手法,以及从重建的过去事例得出道德和政治教训的方法,来赋予中古材料某种一致性和连续性。这一过程实际上就是按照李维—布鲁尼范式重构各民族过去的叙事。其二是在民族历史写作中,倡导,常常是实践一种求真求实的学术标准,伊拉斯莫表述为真实而博学,阿尔齐亚托表述为语文学的真实[1],这就是把历史写作建立在世俗学术的基础上,而不是神学教义和随意的年表的基础上。同时,注重原始资料的考释,关心文化史、制度史,强调系统研究。这后一过程则是依照瓦罗—比昂多范式探究各民族的过去。值得特别注意的是,在这样的背景下出现了对历史研究有重要意义的结果,即两大历史研究范式融合的最初表现,即法国学者的史学新构想和史学新实践。两大范式的融合必然带来历史研究方法的更新,必然扩大历史研究的领域,拉长历史研究的时间跨度,历史不再只是以政治、军事为主线的叙事,而是一项具有"研究"和"分析"特征的严肃的理智活动。它既包括对历史的关键问题的理解,又有对纷乱不清的制度、经济、文化和宗教因素的分析。历史家既要重视变化,又要找出联系,把握结构。历史家技艺的最高境界在于把系统分析与编年叙述很好地结合起来[2]。如果说历史批判意识、注重原始资料考证、关注文化史等是西方近代史学的重要特征,那么,在构建民族史的过程中,15—16世纪西欧历史家

---

[1] Donald R. Kelley, *The Writing of History and the Study of Law*, Burlington: Ashgate Publishing Company, 1997, I, p. 249.

[2] H. Stuart Hughes, *History as Art and as Science*, Chicago: The University of Chicago Press, 1975, p. 77.

的史学新构想和史学新实践就预示了西方近代史学发展的方向。

五

综上所述，我们知道早在18—19世纪之前欧洲就已经有了民族历史写作。民族历史写作最早可追溯到古罗马时期，而在中世纪和近代早期的欧洲就有历史家讲述各民族的故事，并且清晰表达了民族政治和文化统一性的概念。到文艺复兴时期，各国人文主义历史家接受了民族国家这一主题。欧洲各国的人文主义者创造了一整套共同的记忆、价值、象征符号，即"民族神话"（national myths），以塑造所谓民族国家的空间实体，甚至在那些根本不存在统一的政治架构的地方，如意大利和日耳曼地区亦复如此。从历史的观点看，民族神话应该基于一个更实证、更包容的框架来进行研究，将其看作对一系列意义的表现，或者说是以符号形式（物件、地点、事件和个人）呈现出来的一整套观念、信念和价值。这类民族神话并非是纯粹的无根据的虚构，而是有某种历史根据，并且以某种方式与现实相联系的。它最核心的特征是具有某种神圣性，对人的思想和行为有制约作用，"为人们理解其过去和现在，支撑其未来期望提供框架"。[①] 因此，民族神话是民族历史写作的前提和促进因素。在民族历史写作过程中，人们往往把地理、领土和历史的概念与民族国家的观念相互关联起来。到15世纪末，印刷术的发明在民族国家话语的传播和相互作用上起了关键作用。此后，欧洲作为一个国际公共领域开始出现，在其中民族国家的观念一直盛行。

作为古典学者的人文主义者，通常诉诸古典文献来确定自己民族的特性，来证明自己民族相对于其他民族的优越性。人文主义者不仅关注界定民族性，而且他们还热切追寻民族起源，强调民族的历史延续，"历史是建构民族和民族身份的关键因素。各国的民族塑造者都认为：他们的民族必须有一部历史——越悠久，越令人自豪就越好。创造民族

---

① Gerard Bouchard（ed.）, *National Myths: Constructed Past, Contested Presents*, London and New York: Routledge, 2013, pp. 276 – 277.

历史意识普遍被认为是在更广大的人群中激发民族国家情感的重要前提，因为国家的种族化和神圣化都是以历史和传统为背景来形成的。"[1] 历史以叙事的形式告诉我们，我们是谁，我们从哪里来，我们将向何处去。它界定了有助于构建群体身份本质的轨迹、该群体与其他群体的关系，以及确定了面对现实挑战群体所作的选择。[2]

民族英雄也是至关重要的因素，因为他们象征着全部民族的美德，面对外来威胁捍卫着民族的"精神本质"。欧洲的民族历史叙事都有共同的民族英雄，如各民族创始英雄。特洛伊英雄、查理曼大帝等都出现在欧洲各国民族叙事中，民族英雄常常是民族象征。各国人文主义者本来就是针对别的民族来界定自己的民族的，尤其是周边邻近民族更常常被看作"自己"民族的重要"他者"。因此，意大利人与法兰西人相互谩骂攻击，德国人又常常批评法兰西人和意大利人过度文明、腐败和傲慢。民族敌人的观念在16世纪已经发展得很充分了。16世纪的宗教改革主要建基于人文主义者关于民族的话语。北欧、中欧和西欧的新教君王和诸侯都把新教民族国家的概念作为与教皇的普世主义相对立的术语来使用，并构建与罗马相区别、相对立的民族过去。[3] 民族历史写作成为新旧教之间的斗争，民族国家的建立提供合法性的有用工具。

然而，我们一方面要注意正如斯蒂芬·伯杰指出的，现代民族根本不同于中世纪和近代早期的民族，因此现代民族史与中世纪和近代早期的民族史相比，也具有完全不同的性质和功能，主要的变化都发生在18世纪后半期。随着1750年到1850年欧洲转型时期现代性的出现，对民族国家的忠诚才成为合法化国家权力的重要途径。只有到了这时候民族才取代和融合宗教、王朝世袭、封建主义等因素，成为统治者与被统

---

[1] Stefan Berger (ed.), *Writiing the Nation: A Global Perspective*, London: Palgrave Macmillan, 2007, p. 1.
[2] Janos Laszlo, *Historical Tales and National Identity: An Introduction to Narrative Social Psychology*, London and New York: Routledge, 2014, p. 49.
[3] Stefan Berger (ed.), *Writiing the Nation: A Global Perspective*, London: Palgrave Macmillan, 2007, p. 31.

治者之间的重要黏合剂。① 另一方面，我们又要看到民族历史对塑造民族归属感和民族身份认同从近代早期开始就非常重要，近现代民族历史话语的许多因素都可以追溯到中世纪和近代早期。系统研究文艺复兴时期的民族历史写作发展的全过程，并就各地区和国家对民族历史写作的贡献及其各自民族史学的发展路径进行比较研究，不仅使我们能够深入了解西欧史学迈向近代的过程，同时也使我们能探究近代早期"民族"这个新因素对历史学术的影响，揭示政治与学术之间的互动关系。

---

① Stefan Berger (ed.), *Writiing the Nation: A Global Perspective*, London: Palgrave Macmillan, 2007, p. 32.

第一章　意大利人文主义史学与民族史学

文艺复兴文化的内容包括许多方面，其中最为核心的是人文主义。至于什么是人文主义，自1860年布克哈特的《意大利文艺复兴时期的文化》一书出版以来，人们对此一直众说纷纭，莫衷一是。然而，有一点是非常明确的，即19世纪以前并不存在"人文主义"（Humanism）这一术语。在文艺复兴时期，人们用得最多的是"人文学科"（Studia Humanitatis），包括语法、修辞、诗学、史学和伦理学等学科。与之相对应，"人文主义者"（Humanista）则是指那些热衷于人文学科的人。因此，从文化史和学术史角度看，可以把以人文主义为核心的文艺复兴定义为"人文学科伟大兴起和发展"①。文艺复兴14—15世纪兴起于意大利，16世纪开始影响到法国、英国和德国等欧洲国家，并且与发端于德国的宗教改革运动相互影响，相互激荡，为欧洲迈向近代社会做了观念形态上的准备。② 就历史学术而言，文艺复兴开创了近代语文学和历史考证学，从而把历史真实建立在世俗学术基础之上。正如意大利著名学者尤金尼奥·加林所说："近代历史观念是产生于人文主义语文学领域，正是在这点上，表现出了人文主义的创新意识。"③ 世俗的历史观、历史批判意识、关注制度史和文化史、注重原始资料考证、注重城邦政

---

① 保罗·奥斯卡·克利斯特勒：《意大利文艺复兴时期八个哲学家》，姚鹏、陶建平译，上海译文出版社1987年版，第4页。
② 王挺之、徐波、刘耀春：《新世纪的曙光：文艺复兴》，中国青年出版社1999年版，第137—144页。
③ Donald R. Kelley, *The Writing of History and the Study of Law*, Ashgate Publishing Company, 1997, I, p. 236.

治史的连续性和历史的教育作用，具有浓厚的城邦爱国主义色彩，这些是意大利人文主义历史写作的基本特征。首先是布鲁尼的人文主义政治史和比昂多的人文主义历史—地志学研究在西欧的传播，深刻影响了其他国家和地区的历史学，无论在历史思想、研究方法、著作形式还是叙事语言等方面都为西欧各国的民族历史写作提供了效仿的榜样。其次，马基雅维利对"世俗祖国"的呼唤，对意大利统一道路的设计，以及圭查迪尼对整体意大利史的构建都无疑开创了西欧民族历史写作的先河。

第一节　布鲁尼开创的人文主义史学新风格

第一位人文主义历史家是佛罗伦萨历史学家布鲁尼。他是彼特拉克历史观念的真正传人，他以古希腊、罗马作家的著作的翻译和研究开始自己的学术生涯，他说："在这类研究中我把历史置于首位……因为理解我们自己历史的起源及其发展，理解人民和君王的成就是我们的职责。"他指出，这样的研究目的不仅是要拓宽政治眼界，也是为了得到道德教训的事例。最后他得出结论："这样，历史就既能使我们更明智，也能使我们更有节制。"[①] 他的《佛罗伦萨人民史》虽然只是佛罗伦萨一个城邦的历史，但无论在语言风格、叙事方式、著作形式，还是在其中表现出来的城邦爱国主义精神都为后来西欧民族历史写作提供了榜样。

利奥纳多·布鲁尼（Leonardo Bruni，1370—1444 年）于 1370 年出生在托斯加纳地区的阿雷佐城一位富裕的粮商家庭，他父亲在阿雷佐北部的马尔切诺村有地产。然而，他父母于 1386 年和 1388 年先后去世，留给年幼的布鲁尼的家产并不多。幸而他早年在阿雷佐学校受过良好的拉丁语教育，于是，20 岁左右在亲戚朋友的资助下，进入佛罗伦萨大学学习法律。在佛罗伦萨，他成为共和国政府秘书长人文主义者科卢乔·萨卢塔蒂圈子的成员。这一时期与他在文学上交往最密切的是学者

---

① Donald R. Kelley, *The Writing of History and the Study of Law*, Ashgate Publishing Company, 1997, I, p. 238.

和书籍收藏家尼科罗·尼科利,同时,他还跟随早期西塞罗主义者拉文纳的乔万尼·马尔帕吉尼学习拉丁文学,师从拜占庭教育家曼鲁埃尔·克里索罗拉学习希腊语。正是在克里索罗拉和萨卢塔蒂的影响下,布鲁尼放弃法律学习转而研究古典学术,成为当时意大利真正掌握希腊语的学者,也是他的时代最杰出的拉丁语作家。

1405年,经萨卢塔蒂的举荐和朋友波吉奥的帮助,布鲁尼获得罗马教廷秘书的职位。他担任罗马教廷秘书若干年,历经英诺森七世、格里高利十二世和亚历山大五世几任教皇。1410年,他当选为佛罗伦萨共和国政府秘书长。当时,佛罗伦萨政府秘书长是一个非常荣耀的职位,往往由最著名的人文主义者担任,布鲁尼的老师萨卢塔蒂就曾担任该职。几个月后,他辞去佛罗伦萨的职位,回到罗马,在教皇约翰二十三世的教廷担任秘书,并随同教皇参加康斯坦茨公会议(1414年)。在约翰二十三世被废之后,他在1415年重新回到佛罗伦萨。1416年,凭借写作《佛罗伦萨人民史》赢得的人文主义学术声望,以及在佛罗伦萨上层社会的交往,他获得了共和国公民权和免税特权。1427年11月,布鲁尼又当选为佛罗伦萨政府秘书长,到1444年逝世,前后供职18年。除担任政府秘书长外,他还担任过"贤人团"成员(1437年)、商业法院法官(1438年)、十人军事委员会成员(1439年、1440年和1441年)、安全委员会成员(1441年)、督政官政绩审查小组成员(1442年)、行会法规审查委员会成员(1442年)和长老会议成员(1443年)。同时,他积极参与佛罗伦萨各大行会的工作。据波吉奥·布拉乔里尼说,如果不是他于1444年去世,他还会被选举为"正义棋手"[①]。布鲁尼在担任公职期间表现出杰出的政治才干,尤其是他曾三

---

① 文艺复兴时期佛罗伦萨共和国的最高权力机关是长老会议,其下有两个辅助班子,一个是12人的"贤人团",另一个是16人的"正义棋手团"。这三个机构是共和国最重要的行政机构。十人军事委员会则是成立于1384年的一个特殊机构,最初只是在战时和备战期间的临时委员会,后来逐渐成为常设机构,权力越来越大。15世纪前期,它的职权范围包括对外宣战、媾和、结盟;对外派遣间谍和使节,雇佣并在战时指挥和管理军队等,有时也协助政府其他部门处理国内行政事务。由于十人军事委员会权力重大,其成员入选资格也非常严格,进入该委员会是佛罗伦萨公民的一种荣耀。参阅王挺之、徐波、刘耀春《新世纪的曙光:文艺复兴》,中国青年出版社1999年版。

次进入军事委员会，参与共和国的最高决策。由于他擅长周旋于佛罗伦萨激烈的党派斗争中，能在敌对两派之间采取不偏不倚的立场，即便当科西莫·美第奇于1434年返回佛罗伦萨，大批政治名人被放逐的时候，他也能幸免并很快取得科西莫的信任。布鲁尼去世于1444年3月，佛罗伦萨共和国为他举行了一个盛大的葬礼。

布鲁尼在他的时代享有盛誉，除了是一位著名的政治家外，还是一位伟大的历史家。他作为人文主义学者的声誉主要得自他的历史著作和古希腊著作的翻译。翻译古希腊作家的著作贯穿了布鲁尼的一生。进入佛罗伦萨文坛之初，他主要翻译的是古希腊的演讲、传记和历史著作，其中包括德摩斯提尼的演讲、普鲁塔克的传记、柏拉图的对话，以及色诺芬的《师门回忆录》等。中年后布鲁尼主要致力于翻译亚里士多德的著作，如《尼科马各伦理学》（1416年）和《经济学》（1420年），直到晚年他还在翻译亚里士多德的《政治学》（1436—1438年）。翻译和阅读古希腊著作不仅是他研究古典学术的过程，也使他意识到传世拉丁文历史著作的缺失，从而试图根据他所能得到的希腊文资料来补充拉丁文古代历史著作。他的《第一次布匿战争史》（1418—1422年）一方面是打算用波里比阿的著作来弥补李维的《罗马史》第二个十卷集的缺失，另一方面是要以罗马或意大利观点来改写波里比阿基于希腊观点的历史叙事。布鲁尼从来把李维看作爱国主义历史写作的典范，他之所以不是简单地把波里比阿的著作从希腊语翻译成拉丁语，而是重写这段罗马历史有明显的爱国主义目的。以至于有学者认为："值得注意的是，他是从意大利领土国家，这一政治舞台上具有活力的新因素的视角来写作的。"[1] 他的《意大利与哥特人战争纪事》（1441年）是利用普洛科比乌斯的著作来讲述古代晚期的意大利史，这是为传世拉丁文历史著作所忽略的时期。另外，他还利用色诺芬的《希腊史》写作了一部《希腊事纪》（1439年），讲述公元前4世纪早期希腊的历史。所有这些著作在他有生之年都有意大利语译本，并且传播甚广。

---

[1] Gary Ianziti, *Writing History in Renaissance Italy: Leonardo Bruni and the Use of the Past*, Cambridge, Massachusetts: Harvard University Press, 2012, p. 5.

布鲁尼一生写过四本传记著作，四位传主都是他所敬仰的人物。他写作他们的传记目的在于颂扬其成就，修正他不同意的既存传记著作。他写的第一本传记是《新西塞罗传》（1412—1413 年）。之所以称其为新传是因为他打算弥补普鲁塔克《西塞罗传》的不足，他认为普鲁塔克没有充分颂扬西塞罗。1429—1430 年，他写作了希腊哲学家《亚里士多德传》，强调了这位希腊哲学家对文学的贡献，赞扬他优雅的散文风格。这两部古代先哲的传记是用拉丁语写作的，他后来又用意大利语写作了《但丁传》和《彼特拉克传》。他的《但丁传》是针对薄伽丘的《但丁传》而作的，他认为薄伽丘的传记琐碎无益，把但丁描绘成了一位多愁善感的爱情诗人。他的《但丁传》则强调了但丁对公共事务的积极参与，认为但丁既是一位战士、一位政治家，同时也是一位学者。布鲁尼的《彼特拉克传》着重叙述了这位伟大诗人对复兴古典拉丁文学的贡献，他认为彼特拉克的这一功绩没有得到他同时代人的充分肯定。[1] 布鲁尼写《但丁传》和《彼特拉克传》一方面是为了表达自己的市民人文主义的政治和文化观点，另一方面也是为了颂扬佛罗伦萨，宣扬城邦爱国主义。他成功地将这两位传主塑造为佛罗伦萨城邦的英雄，并影响后世对他们的评价。对于后世的意大利民族历史家来说，但丁和彼特拉克不仅是意大利民族语言文学的奠基者，更是塑造意大利民族的伟人。

当然，布鲁尼的代表作是他的《佛罗伦萨人民史》（*Historiae Florentini Populi*），该书写作过程中就取得了佛罗伦萨共和国官方历史的地位。《佛罗伦萨人民史》写作时间前后长达 29 年，即从 1415 年至 1444 年。1473 年，应佛罗伦萨共和国长老会议之邀，多纳托·阿奇亚约利将其翻译成意大利语。《佛罗伦萨人民史》全书 12 卷，第 1 卷从公元前 1 世纪佛罗伦萨建城一直叙述到 1250 年。第 2 卷至第 12 卷叙述 13 世纪中期开始到米兰的吉安加利佐·维斯孔蒂去世（1402 年）的佛罗伦萨的历史。该书后 11 卷的叙事节奏非常慢，按照年代顺序详尽地记述每

---

[1] Eric Cochrane, *Historians Historiography in the Italian Renaissance*, Chicago: The University of Chicago Press, 1985, pp. 15 – 19.

一年的重大事件。这后11卷集中叙述的是佛罗伦萨共和国的军事事务和制度发展过程，基本上忽略了当时的国际政治斗争。

布鲁尼的《佛罗伦萨人民史》为人文主义历史编纂提供了榜样，这部著作耗费了他一生许多光阴。如果说他的文学灵感得自修昔底德和李维，那么，他的思想观点则更直接地是佛罗伦萨严酷的政治现实，尤其是长期与米兰的冲突及随之而来的15世纪初期的"危机"的产物。[①] 严酷的政治现实加强了他的共和信念，使他很大程度上超越了彼特拉克的政治偏见，达到了与所谓"市民人文主义"相联系的政治、社会关注。他追随萨卢塔蒂，颂扬西塞罗，认为西塞罗体现了积极生活与沉思生活相结合的人生理想。布鲁尼还接受了西塞罗认为历史是经验教训的事例宝库的观点，认为先人的嘉德懿行值得缅怀、效仿，先人的过失罪愆必须提防、避免。他指出，历史既包括一个长长的叙述，每一个特殊事件的原因分析，同时也要对某些问题作适当的判断。他看到佛罗伦萨过去的公益伟绩迄今已为人所忽略，"因此，我决定写作该城著名的历史，不仅是我自己时代的历史，也包括资料所允许的更早那些时代的历史。"[②] 所以，他以李维的方式，从建城开始写作佛罗伦萨的历史。佛罗伦萨的崛起，共和自由的获得，城邦的军事成功是他的主题。他的资料来源主要包括古代作家，以及奥罗修斯、副主祭保罗等中古编年史家，尤其是他的前辈，如维兰尼兄弟和加洛·达蒂。他认为，西塞罗风格的拉丁语是最完美的表达现实的语言工具，因而他以古典修辞方法来对他所利用的资料进行改造和修饰。而且，他遵照西塞罗的原则，对个人心理给予了特别关注，常常用演讲和对话的方法来对人物动机和政府政策进行解释。

布鲁尼的《佛罗伦萨人民史》具有人文主义历史风格的全部因素，他以古典古代历史家为榜样，强调历史中政治军事和道德伦理的中心地

[①] On the problems of Bruni's age, see Donald Wilcox, *The Development of Florentine Humanist Historiography in the Fifteenth Century*, chap. 3. Cambridge, Massachusetts: Harvard University Press, 1969.

[②] Donald R. Kelley, *The Writing of History and the Study of Law*, Burlington: Ashgate Publishing Company, 1997, I, p. 239.

位，可以说是他确立了人文主义历史写作模式。《佛罗伦萨人民史》在语言风格、叙事方式和著作形式等方面是完全依照公认的古典古代的榜样来撰写的。修昔底德的《伯罗奔尼撒战争史》和李维的《罗马史》是布鲁尼效仿的主要榜样。他的语言几近完美地再现了西塞罗和李维的拉丁语风格，所用词语几乎全来自公元前1世纪的拉丁语汇。他按照年代顺序叙事，行文中一般不用不为古罗马人所知的用数字来表述日期。只有在他希望纠正编年错误，或考虑到不断出现"下一年"会妨碍读者计算年代时他才用数字日期。而且，当他认为补充资料或叙述长期后果对准确理解特定事件至关重要时，编年叙事顺序也会让位于主题叙事顺序。因此，他在叙述1336年阿雷佐投降佛罗伦萨之前，就插入了百年来阿雷佐政治状况的概述。像李维的罗马史那样，《佛罗伦萨人民史》的各卷内容都具有主题的连贯性。第1卷结束于1250年不仅是资料缺乏，而且主要是因为那一年神圣罗马帝国皇帝腓特烈二世去世，托斯加纳的教皇党取得对皇帝党的胜利。第6卷的结束、第7卷的开始是在1342年中期，之所以选定在这个时候是因为那一年的下半年雅典公爵被逐出佛罗伦萨，北部意大利政治出现了新的发展趋势。第10卷开始于"米兰战争"的爆发，结束于1391年和约。

布鲁尼崇尚古希腊、罗马，效仿古典作家，但他写作历史著作时并不拘泥于古典榜样。像大多数别的人文主义者一样，他把古典榜样作为向导，而不是作为必须遵从的权威。他认为，模仿应该有利于创新，而不是妨碍创新。他博学多识，不仅学习修昔底德和李维，有时也会借鉴其他古典作家。他用希腊历史家波里比阿的著作来补充李维关于罗马战争的记述，从罗马历史家塔西陀借鉴共和政体有利于创造力发挥，而权力集中一人，伟大的知识就会消失无踪的观点。他在效仿古人的同时也竭力创新，如他在使用演讲词时就不完全同于古典历史家。在修昔底德、波里比阿、李维等古代历史家的著作中这类演讲词一般出自历史家之手，应该看作一种叙事方法、一种修辞手段，不过，有的内容是有根据的、是可信的，如李维《罗马史》第25卷中坎奈战役的幸存者的演讲。历史家用演讲词来交代事件背景，解释事件的前因后果，描述人物的心理动机，目的是要取得文学效果。另外，古代历史家与现代历史家不同，他们关注的是当代事件，把自己的所见所闻作为历史真实，编写历史主要依靠口述资料，以及他们之前的编年史材料，一般不进档案馆。① 作为佛罗伦萨共和国官员的布鲁尼能够接近官方档案，所以《佛罗伦萨人民史》中的演讲词有些是为了文学修辞目的而自己写的，有一些则是历史实录，是档案资料的逐字抄录或意译，如第9卷中所用吉安加利佐·维斯孔蒂的书信就有原件传世。

布鲁尼是在求真基础上强调历史写作的实用性。他认为，历史教人谨慎，通过阅读前人的所作所为，"我们可以更容易地看到，我们应该规避和采取的行为。"② 历史还给人政治智慧，通过了解历史事件的前因后果，我们可以更好地以我们的行动来实现我们的愿望。当然，他认为历史要有用，它就首先必须是真实的。追求历史的真实是作为历史家的布鲁尼的主要职责。他不仅是不轻信那些荒诞的神话，而是要彻底摧毁它们，尤其是要摧毁被人用来支持他不赞同的政治政策的那些神话。例如，他在《佛罗伦萨人民史》中对皇帝派的佛罗伦萨建城神话给予了驳斥。皇帝派的学者认为，佛罗伦萨是由恺撒建立的，后为东哥特国王托提拉所毁，又在查理曼时代得到重建。布鲁尼则为佛罗伦萨找到了一个共和起源，他认为，佛罗伦萨是由罗马共和国的统帅苏拉的老兵所建立的。在他看来，佛罗伦萨的共和起源至关重要，这说明佛罗伦萨是共和政治的真正继承者。他并不因为资料缺乏就把那些意外的历史事件归因于偶然因素，而是对李维的历史资料处理方法做了重大修正。他不是根据一个资料来叙述一个事件，也不是在资料彼此抵牾时轻易改变自己的观点，而是参照多种资料对自己所依据的主要资料进行仔细的考证。因此，尽管他崇尚古典古代的作家，不过他已经意识到古代作家的叙述只有在得到所用资料的支撑时才是可信的。这种意识标志着真正历史考证的开始。布鲁尼还用相关档案文献、私人文件等多种资料来补充编年史资料的不足。

---

① Arnaldo Momigliano, *The Classical Foundations of Modern Historiography*, Berkeley：University of California Press, 1990, p. 66.

② Donald R. Kelley, *The Writing of History and the Study of Law*, Burlington：Ashgate Publishing Company, 1997, I, p. 239.

布鲁尼的《佛罗伦萨人民史》是一部政治史专著，它的中心主题是佛罗伦萨从一个罗马殖民地兴起成为意大利一个重要政治实体的过程。因此，他把不相关的材料全部剔除，围绕一个中心主题来选用、组织材料。全书从佛罗伦萨的建城开始，一直写到1402年吉安加利佐·维斯孔蒂的去世。他认为米兰专制君主吉安加利佐之死是一个重大事件，它彻底改变了佛罗伦萨与意大利其他城邦的关系，使它能够在随后几十年中达到文化上的繁荣昌盛。对于编年史中丰富的关于欧洲其他地区的记载，他也只挑选那些与佛罗伦萨相关的材料，如安茹的罗贝尔登上那不勒斯王位和1378年的教会分裂。他认为这些事件迫使佛罗伦萨政府改变了外交政策。关于佛罗伦萨的文学、艺术也仅仅是在谈到佛罗伦萨的政治、军事发展时作为其结果顺便提及。他的历史视野非常狭隘，历史对他来说只应关注"公共事务"，即政治、军事和外交事务。而经济是纯粹的私人领域，即便是14世纪40年代佛罗伦萨银行业的危机，由于其没有引起政治体制的明显变化，在他的书中只是一笔带过。自然灾害不以人类意志为转移，所以，他描述黑死病很大程度上是为了解释为什么在1348年没有发生值得记忆的大事件。虽然他认为神意的作用和超自然的因素对人类行为没什么教益，但是，他像同时代的所有人一样，认为一个城邦的创建者的品性会在该城邦后世居民身上留下不可磨灭的印迹，所以，他才那么重视佛罗伦萨城的共和起源。

布鲁尼是在重视历史的垂鉴作用和教育意义前提下，强调历史著作应该优雅雄辩。只要历史事件本身和历史人物的演讲没能使历史教训清晰表达出来时，布鲁尼都会毫不犹豫地点明其中包含的历史教训。例如，他在谈到1334年佛罗伦萨征服皮斯托亚时，明确指出只有通过承诺和平，而不是借助武力威胁才能带来领土的扩大。为了使历史有教育意义，历史必须是雄辩的。历史著作必须让读者愿意阅读，愿意接受其中提供的教训。布鲁尼用所谓优雅的古典拉丁语写作，显然他所针对的读者群不是佛罗伦萨的银行家和普通市民，而是有古典学术修养的知识阶层。他这样做与他对历史的理解并不相悖，像古代历史家一样，他认为历史记载的主要是政治、军事的显要人物的事迹，所以历史著作要用庄重优雅的语言，历史除了有教育意义外，还有另一个重要目的，即以不朽的文学形式使人类的丰功伟绩垂之永久。基于这样的考虑，他使用古典拉丁语来写作《佛罗伦萨人民史》，而用意大利语来记载文人的事迹，如《但丁传》和《彼特拉克传》。然而，广泛而持久传播的并不是《佛罗伦萨人民史》的拉丁文原版，而是1473年多纳托同样雄辩的意大利语译本。

当然，用纯粹的古代历史著作形式编写后世历史很难适应时代的变化，这自然会给布鲁尼编史工作带来限制。它使布鲁尼不能认识到个人所归属的社会集团对个人动机和意愿的决定性作用。例如，现代历史家认为在14世纪佛罗伦萨社会中起着重要作用的家族因素，在布鲁尼的著作中基本上被忽略了。家族纷争中的经济因素，他也只字未提。他甚至轻忽对佛罗伦萨政治制度有决定性影响的各行会组织。在叙述1378年的梳毛工人起义时，他更是把行会错误地作为暴民统治的工具一笔带过。布鲁尼把佛罗伦萨社会分为三个社会阶层：上层封建贵族、下层民众（包括工匠、小商人和日工），以及介乎二者之间的中等阶层（包括大商人和银行家）。布鲁尼明显倾向于中等阶层，而对下层民众没有好评价，这也就是为什么他要忽略梳毛工人起义，认为它仅仅是正常历史进程中的一个偶然插曲。

刻意在著作形式上仿古也使布鲁尼常常把应该归因于个人和社会集团的一些行为，归因于整个"佛罗伦萨人"。他通常用"佛罗伦萨人"来指代在共和国行政机构中任职，负责制定和执行政策的那些人，总是把这些只有短暂任期的官员看作一个具有共同目的和思想观念的整体，因而他常常忽略政府官员彼此之间争权夺利、钩心斗角的激烈争斗。在叙述佛罗伦萨与米兰的战争时，他总是强调佛罗伦萨政治决策的一致性，而全然不顾档案资料中丰富的相反证据。他把回避不了的佛罗伦萨的决策分歧通通归因于外部势力对国内事务的干预。因此，他完全不能解释14世纪70年代佛罗伦萨对外政策的急剧变化，当时佛罗伦萨从教廷的最忠实的盟友变为教廷最坚定的敌人。由于作为整体的"佛罗伦萨人"作出的决策都应该是明智的，所以他也不能解释在1402年米兰军队占领博洛尼亚后佛罗伦萨政府的迟缓反应，尽管他认为这一事件是共和国历史上最严重的危机。

更为奇怪的是，他对佛罗伦萨政府秘书长这一官职只字未提。政府秘书长在佛罗伦萨政府中非常特殊，是一个由政府任命的职业官职。佛罗伦萨政府中许多职位任期短暂，而政府秘书长的连续任职正好保证了各届政府之间政策的连续性。而且，布鲁尼本人长期担任政府秘书长，他的老师萨卢塔蒂也是在担任该职期间提出了共和思想。为坚持从他老师那里继承来的共和思想，他甚至无视现实政治的变化，自始至终把越来越寡头化的佛罗伦萨政府看作代表佛罗伦萨人民的政府。当然，由于其著史方法和坚定不移的共和观念，也使他对历史有全新的看法。他是文艺复兴时期第一个对罗马帝国持负面评价的作家，认为罗马帝国君主制的建立是对罗马共和国的颠覆，而不是共和国的发展："多少共和国辉煌黯然失色，多少伟大的公民被迫离开了罗马城！"[1] 他首先提出罗马帝国在公元5世纪就寿终正寝了，并且把罗马帝国与查理曼帝国截然区分开来。

布鲁尼的《佛罗伦萨人民史》虽然是按年代顺序编写的，但它不是孤立事件的拼凑，而是不同时期的前后相继。实际上，布鲁尼提出了一个意大利政治史的分期。他认为罗马帝国的崩溃不是不可挽回的灾难，而是城邦兴起的前奏。作为共和主义者，他把罗马帝制的建立看作罗马衰落的开始，而蛮族入侵结束了罗马帝国在西方的统治。意大利由此进入黑暗时代，但是黑暗是短暂的，随着查理曼帝国的瓦解，意大利逐渐恢复自由，各城市开始复兴。布鲁尼对意大利历史的解释和分期，表明他承认罗马帝国衰亡后，意大利历史上出现了一个"黑暗时代"。然而，他没有在罗马衰亡与意大利城邦复兴之间作明确的年代划分，黑暗时代也仅仅是意大利中古时代的一个短暂时期。每个历史时期都是开始、发展和衰落的全过程描述，都用人类的智慧和愚蠢来解释其兴起和衰落。每个历史时期都有相应的政治体制，而评价各个时期的政治体制标准是看其在何种程度上促进了内部和平，制定了公正的法律，使每个公民都能充分发挥其才能。他认为在历史上至少有一个时期达到了这一

---

[1] Eric Cochrane, *Historians Historiography in the Italian Renaissance*, Chicago：The University of Chicago Press, 1985, p. 8。

标准，那就是卡提林密谋之前的罗马共和国。罗马共和国的最后两个世纪是历史上最辉煌的一个时期，而现实中最好的政治体制则是佛罗伦萨的共和体制，它有希望最终充分实现促进内部和平和公民个人充分发展的目的。因此，15 世纪是历史上第二个辉煌时期，其已取得的政治成就完全可以与公元前 1 世纪的罗马共和时期相媲美，而且，它还在继续不断发展。正是佛罗伦萨人创造了这样伟大的共和体制，它是中世纪公社制和希腊城邦制的混合。它使大量负责任的公民享有权利，使立法者和民众服从法律的统治。他要使佛罗伦萨人逐渐意识到他们自己的政体与其他任何政体，无论是古代罗马的帝制、中古政治理论家的基督教世界帝国体制，还是 14 世纪意大利的领主专制都截然不同。随着 14 世纪 80 年代商人政权的兴起，完美的政治体制建立起来了，而且在抗击米兰的吉安加利佐·维斯孔蒂的最后阶段，佛罗伦萨公民作为"意大利自由"保卫者的自我意识也成熟了。最终目标实现在即，接下来要做的事情就是打败最后的外来入侵者那不勒斯的拉迪斯劳和米兰的菲利波·马利亚·维斯孔蒂。[①]

对于布鲁尼来说，历史就是政治史。历史应该只关注政治共同体的集体行动，这些集体行动要么是向最终目标的不断进步，要么是背离最终目标的倒退。因此，最终目标的达成就意味着历史的终结，也就是集体的政治行动为挣钱和培育美德一类纯粹的个人行为所取代。个人行为不是历史家的关注对象。布鲁尼敦促他同时代的佛罗伦萨统治者努力完成其祖辈的未竟事业，他其实是在呼唤早日实现和平安宁。

第二节 比昂多的历史—地志学方法与民族历史写作

圭查迪尼之前人文主义史学的最重要人物要数比昂多，他在很大程度上把瓦拉的历史考证学方法、瓦罗式的博学研究、李维—布鲁尼式的历史叙述结合了起来。他即便说不上是现代历史学和考古学之父，也称

---

① Eric Cochrane, *Historians Historiography in the Italian Renaissance*, Chicago: The University of Chicago Press, 1985, pp. 8 – 9.

得上是重要的奠基者之一。从1439年至1460年，他用拉丁文写作了四部论著。《复兴的罗马》倾向于博学研究，是关于古罗马地志和这座基督教圣城的古迹的论著；《意大利详述》则是意大利半岛14个地区地理和历史概述，是基于广泛的游历和观察写成的意大利地志学（topography）著作；《凯旋的罗马》是一部开创性的古代制度研究。比昂多的主要著作是那部权威性的《罗马衰亡以来的历史》，这部著作或许是吉本的《罗马帝国的衰落》之前，最有影响的关于古典时代之后和中世纪欧洲历史的著作。尤其是《意大利详述》一书无论在著作体例，学术观点和方法等方面都远超传统人文主义方志学著作，应该说它发展了彼特拉克关于共同的意大利文化身份认同的观念。比昂多是第一位为整个意大利写作了一本历史专著的作家，他将自己的整体意大利史的观念应用于地志描述。尽管当时意大利在政治上并未统一，也不存在共同的意大利语，但比昂多坚持在地理和文化上将意大利看作一个整体。"基于罗马奥古斯都时代的文献（李维的《罗马史》和普林尼的《自然史》第三卷，这些文献把意大利作为罗马奥古斯都时代的一个统一的行省），《意大利详述》可能增进了比昂多同时代人的关于意大利作为文化统一体的意识观念。"①

弗拉维奥·比昂多（Flavio Biondo，1393—1463年）1393年生于意大利北部小城弗利的一个公证人家庭，父亲是弗利巡回法庭的公证人。比昂多以担任公证人开始的职业生涯大致可分为三个阶段，15世纪20—30年代为第一阶段。这一时期他一方面潜心钻研人文学术，另一方面为生计四处奔波，效力于意大利北部各城邦。他早年受教于乔万尼·巴莱斯特雷里门下，后游学帕多瓦，与帕多瓦第二代彼特拉克派诗人有联系。接着，他去了皮亚琴察和帕维亚，其间与未来米兰宫廷的历史家皮耶尔·坎迪多·德切姆布里奥有交往。从他父亲那里继承来的巡回法庭公证人的职业，使他能遍游罗马尼阿和威内托的各城市。1420年，他第一次遇见了维罗纳的人文主义教育家瓜里诺·瓜里尼。这次会面标

---

① Angelo Mazzocco & Marc Laureys（ed.），*A New Sense of the Past：The Scholarship of Biondo Flavio（1392 – 1460）*，Leuven：Leuven University Press，2016，pp. 180 – 181.

志着比昂多人生新的开始。在瓜里诺的影响下,他开始积极研究古典文献,尤其是对西塞罗的研读,由此确立了他一生的学术追求方向。在他职业生涯的第一阶段,他曾因为政治原因被放逐出弗利城,并被没收了遗产。随后,他去了威尼斯,参与威尼斯政府的大陆领土管理工作。1424—1425年,他跟随威尼斯贵族维琴察的地方长官弗朗切斯科·巴尔巴罗到了维琴察。1424—1431年,他在威尼斯担任过弗朗切斯科·巴尔巴罗、皮耶特罗·洛雷丹和弗朗切斯科·巴尔巴里戈等政治显要的秘书。因此,他后来在《意大利详述》第八卷的威尼斯名人录中颂扬这些人的功绩和学识。

1427年,他开始为教廷服务,担任马尔卡地方行政官的秘书。从30年代起,比昂多开始了他职业生涯的第二阶段,效力于罗马教廷。在效力于教廷的同时,他开始发表自己的研究论著。他的第一部拉丁语论著是《论罗马人的拉丁语》,其针对的对象是包括布鲁尼在内的佛罗伦萨人文主义学者。布鲁尼等人认为,古罗马存在两种拉丁语,一种是规范而复杂的拉丁语,其语法只有通过正式的学校教育才能学得会;另一种拉丁语则是普通人所说的没有规则和词形变化的俗语。然而,在这篇论著中,比昂多根据历史文献证据提出自己的观点,认为拉丁语是为全体罗马人所自然习得和使用的语言,不管是否接受过学校教育,罗马人使用的都是同一种拉丁语,是蛮族入侵破坏了拉丁语的统一性,才有了所谓拉丁俗语。与布鲁尼的争论充分表现出他良好的学者素质,一方面在真理面前不畏权威,另一方面又谦逊地向大师请教。[1] 他视布鲁尼为自己的导师,把自己的作品交给布鲁尼,与他讨论,请他赐教。他曾经抄录布鲁尼的博学研究著作《意大利与哥特人战争纪事》,这部书使他了解到人文主义博学研究方法,影响了他后来的学术研究道路。正是布鲁尼使他领悟到历史写作的原则,即历史是人的活动,而不是神的活动;历史应关注政治,而不是宗教;历史是真实的,而不是想象的虚构。他深爱自己的故乡罗马尼阿,但他与意大利北部的人文主义者保持

---

[1] Eric Cochrane, *Historians Historiography in the Italian Renaissance*, Chicago: The University of Chicago Press, 1985, p. 35.

着紧密的联系,通过效力于各城邦的政治显贵而取得了包括威尼斯在内的多个北部城邦的公民权。与意大利北部各城邦的密切关系也有利于他最终进入教廷,因为当时的教皇尤金四世是威尼斯人。1432年,比昂多被教皇召至教廷,一开始担任教廷首席公证人,很快就升任教廷秘书。在尤金四世在位期间,他通过外交活动参与了罗马尼阿和威尼斯的政治事务。

由于比昂多是俗人,所以他在教廷主要承担的是外交和学术工作。尤金四世非常信任比昂多,委派他参与许多敏感的外交事务。例如,他曾作为教廷使节,出使罗马尼阿和威内托地区。1436年,他成为教皇书信文件起草人。这一职位非常重要,担任该职的常常是人文主义者,由他们负责起草教廷的各种文件、教皇的书信和诏书。除了作为教廷使节出使各地外,比昂多还负责教皇在佛罗伦萨的事务。1434年至1443年,佛罗伦萨是教皇和教廷的驻地,这使比昂多有机会与佛罗伦萨著名的人文主义者建立密切联系。教皇驻佛罗伦萨期间,比昂多作为教皇秘书参与发布了许多教皇诏书,他的名字出现在外交公文上,尤其在费拉拉—佛罗伦萨公会议中发挥了重要作用。虽然他在教廷的影响日益增加,但由于其俗人身份,要想在教会中有更好的前程也非常困难。后因失宠于继位的教皇尼古拉五世而去职。1449年,他离开教廷,为寻求赞助辗转于罗马、威尼斯、米兰、那不勒斯和佛罗伦萨等地,并致力于自己的学术论著的写作和发表。1463年,比昂多死于罗马。①

比昂多的历史视野不局限于佛罗伦萨或教皇国,而是把整个意大利纳入他的关注范围。他的历史著作《罗马衰亡以来的历史》(*Historiarum ab inclinatione Romanorum libri*)声称要概述整个中古欧洲历史,即彼特拉克已经意识到,15世纪的人文主义者将其命名为"中世纪"的历史。他从公元410年哥特人洗劫罗马开始叙述,换句话说,他是从古典古代晚期的危机开始写的。《罗马衰亡以来的历史》非常详细地探讨了布鲁尼提出的论题,即罗马传统的衰落和复兴。他从15世纪30年代

---

① 关于比昂多的生平,参阅比昂多的《意大利详述》英译者序言,见 Biondo Flavio, *Italia illustrata*, Binghamton, New York: Global Academic Publishing, 2005, xiv-xviii。

晚期开始写作，前后至少花费15年时间，直到去世前还在增补修订。这部书分成四个"十卷集"（decades），第一个写到加洛林帝国的开始；第二个到1410年，即罗马城410年遭哥特人洗劫千年祭；第三个到1439年；最后一个，只有两卷，写到1441年，首先写成的是有关他自己时代的那部分。① 这种分卷方法并非新创，而是古罗马历史著作的特征之一。② 厄福鲁斯、波里比阿、哈利卡纳苏斯的迪奥尼索斯、约瑟夫斯、老普林尼、李维等人的著作，都采用此种方法，所以，比昂多是在效仿古典作家。

该书的书名表明了作者观念上的创新，因为他意识到了罗马帝国已不复存在，他不承认神圣罗马帝国是古罗马帝国的继续。全书既无集中的焦点，也无连贯的主题，但总的论题非常清晰：罗马帝国衰亡了，为继起的基督教世界所取代，恺撒为基督所取代。虽然他视野广阔，试图囊括全欧，但他从来把意大利看作一个城邦共同体，他对意大利之外地区的论述零散不多，尤其是涉及他自己的时代更是如此。他用较大的篇幅来叙述中古历史，强调了意大利事务，但是他也注重像查理曼那样的欧洲人物。对他来说，罗马在行政和司法方面的继承者是罗马教会。在历史写作上，比昂多把布鲁尼看作自己的榜样，但他并不盲从，而是有自己独到的判断和见解。他不像布鲁尼那样认为古代世界的衰落开始于罗马共和国的灭亡，而是认为衰落开始于罗马帝国的灭亡。比昂多在其著作的年代学安排上，以及在第三个"十卷集"的导言中都隐约暗示他把410年至1410年其间一千年看作一个不同于他自己的时代的历史时期。他的这一观点对后来产生的中世纪概念有影响。③

比昂多所用的资料非常广泛，有学者曾对他参考的典籍和明显的挪用做过仔细的研究，说他使用了50多种资料，不仅包括为人熟悉的古代作家的著作和中古编年史，还包括但丁、彼特拉克、圣哲罗姆、圣奥

---

① Donald R. Kelley, *The Writing of History and the Study of Law*, Burlington：Ashgate Publishing Company, 1997, I, p. 243.
② 汤普森：《历史著作史》（上卷），谢德风译，商务印书馆1988年版，第104页。
③ Wallace K. Ferguson, *The Renaissance in Historical Thought*, Toronto：University of Toronto Press, 2006, p. 13.

古斯丁等人的著作（尤其是书信）、教廷的特许状和注册文书，以及教会法，当然还有考古和碑刻铭文材料。他像近代早期的绝大多数作者一样，使用他人的著述一般不说明出处。书中他承认使用，或者心照不宣地挪用的资料至少占到百分之五十。[①] 关于十字军东征他既用东方材料，也用西方材料，主要是提尔的威廉和安德烈亚·丹多洛的著作。关于法国和西班牙的资料他主要从《法兰西事纪》等民族编年史中获取。有学者从在梵蒂冈图书馆发现出自比昂多之手的页边注，这些资料说明他对同时代档案材料的寻求，以及对所找到资料的考证。关于副主祭保罗的著作，比昂多评论道："作者与事件同时代。"后来他又写道："这位好人在描述意大利时很大程度上是靠不住的。"然而，对于蒙莫斯的格里高利，比昂多花了更多的笔墨，他这样写道："虽然我仔细阅读了我能找到的所有记载，但是，我从没有见到过任何东西像这样琐碎，这样充满谎言，以至于这部书与所有醉汉和狂热者的梦呓相比是有过之而无不及。"[②] 尽管他崇古好古，不过如遇后世文献与古典文献相抵牾，他也不是一味遵从古人，而是有自己冷静客观的判断。例如，第四个"十卷集"的第二卷描述了一个赴埃塞俄比亚传教团的归来，因为他们的报告不符合公认的意见，实际上是与托勒密的陈述相悖，所以报告受到质疑。然而，比昂多写道，应该考虑到他们的领队的优秀人品，还必须注意这样一个事实，即对后来的意大利人很熟悉的北方的事情，托勒密并不见得知道得那么多，埃及以南的地区完全可能超出了托勒密的视野。

虽然他试图论述政治、军事和文化，还试图学习布鲁尼，按照西塞罗的拉丁文风格来写作，但是，他的拉丁文叙事往往不连贯，显得笨拙。然而，最重要的是他提出了一种历史解释的观点，这就是由于蛮族入侵导致罗马帝国的衰亡，但罗马传统为罗马教廷和新兴的意大利各城邦所继承。这一观点使他的叙述有了方向和特点，使他能正面评价北部意大利各城市的兴起。他的文化使命不是布鲁尼的市民人文主义，也不

---

① Donald R. Kelley, *The Writing of History and the Study of Law*, Burlington: Ashgate Publishing Company, 1997, I, p. 243.
② Beatrice R. Reynolds, "Latin Historiography: A Survey, 1400–1600," *Studies in the Renaissance*, Vol. 2, (1955), p. 11.

是米兰和威尼斯历史家的城邦帝国主义,而是像瓦拉晚年那样,竭力维护罗马教会。比昂多的拉丁文风格粗糙而不流畅,标志着对人文主义重视语言形式的背离。他很少使用古希腊、罗马历史家惯用的虚构演讲词的文学修辞方法,其著作是按编年顺序编写的,没有戏剧性的布局,没有主题连贯的暗示。对于他的叙事风格,西方学者众说纷纭,有人斥责,有人赞扬。例如,在研究比昂多关于十字军东征的叙述后,冯·西贝尔认为,他不分好坏地抄录,结果导致了混乱而无特色的低劣叙述。然而,著名的史学史家富埃特在其《近代史学史》中认为他是客观的,没有对怪诞传奇的迷信和敬畏。① 他回避雄辩家的拉丁语风格,其目的是要协调各种原始资料,以便提供一个基于这些资料的客观叙述。

比昂多的这部著作标志着近代早期欧洲历史著作从传统编年史向基于考察和比较研究的历史著作形式的转变。该书超然的方法,对原始资料的重视,以及剔除明显虚构成分的做法预示了科学精神的出现。尽管他的著作有错讹和不成熟,但他的这部巨著仍不失为现代历史写作的奠基之作。

比昂多写过两部关于罗马的著作,一部是《复兴的罗马》(*Roma instaurata*,1443—1446 年),它通过描述罗马古城及其遗迹,试图重建罗马宗教、公共管理、军队和私人机构。书的末尾有关于罗马凯旋仪式的生动描述,并把凯旋仪式中的罗马统帅、元老和军官拿来与罗马教皇、红衣主教和欧洲君王作类比。他认为欧洲应该像古罗马那样统一在教皇的领导下,进行对东方奥斯曼帝国的十字军远征。这部古罗马地志著作是基于传世文献的记载和他自己的亲身考察编撰的罗马古迹指南。虽然书中没有插图,但他对罗马古迹的系统考察还是对后世了解罗马古迹有很大帮助,尤其他对自己踏勘过的古迹进行了测量,并对这些古迹的历史变迁有简短描述。

他的第二本关于罗马的著作是《凯旋的罗马》(*Roma triumphans*,1452—1459 年),该书考察了古罗马的政治、军事、法律和宗教制度,

---

① Beatrice R. Reynolds, "Latin Historiography: A Survey, 1400–1600", *Studies in the Renaissance*, Vol. 2, (1955), p. 12.

以及各种仪式和节庆活动，包括罗马凯旋仪式，目的在于根据传世的罗马文献来重建罗马制度和习俗，以此作为他的时代效仿的榜样。在书中有一篇法学史的简短论文《论军事和法学》中，他指出，人们不应该忽略罗马的灵魂，即它的法律体系。像历史本身一样，法律体系也是人类或者民族智慧的表现。虽然比昂多的描述不见得像现代文化史家那么准确，但他把大量的相关文献收集在一起，为现代研究者提供了资料。另外，他并不是静态地看待历史，而是清楚地意识到历史的变化。他相信人类生活的方方面面，人类各种习俗和制度都经历了漫长的变迁过程，都值得我们认真研究。《凯旋的罗马》发表于1460年，是他有生之年最后发表的一部博学研究著作。书名叫作《凯旋的罗马》，并不是说只描述罗马的凯旋仪式，而是具有文学修辞意义，表明作者将罗马看作一种永恒、卓越和统一的文化因素。这本书是题献给历史家阿尼阿斯·西尔维阿斯·皮科罗米尼（即后来的教皇庇护二世）的，因为比昂多一直把罗马教廷看作罗马传统的延续。①

比昂多的《意大利详述》（*Italia illustrata*，1448—1453年）内容丰富，是他对人文主义学术的重要贡献。1447年，那不勒斯国王阿拉贡的阿方索要比昂多用拉丁文写一部意大利名人录。国王的这一委托促成了《意大利详述》的写作。虽然15世纪的意大利人文主义者有受托为赞助人写作历史的传统，但是不能因为《意大利详述》的写作与那不勒斯国王的委托有关，就把比昂多看作一般宫廷历史家。那不勒斯国王要比昂多写作的是意大利18个地区的名人录，可是这部书一开始就超越了委托者的初衷，作者创造性地添加了历史的描述，这无疑是受到他当时已开始写作的《罗马衰亡以来的历史》一书的启发。《意大利详述》是比昂多唯一受托写作的著作，然而，恰好是这部著作被后世学者看作他最具独创性的著作，其形式比《罗马衰亡以来的历史》自由得多，其研究方法与《复兴的罗马》的考古研究方法一致。比昂多想写作一部把整个意大利纳入其视野的著作，雄心勃勃地打算描述意大利

---

① Paul F. Grendler, (editor in chief), *Encyclopedia of The Renaissance*, New York: Charles Scribner's Sons, 1999, Vol. 1, p. 231.

18个地区。写作该书期间也正是他一生中非常艰难的时期，1449 年至 1453 年，他奔走于各君王和贵族宫廷，为家庭生计忙碌。

1449 年，他离开了教廷，把一大家人安顿在他在费拉拉圣比亚齐奥的农庄。他从这里出发去寻求君王赞助，踏勘各地古迹，从事与写作《意大利详述》相关的各种研究。例如，1450 年，他从圣比亚齐奥赶到米兰，可能是想寻求米兰新继位的公爵弗朗切斯科·斯福扎的赞助。随后，他辗转威尼斯、拉文纳和那不勒斯，直到 1453 年重新回教廷任职才最终安定下来。比昂多一回到教廷立即发表了部分《意大利详述》，并且将其题献给教皇尼古拉五世，而不是那不勒斯国王。据他自己说，之所以未及完成就匆忙发表，是害怕被他在教廷的一个敌人所剽窃。他没有指明到底是谁要剽窃他的书，只是说此人向他借阅该书，并对抄本造成污损，试图以自己的名义发表。之后，比昂多直到他去世都在修订和增补《意大利详述》一书，不过最终完成的只是 18 个地区中的 14 个，剩下西西里和撒丁尼亚两个岛屿，以及卡拉布利亚和卢卡尼亚两个地区没有写。

虽然有那么多古典榜样，他也确实借鉴了许多古代地志学著作，但这部著作仍表现出少有的独创性。他从古代作家借用了分区域描述的方法，而不是笼统整体地介绍意大利。他的叙述顺序是沿着第勒尼安海岸向南，从热那亚开始，一直到那不勒斯，然后沿亚德里亚海岸向北，回到威内托地区。他讲述每一个地区的各个城市的历史、地理、政治、建筑和文化，甚至许多小城镇都不遗漏。他分区域讲述意大利的地理和人文情况，其目的不仅仅在于描述，而是要通过概述各地历史和历史上的名人，把意大利各地在罗马时代的辉煌与其现今的辉煌联系起来，最重要的是要与人文主义者复兴古典学术的贡献联系起来。比昂多与其他意大利人文主义者一样崇古好古，对搜求和校勘古典文献，以及写作历史有浓厚兴趣。同时，他的好古情怀还体现在他对历史地理的研究中，漂泊的经历又使他游踪甚广，有机会考察意大利各地的古物古迹。正是对各地历史、文化和地理的研究使他不可能满足于写一部单纯的名人录，他要把历史、文化和地理的资料汇集起来，把古代与当代联系起来，以此展现意大利古代的辉煌和今人复兴古典文化的成就。

然而，应该注意的是，比昂多书中的区域划分与他的时代意大利实际的政治区划不相同。他虽然没有使用古罗马奥古斯都时代的地名，但他的区域划分基本上与普林尼《自然史》第三卷上所描述的奥古斯都时代的意大利区域划分相一致。由于这部著作除了基于他广泛的文献阅读外，还依赖他在意大利各地的游历踏勘，所以对他亲自游历踏勘过的地方的描述更为详细深入，而对自己不熟悉的地方则很简略。有权威著作论及的地方，他的描述也很简略，如他认为佛罗伦萨已有布鲁尼的论述，所以他不必多费笔墨。在他的其他著作，如《罗马衰亡以来的历史》中有详述的地方，这本书中同样只有简述。例如，书中对罗马尼阿、伦巴第、维罗纳、曼图亚和帕多瓦等地区和城市不惜笔墨，而罗马城只是提及，威内托地区的描述只涉及威尼斯城。这样就造成全书的章节篇幅极不平衡。罗马尼阿是他的故乡，是书中重点描述的对象，正是在这一章中他提出了自己关于文艺复兴的解释。他认为，文艺复兴始于14世纪后半期，是彼特拉克首先开始了学术复兴。他强调了罗马尼阿地区的人文主义者对学术复兴的突出贡献，而罗马教皇从亚威农重返罗马标志着一个新时代的到来。[①]

《意大利详述》像《罗马衰亡以来的历史》一样使用了各种资料，既有大量古代作家的著作，也有许多中古文献和同时代人文主义者的著述。比昂多经常使用的古代作家有李维、维吉尔、塞尔维乌斯和普林尼。古代地理包括托勒密的《地理学》、普林尼的《自然史》和斯特拉波的著作。托勒密著作中的地图资料对他尤其有用，不过他很可能是通过拉丁译本来阅读的，因为他的希腊语并不好。至于斯特拉波的著作，瓜里诺的拉丁译本直到1458年才发表，而《意大利详述》的第一版发表于1453年。比昂多阅读的可能是斯特拉波著作的希腊语原著，也可能由于与瓜里诺的交往，从他那里读到未发表的译文手稿。他还通过普鲁塔克的《希腊罗马名人传》的拉丁译本得到了关于利古里亚在罗马时期的地理和历史方面的重要资料。比昂多使用的中古资料就更丰富

[①] 关于《意大利详述》的内容，参阅比昂多的《意大利详述》英译者序言，见 Biondo Flavio, *Italia illustrata*, Binghamton, New York: Global Academic Publishing, 2005。

了，包括教廷档案、地方志和编年史，尤其是许多人文主义者写的游记为他提供了描述一个地方的人文、地理的榜样。虽然比昂多的《意大利详述》发表要比16世纪意大利制图学的繁荣早50年，但是，该书的发表是与15世纪上半期意大利日益增长的对地理知识和地图制作的兴趣相一致的。尤其是该书书名中的"illustrata"一词似乎暗含了某种视觉因素，而且他写作中对地图的利用也反映了当时人们的兴趣。然而，我们一方面要注意到比昂多确实使用了地图，西方学者洛加拉认为，比昂多书中提到的"图"（*pictura*）是特指地图，而不是别的图像资料；另一方面，我们不能夸大他对地图的依赖，因为中古时代并不存在大量的地图绘制，他主要依靠的还是文献证据。因此，有当代学者指出，把透视学的出现，以及比昂多对托勒密《地理学》的接受与当时人们的空间观念和空间表现方面的重要变化联系起来是荒谬的。尽管比昂多表现出对历史空间的重视，但要认为他这本著作完全摆脱了中古地理学则是全然不顾托勒密的著作在当时的巨大影响。比昂多对地图的使用是非常实际的，目的就是使自己的描述更客观、更准确。他在写作《意大利详述》时仅仅是把地图作为众多资料中的一种来使用，书中没有收入所用地图，更不是以文说图。他书名中的"*illustrara*"这一拉丁词汇是在"非视觉意义上"使用的，就是说明、解释、描述的意思。该书的英译者凯瑟琳·J. 卡斯特纳认为，这不仅与西塞罗的用法相一致，而且与比昂多重视各种证据的新历史学方法相符合。① 因此，西方学者克里斯蒂安·L. 约斯特-高奇埃认为，比昂多这部著作的书名 *Italia Illustrata* 可以译成英文"Italy Described"（意大利详述）或"Italy Explained"（意大利详解）。② 彼特拉克等人文主义者写地志学著作一般只使用文献资料，而比昂多借助了地图，这就拓宽了资料范围。另外，他的著作表现出他对所描述的地方非常熟悉，许多地方是他实际访问过的。他尽可能地利用了直接观察得来的资料，但他在访问这些地方时并没有系统的

---

① 参阅比昂多的《意大利详述》英译者序言，见 Biondo Flavio, *Italia illustrata*, Binghamton, New York: Global Academic Publishing, 2005, xxx。

② Christiane L. Joost-Gaugier, "Book Review," *The Sixteenth Century Journal*, Vol. 37, No. 4 (Winter, 2006), pp. 1153–1154.

研究计划。

他把各种文献资料、档案资料和直接观察得来的资料汇编在一起，将地理和地志描述、政治和文化史的叙述结合起来。尽管他的拉丁文不如布鲁尼等人的优雅，叙述也显得不是那么连贯，但是《意大利详述》满足了当时人们对知识的渴求，人们希望能通过当代地名辨认出古人著作中提及的地方，了解那些地方的历史和地理知识。因此，《意大利详述》在16世纪的意大利不断被翻译、再版和增编，成为各种历史地理著作和民族历史写作的典范。16世纪的多明我会修士博洛尼亚人利昂德罗·阿尔贝蒂编写的《意大利备述》(*Desrittione di tutta Italia*) 就是对比昂多著作的增编。比昂多这部著作的影响还超越了意大利，引起了欧洲其他国家学者的重视。在16世纪，德国产生了人文主义者康拉德·策尔蒂斯就试图编写《日耳曼尼亚详述》，英国则有威廉·卡姆登编写的《不列颠志》。直到18世纪还有北欧学者编写的《拉波尼亚详述》。

第三节　马基雅维利的新政治史与意大利的民族身份

历史研究总是会受到现实政治和社会压力的影响，然而，这种情况从来没有16世纪初期那样突出。正像布鲁尼的历史观点是在早期意大利文艺复兴的危机中形成的，马基雅维利和圭查迪尼的历史著作在许多方面也是1494年至1498年意大利战争后的意大利危机的产物。战争造就了这代历史家，很多是俗语史家，他们关注的不再是文化起源和谱系问题，而是意大利各城邦，尤其是佛罗伦萨从15世纪末期起所面临的特殊政治困境。法国入侵带来的"意大利灾难"是人文主义史学新阶段的背景，由马基雅维利开创的人文主义分析政治史风格是前一时期的所谓市民人文主义传统的发展。马基雅维利在《论李维》和《君主论》提出了"世俗祖国"（secular patria）理论，他在论及该理论时充分利用了他熟悉的各种古代资料。① 实际上，他的主要著作，包括《论李维》(*Discourses on Livy*)、《君主论》、《论战争艺术》和《佛罗伦萨史》(*Istorie Fiorentine*) 是被"世俗祖国"观念所统一在一起的。他渴望意大利统一，希望它摆脱宗教的束缚，成为一个世俗的统一国家。更具体地说来，他似乎希望洛伦佐·德·美迪奇利用教会的资源来解放和统一意大利。因此，虽然马基雅维利没有写作意大利民族史，但他提出的"世俗祖国"理论以及他对意大利统一道路的探索，无疑对促进意大利民族意识觉醒，塑造意大利民族身份认同有深远影响。

马基雅维利（Niccolo Machiavelli，1469—1527年）出生于1469年5月3日，据维兰尼的编年史记载，他的家族属于佛罗伦萨重要的归尔夫家族之一，其成员担任过佛罗伦萨许多重要公职。13世纪中期，吉伯林派打败归尔夫派，马基雅维利家族与其他归尔夫家族遭到驱逐，直到很多年以后才回到佛罗伦萨。据传记作者记载，马基雅维利的父亲是其家族中最寒微的一支，仅有薄产，能维持温饱，"既不富裕，但绝非穷人"。② 马基雅维利的父亲贝尔纳多是在佛罗伦萨开业的律师，收入微薄。尽管家庭经济并不宽裕，但他喜欢阅读和收藏书籍，其藏书范围不局限于法律方面，还包括古希腊、罗马的其他典籍。最重要的是，当时佛罗伦萨的书商尼科利·马利亚曾委托他为李维的《罗马史》编写地名索引，并赠他一部李维的《罗马史》作为酬谢。另外，贝尔纳多与当时佛罗伦萨的人文主义者有交往，其中与著名人文主义者斯卡拉过从甚密。佛罗伦萨盛行的人文主义风气，以及热爱古典学术的家庭环境决定了马基雅维利的教育。

1476年5月，刚满7岁的马基雅维利开始师从马提奥学习拉丁语，次年又跟随本笃会修士巴蒂斯塔·波皮学习拉丁文法。1481年，12岁

---

① 关于马基雅维利的"世俗祖国"理论，参阅马基雅维利《君主论》，潘汉典译，商务印书馆1986年版，以及William J. Landon, *Politics, Patriotism and Language: Niccolo Machiavelli's "Secular Patria" and the Creation of an Italian National Identity*, New York: Peter Lang Publishing, Inc., 2005。

② Pasquale Villari, *The Life and Times of Niccolo Machiavelli*, New York: Haskell House Publishers, 1969, p. 2.

的马基雅维利拜到人文主义者保罗·隆卡利奥门下学习，并开始用拉丁语写作短文。由此可以看到，马基雅维利自幼接受人文教育，有良好的拉丁语训练。良好的拉丁语训练，广泛的古典书籍阅读影响了他的一生，为他以后担任公职，著书立说创造了条件。同时，马基雅维利青少年时代经历了佛罗伦萨的几次重大事件，即1478年的"帕齐密谋"、1494年法国国王查理八世入侵意大利，以及随后发生的萨伏纳罗那改革。佛罗伦萨严酷的政治环境培养了马基雅维利敏锐的观察力和深刻的洞察力，使他把学术研究、历史写作与现实政治分析紧密结合起来。

有深厚古典学术修养的马基雅维利首先是一位积极的政治活动家。萨伏纳罗那改革失败后，佛罗伦萨共和国政府进行了改组，萨伏纳罗那的支持者被清洗出政府，这其中包括第二秘书处的秘书长亚力山德罗·布拉切西。于是，1498年6月经佛罗伦萨执政大议会投票通过任命马基雅维利为佛罗伦萨政府第二秘书处的秘书长，同年7月该任命得到执政团确认，他正式上任。当时佛罗伦萨共和国设有两个秘书处，第一秘书处是直接为执政团服务的，其秘书长职位多由德高望重的人文主义者担任，萨卢塔蒂、布鲁尼、波吉奥等人都曾担任该职。第二秘书处则为十人委员会服务，十人委员会是执政团下属主管战争、外交及部分国内事务的机构，地位亦非常重要。马基雅维利出任第二秘书处的秘书长标志着他政治生涯的开始。马基雅维利任职期间经常出使国外，外交活动是他政治活动的重要组成部分。长期的外交生涯使他深刻认识到法国、西班牙等强国之间以及意大利各邦之间的尔虞我诈、弱肉强食的政治现实，体会到大国的傲慢，中央集权民族国家的优势，也极大地刺激了他的民族自尊心。对各国君王、教皇以及波吉亚等政治强人的近距离观察使他能深入思考政治行为成败的原因，以及政治行为与道德价值的关系等重大问题。出使德国和瑞士使他看到了瑞士和德国训练人民习武的军事制度，这就为他提供了像古罗马那样的公民兵制度的当代实例。对佛罗伦萨国内政治的参与一方面使他看到四分五裂、党争不断的意大利政治的弊端，另一方面也使他积极思考佛罗伦萨乃至整个意大利的出路。

1510年，罗马教皇联合西班牙、威尼斯、神圣罗马帝国皇帝反对法国。由于佛罗伦萨与法国交好，教皇尤里乌斯二世迁怒于佛罗伦萨共和国，试图帮助美迪奇家族恢复在佛罗伦萨的统治。1512 年 8 月，马基雅维利率领的佛罗伦萨公民兵迎战西班牙军队，普拉托一役佛罗伦萨战败，美迪奇家族回到佛罗伦萨，恢复其寡头统治。这标志着马基雅维利政治生涯的结束。从 1498 年至 1512 年，马基雅维利从政 14 年，其间以外交、军事为重要活动。14 年的政治活动使他积累了丰富的实际政治经验，其日后的著述中对政治、军事和社会问题的讨论，是将这些经验升华为一般原则，对实际经验的总结。

随着美迪奇家族的统治在佛罗伦萨的恢复，马基雅维利于 1512 年 11 月被解除了一切职务，软禁于离佛罗伦萨不远的乡间。次年 2 月，他又因涉嫌参与反对美迪奇家族的密谋而被捕入狱。在证实他确实没有参与密谋后，他于 3 月获释，准予返回圣安德里亚。他在那里有从其父继承得来的一点地产，从此他和妻子儿女居住于此，开始了他的退隐著述生活。他退出政坛是迫不得已的事，他曾亲自写信讨好美迪奇家族，并多次托朋友代为说项，表示愿意为美迪奇家族所用。[①] 直至 1513 年他完成《君主论》时，仍想通过把该书题献给朱里亚诺·美迪奇而得到任用。然而，马基雅维利重新出山，担任政府要职的愿望始终没能实现，只好潜心于著述。

马基雅维利不仅是一位政治活动家，而且是一位有深厚古典学术修养的文人。在重返政坛无望的情况下，他积极寻找参与社会生活的新途径。1515 年，他开始参与一个文学社团的活动，并很快成为该团体的"最重要的成员"。[②] 这一文学团体的成员崇尚古典文化，用拉丁语写作诗歌和戏剧，也讨论各种政治问题。在这样浓厚的古典文化氛围内，马基雅维利创作了喜剧作品《曼陀罗花》，完成了《论李维》。他的文学才能和政治洞察力立即引起了美迪奇家族的重视，他们通过他的友人维托利就佛罗伦萨政府改革征询其意见。于是，他写作了《论佛罗伦萨政府改革》一文，主张在佛罗伦萨实行共和政体，但政府选任决定权仍由

---

① Pasquale Villari, *The Life and Times of Niccolo Machiavelli*, New York: Haskell House Publishers, 1969, p. 45.

② Quentin Skinner, *The Foundation of Modern Political Thought*, London: Cambridge University Press, 1978, p. 153.

美迪奇家族控制。他提出的政改方案虽然没有被采纳,但却为他带来了出任公职的机会。1520年,佛罗伦萨政府派马基雅维利作为政府专员赴卢卡处理一些商业上的债务。他在卢卡逗留的几个月依然没有停止写作,写出了《卡斯特鲁乔·卡斯特拉卡尼传》。这部书以14世纪早期卢卡的暴君卡斯特鲁乔·卡斯特拉卡尼的生平作为主题,塑造了一位依靠军事强力缔造自己的王国的杰出君王,与《君主论》一样,表现出马基雅维利对意大利统一道路的思考。

朱里奥·美迪奇在阅读了《卡斯特鲁乔·卡斯特拉卡尼传》,以及他同期完成的《论战争艺术》后,非常欣赏他的才能,于是有意让他来撰写《佛罗伦萨史》。1520年11月,佛罗伦萨大学的理事会决定委托马基雅维利编撰《佛罗伦萨史》,这实际上是朱里奥·美迪奇的意见,因为他当时是佛罗伦萨大主教,兼任佛罗伦萨大学校长。他编写这部著作耗时五年,于1525年最后完成。他亲自带着书稿到罗马献给朱里奥·美迪奇,当时朱里奥已当选为教皇,称克莱门七世。他在罗马期间曾竭力说服教皇建立罗马公民兵以抵抗神圣罗马帝国皇帝军队的进攻,并建议加强佛罗伦萨城防。1526年,佛罗伦萨一百人会议批准了马基雅维利起草的设立"城墙五总监"的法令,任命他担任佛罗伦萨城墙总监的秘书和经办人。然而,1527年5月,神圣罗马帝国皇帝查理五世的军队打败教皇军队,洗劫罗马。佛罗伦萨随即驱逐了美迪奇家族,恢复共和国。马基雅维利以为新政府会念及他曾长期为共和国服务,重新起用他担任第二秘书处的秘书长。可是,新政府竟视他为美迪奇家族的追随者而不予任用。马基雅维利的希望彻底破灭了,从此一病不起,于1527年撒手人寰,终年58岁。

尼科洛·马基雅维利是他的时代历史智慧的先驱和典范,也是法国入侵这一灾难性事件以及随之而来普遍危机的产物,同时是危机的观察者和解释者。除了当代经验之外,他的历史著作的另一个重要来源是古典传统。进一步推进布鲁尼早在一个世纪前开始的双重事业,即把关注现实人生与崇尚古典文化结合起来是他的历史使命。在《君主论》和《战争艺术》中,马基雅维利赞同人文主义的历史应该在教育中,尤其是君王教育中占据中心位置的观点,不过他说的主要是政治和军事教育，而不是道德和哲学教育。在《论李维》中，他试图提出一种新的历史观点和历史研究方法。

《论李维》全书三卷，142章。马基雅维利说，第一卷是讨论罗马内部，因官方谋略而发生的事情；第二卷谈论罗马帝国扩张的决策；第三卷论述使罗马强盛繁荣的个人事迹。在全书卷首开宗明义，他陈述该书的意图并不是为了改善他个人的境遇，而是因为他发现了一个新的体制和秩序。这一体制和秩序其实非常古老，但长期湮灭无闻。他将其发掘出来，使之重见天日，是为了要告诉人们古代的体制和秩序现代人能够加以效仿。"因此，从事马基雅维利的事业，既需要对古代事物具备知识，也需要对现代事物具备知识。"① 他说："不管是谁，只要考察过去和现在就能看到，所有城邦和所有人现在被，而且永远被同样的愿望、同样的情感所激励。因此，通过对过去的勤奋研究，就可以很容易地预言在任何共和国未来可能要发生的情况，可以使用古人所用的补救方法，或者……可以根据事件的相似性来策划一个新事件。"② 由此，我们可以看到，他认为历史既可以给人提供有用的教训，也可以基于历史事实对现实政治进行分析。从古代历史和当代经验引申出政治教训，分析得出政治观点是马基雅维利的历史研究新方法，即所谓新政治史风格的出发点。遵循这一方法，马基雅维利试图为政治，即治国之术提供一个坚实的历史基础。

写作《卡斯特鲁乔·卡斯特拉卡尼传》可以说是马基雅维利历史著述的初步尝试，其结构安排、史料处理和叙述语言，以及通过传主的事迹来宣扬自己的主张的方法都表现出他对人文主义史学传统的继承。当马基雅维利把这部传记送给他的朋友阿拉曼尼和邦德尔蒙蒂时，他们称颂其语言风格和叙事方法，并告诉他，"在我们看来，你现在应该运用你的才智，写出你的《佛罗伦萨史》。"③ 在随后的《佛罗伦萨史》中，他更完全遵循布鲁尼和波吉奥的传统，尽管他对他们有抱怨，认为

---

① 利奥·斯特劳斯：《关于马基雅维里的思考》，申彤译，译林出版社2003年版，第116页。
② 参阅马基雅维利《论李维》，冯克利译，上海人民出版社2005年版，第432页。
③ 昆廷·斯金纳：《马基雅维利》，王锐生、张阳译，工人出版社1985年版，第153页。

他们准确地处理了对外事务，但对公民不和、内部冲突，要么全然不写，要么写得过于简略。因此，佛罗伦萨内部政治纷争及其对城邦的社会生活和宪政秩序的影响是马基雅维利要论述的最重要的主题。他像比昂多那样，以日耳曼部落进入罗马帝国开始他的历史叙述，然后追随布鲁尼，重点讲述佛罗伦萨的起源。他以1492年罗伦佐·德·美迪奇的死来结束他的历史，这结束的时间正好是在法国入侵的前夕。马基雅维利像布鲁尼一样非常珍视佛罗伦萨的自由，但是，他又像比昂多一样不得不在其历史叙述中追溯自由的衰落。他认为佛罗伦萨自由的衰落首先是由于教皇的干涉，教皇是异族入侵意大利的诱因，"几乎所有北方蛮族在意大利境内进行的战争，都是由教皇们惹起的；在意大利全境泛滥成灾的成群结伙的蛮族，一般也都是由教皇招进来的。这种做法仍然在继续进行，致使意大利软弱无力，动荡不安。"① 马基雅维利明确指出，教皇招引异族入侵不仅过去如此，现在也如此，并且还在不断发生。"历届教皇就是这样，有时出于宗教热忱，有时是受个人野心驱使，不断从外部找来新势力，造成意大利境内的新动乱。"② 他在此表述的观点与其在《论李维》中的论点一脉相承。在《论李维》中，他认为教廷是意大利统一的障碍，因为罗马教廷的势力和德行不足以降服意大利的专制暴君们，使自己成为意大利的君主。③ 在《佛罗伦萨史》中，马基雅维利再次尖锐指出，教皇们从来都不允许别人治理这个地区，而由于他们本身的低能，又无法治理这个地区。

马基雅维利认为，内部党争是佛罗伦萨自由衰落的另一个原因。马基雅维利在谈到城邦公民团结问题时，并不认为共和国的公民应该保持绝对的一致，他认为适当的社会分歧能够使国家保持活力，促使优良法律的产生。然而，他把社会内部有益的意见分歧与有害的党争做了严格的区别，"当分歧伴有党派斗争时，它就会危害国家；但当分歧并不夹有党派之争时，则将促使国家繁荣"。④ 在《论李维》中，他认为古罗

---

① 尼科洛·马基雅维里：《佛罗伦萨史》，李活译，商务印书馆1982年版，第15页。
② 同上书，第32页。
③ 尼科洛·马基雅维里：《论李维》，冯克利译，上海世纪出版集团2005年版，第82页。
④ 尼科洛·马基雅维里：《佛罗伦萨史》，李活译，商务印书馆1982年版，第348页。

马共和国贵族与平民之间的分歧不带有党争色彩，结果"平民和元老院之间的不和，促成了共和国的自由与强大"。① 而佛罗伦萨的情况与古罗马共和国完全不同，"佛罗伦萨的内部分歧经常伴有党派之争，因此它一向是有害的"。正是由于这种旷日持久的党派纷争，使佛罗伦萨"许多优秀人物死亡和被放逐"，并且"把它的军事效能销蚀殆尽"，最终是佛罗伦萨衰弱不堪。激烈残酷的党争并非佛罗伦萨所独有，而是当时意大利各城邦内部以及各城邦之间的普遍现象，所以，马基雅维利在这里与其说只是在分析佛罗伦萨自由衰落的原因，还不如说他是论述整个意大利"灾难"的根源。

除了关注佛罗伦萨内部的政治纷争外，通过分析佛罗伦萨雇佣兵制度的弊端来寻找佛罗伦萨衰弱的原因也是《佛罗伦萨史》的重要内容。马基雅维利指出，意大利的各大城邦都不事武备，武装掌握在一些小王公和雇佣兵队长手中，这批人把整个意大利半岛弄得扰攘不宁。整部《佛罗伦萨史》中，他以大量的实例痛斥雇佣兵制度，认为不足以御侮的雇佣兵是致使意大利沦为西欧列强俎上肉的主要原因。他以历史事实证明雇佣兵制度的腐败，是要论证《论李维》和《论战争艺术》中提出的观点，即国家的强盛必须依靠像古罗马共和国那样的公民兵。马基雅维利高度重视军事和公民兵制度，以至于西方学者费利克斯·吉尔伯特指出："假如将《佛罗伦萨史》的要旨理解为这样一种概括，即急切不断地强调，需要一支'自己的武装'，那么，不难推断，马基雅维利准备像总结他其他政治论著一样总结《佛罗伦萨史》：佛罗伦萨和意大利的历史都遭遇了同样悲惨的命运，只有意大利人自己拿起武器——重新开启他的战神之门，意大利绝望的形势才能得救。"②

在马基雅维利看来，自从13世纪以来的佛罗伦萨史就是不间断的外部干涉、内部的激烈党争、雇佣兵的蹂躏、城邦及其自由走向衰亡的历史。《佛罗伦萨史》是受美迪奇家族委托而写作的，即便如此，在全

---

① 尼科洛·马基雅维里：《论李维》，冯克利译，上海世纪出版集团2005年版，第56页。
② Felix Gilbert, *History: Choice and Commitment.* Cambridge, Massachusetts: Belknap Press of Harvard University Press, 1977, p. 151.

书的最后部分，即第7卷和第8卷中，马基雅维利依然以一种较为迂回和谨慎的方式表达了他对这个家族所作所为的厌恶。第7卷一开始，马基雅维利就从总体上讨论城邦领导者腐蚀群众的最狡诈的手段，如促进城邦内党派分裂从而为自己谋取绝对权力。在《论李维》中，他早就对该问题有广泛的讨论，所以这里只是重申他的论点。他认为，最大的危险是允许富人利用他们的财富来网罗那些为了个人利益而不是为了公共福利才追随他们的党羽。因此，我们不难从他对历代美迪奇家族的统治者看似热情洋溢的赞颂后面，隐藏着的厌恶心情。他从谈论科西莫·美迪奇的慷慨开始，赞扬他在财富和影响力方面无人能及。接着，他笔锋一转，说科西莫死时，城邦中没有一个人不曾向科西莫借过一大笔钱。于是，科西莫以钱财恩惠骗取民心，攫取权力的邪恶居心便昭然若揭了。在讲述科西莫的儿子皮耶罗·德·美迪奇时，他先说他"善良而值得尊敬"，但很快又说他为了追求荣誉举办了一系列比武大会和大型庆典活动。就在第7卷开头，马基雅维利已表明了对这种"以种种娱乐和馈赠来取悦公众"的方式的不齿，以及它对自由的危害。到叙述洛伦佐·美迪奇时，他几乎不加掩饰地表达了自己的厌恶和憎恨。他宣称，到这个阶段，美迪奇家族的财富和慷慨已经如此成功地腐化了民众，公众对推翻美迪奇的专制的言论充耳不闻，其结果是，在佛罗伦萨，政治自由不再为人所知了。

我们不能把马基雅维利的历史观点漫画化。他清楚地意识到，就像政策一样，判断从来不是那么确实可靠，他在《论李维》中说："我们从来不知道过去的全部真相。"然而，他找不到更好的向导，他尽力提出一个对历史变化的系统解释。在《佛罗伦萨史》中，这种解释以对政治心理学、社会冲突和党争形式、政治德能的条件、政治命运的轨迹的泛论的形式表达出来。在《论李维》中，它又以对著名的古代历史家波里比阿的政体循环理论的评论的更普遍的形式出现。波里比阿的政体循环理论认为，君主制会演变为僭主政体；贵族政体会蜕变为寡头政体；民主政体则容易堕落为无政府状态。之所以如此，是因为人性的脆弱（尤其是在社会集团中表现得更为突出）和无止境的世代交替。马基雅维利赞同波里比阿的观点，指出这就是所有共和国注定要经历的循环。

尽管佛罗伦萨长期战争和党争造成的政治动荡使佛罗伦萨人渴望和平,认为"只要有一个好政府,我们的城邦就可以享有较好的命运","在法律的良好影响下,这些可取的目标是完全可以达到的"。[1] 意大利严酷的政治环境和人民的愿望使马基雅维利非常现实地思考政体问题,他并不以政体的优劣作为自己的政治论文和历史著作的中心主题,他的眼光始终盯着意大利的统一和强大。他像布鲁尼一样,颂扬共和美德的优越,但是广泛的历史经验告诫他,共和政体是所有政体中最不稳定的,而要实现他的政治理想,稳定的政体至关重要。这是从佛罗伦萨和罗马历史得到的重要教训,而且马基雅维利为君王提供的建议正是以这样的政治困境为基础的。

马基雅维利是一位伟大的人文主义者和爱国者,在其退隐之后的十多年中写作了大量作品,有对后世影响深远的政治论著,包括《君主论》《论李维》和《论战争艺术》等,也有杰出的历史著作《佛罗伦萨史》,还有喜剧、小说和诗歌等文学创作。如果说他的政治论著是试图通过总结古代历史和当代经验来得出一般政治原则,并由此开创了西方近代以权力为基础的政治思想的先河,那么,他的历史著作则是把历史作为分析现实政治的方法和工具,从而确立了一种风格,或准确地说是在修昔底德、波里比阿和塔西陀的传统中复兴了一种风格,即分析的政治史风格,所以他在史学上的贡献也是开创性的。马基雅维利的政治学、爱国主义和历史写作在他的意大利解放和统一计划中很好地结合在一起,共同造成马基雅维利思想的非现实性和预言性。"他的计划对他的朋友圭查迪尼来说似乎是可笑的,并且确实在 16 世纪初年就已经消失无踪了。当然,马基雅维利对意大利统一的呼唤,他的理想主义,甚至是天真质朴在意大利复兴运动时期的浪漫民族主义中找到了归属。"[2]

---

[1] 尼科洛·马基雅维里:《佛罗伦萨史》,李活译,商务印书馆1982年版,第132页。
[2] William J. Landon, *Politics, Patriotism and Language: Niccolo Machiavelli's "Secular Patria" and the Creation of an Italian National Identity*, New York: Peter Lang Publishing, Inc., 2005, p. 6.

第四节　圭查迪尼的《意大利史》

　　圭查迪尼是马基雅维利的朋友，年纪更轻，政治上更杰出。在政治和历史观点上，他与马基雅维利有许多一致的地方。像马基雅维利一样，对外敌入侵带来的灾难感受至深，对佛罗伦萨乃至整个意大利的前途抱悲观态度，不过他比马基雅维利眼界更广，具有更敏锐的历史洞察，不满马基雅维利匆忙下结论的倾向。他两次试图写佛罗伦萨史，最终把眼界放宽到整个意大利。他的《意大利史》开始于马基雅维利《佛罗伦萨史》的结束处，即美迪奇死后1494年的"意大利灾难"。他们都认为法国入侵是意大利毁灭的开始。这部著作所表现出来的作者洞察力的广度和研究的深度都是空前的，尤其是他对档案文献的大量利用，包括圭查迪尼家族的档案，使这部著作在西方史学史上具有独特的地位，因此，某些研究者认为他是塔西陀和吉本之间最伟大的历史家。

　　弗朗切斯科·圭查迪尼（Francesco Guicciardini，1483—1540年）1483年出生于佛罗伦萨。他来自显赫的贵族家庭，其父皮耶罗·圭查迪尼曾在著名人文主义哲学家马西利奥·费奇诺门下求学，所以他出生时由费奇诺带他到教堂受洗，并成为他的教父。据他的《回忆录》说，他祖上有许多人曾担任佛罗伦萨城邦的高官，在佛罗伦萨政坛具有很大影响，是美迪奇家族的支持者。在他完成文法和古典基础教育后，父亲将他送入费拉拉大学和帕多瓦大学深造，1505年他取得法学博士学位，回到佛罗伦萨。与他潜心书斋生活的父亲不一样，圭查迪尼一直想在政治上有所作为。他的第一个出人头地的机会不是担任共和国公职，而是在教会任职。当时，他的一位担任科尔托纳主教的叔叔去世，主教职位空缺，他一度想进入教会，谋取更快的升迁。然而，受过良好人文主义教育的皮耶罗不希望他的儿子出于世俗的目的而进入教会任职，他更愿意让他的儿子超越功利，成为一个真正的伟人。这样，雄心勃勃的圭查迪尼不得不专心于法律事务，逐渐确立起在佛罗伦萨的声誉。在23岁时，他被佛罗伦萨执政团任命为佛罗伦萨学院的法律教师。圭查迪尼在等待时机进入政坛，因为佛罗伦萨法律规定30岁的公民才享有充分的参政权利。于是，圭查迪尼从两个方面来为自己未来的发展铺平道路，一个是婚姻，另一个是写作。

1508 年，他娶了阿拉曼诺·萨尔维亚蒂的女儿玛丽亚，他在《回忆录》中坦率地承认这是政治联姻。萨尔维亚蒂家族是佛罗伦萨显贵领袖，通过这门婚姻他在政治上就有了可靠的支持。同年，他依照商人编年纪事的传统，写作了《家族实录》，这可以说是他的第一部历史著作。该书按照年代顺序记述圭查迪尼家族重要成员的生平，分别论述他们在佛罗伦萨历史上的地位和作用。像许多家族编年纪事一样，这部著作是写来仅供家族成员阅读的，并告诫家族成员不要外传给陌生人。写作目的非常明确，就是要颂扬自己的母邦和家族。① 这一时期他写作的最重要的著作是《佛罗伦萨史》(*Storie Fiorentine*)，该书与他的《家族实录》密切相关，而且两部书都充分利用了家族档案材料。《佛罗伦萨史》与《家族实录》的编写方法和内容都非常一致，并有许多段落是彼此重复的。该书记述了 1378 年梳毛工人起义到 1509 年比萨战争的历史，以当时的标准来衡量，它是一部很好的城邦政治史著作。它的叙事范围局限于佛罗伦萨的城邦政治，具有浓厚的政治史色彩，并注意到法国入侵对意大利的现实影响，叙事的详略与作者从家族档案得到的资料的多少相关，如 1455 年以后的历史就写得较为详细。虽然年轻的作者缺乏深刻的政治洞察，叙事也不那么连贯生动，但是书中许多段落和旁逸笔墨仍不时有天才的闪光。这部著作不是一部突破传统，确立新标准的创新之作，也不是亦步亦趋依从旧传统的著作。《佛罗伦萨史》的不成熟恰好使我们可以据此评价《意大利史》所取得的成就。这一时期他开始写作的第三本书是《回忆录》(*Ricordanze*)，基本上是一部个人事务的编年纪录。

由于他在法律业务上表现出来的非凡才华，1512 年佛罗伦萨执政团委派他出使西班牙的阿拉贡宫廷，由此开始了他的政治生涯。出使西班牙使他能近距离观察对欧洲有重大影响的大国政治。在写给佛罗伦萨

---

① Mark Phillips, *Francesco Guicciardini*: *The Historian's Craft*, Toronto: University of Toronto Press, 1977, p. 4.

执政团的书信和外交报告中，他对西班牙的历史和现状给予了详尽的记述，评估了它的军事方法和军事实力，表现出对政治良好的观察能力和分析能力。在西班牙期间，他没有停止著述，《格言集》（*Ricordi*）的写作就开始于1512年，同时还写作了重要的政治论文《罗格洛尼奥政论》（*Discorso di Logrogno*）。1512年秋，美迪奇家族重新掌握了佛罗伦萨政权，这时滞留在西班牙的圭查迪尼曾写信给洛伦佐·德·美迪奇要求返回佛罗伦萨，参与新政权。1513年他回到佛罗伦萨，重操律师职业。次年，他成为"八人安全委员会"成员。1515年，他成为执政团成员，进入佛罗伦萨最高行政机关。1513年，乔万尼·德·美迪奇成为教皇，称利奥十世，这就为佛罗伦萨人进入教廷提供了机会。1516年，圭查迪尼被教皇任命为摩德纳总督，次年又被任命为雷乔和帕尔马总督。之后，他在利奥十世和克莱芒七世两任教皇时期，长期服务于教廷。尤其是在利奥十世时期，他于1521年指挥教皇军队在帕尔马抗击法国人。同年，他写作了《关于佛罗伦萨政体对话》（*Dialogo del Reggimento di Firenze*）。就在这一时期他与马基雅维利相识，并成为朋友。1523年，教皇任命他为罗马尼阿的副摄政。在当时法国国王弗兰西斯一世与神圣罗马帝国皇帝查理五世的争斗中，圭查迪尼建议教皇与法王结盟。1527年春，他虽然成功地使佛罗伦萨避免了皇帝军队的进攻，但却使罗马受到皇帝军队的进攻，并很快被攻陷，教皇克莱芒七世也一度被囚禁。

罗马被皇帝军队攻陷后，圭查迪尼很快回到了佛罗伦萨。然而，就在这一年佛罗伦萨的反美迪奇党驱逐了美迪奇家族，重建了佛罗伦萨共和国。由于与美迪奇家族的紧密关系，圭查迪尼受到共和国的怀疑，并于1530年3月被宣判为叛逆，财产被没收。同年，经过9个月的围城战后，短命的佛罗伦萨共和国为皇帝军队所摧毁，美迪奇家族又掌握了政权。1531年，圭查迪尼被教皇任命为博洛尼亚总督。他担任该职一直到1534年克莱芒七世去世。之后，他回到故乡佛罗伦萨，成为亚历山德罗·德·美迪奇的顾问。在1537年，亚历山德罗遇刺身亡后，他支持科西莫·德·美迪奇为佛罗伦萨公爵。科西莫上台后，他并不被重用，于是隐居阿切特里，潜心写作《意大利史》（*Storia d'Italia*），直到1540年去世。

圭查迪尼一生著述宏富，但没有一部是在他有生之年发表的。关于佛罗伦萨政治和历史，他写过三部著作，即《佛罗伦萨史》（1509年）、《关于佛罗伦萨政体的对话》（1524年），以及1528年到1531年写的《佛罗伦萨纪事》（*Le cose fiorentine*）都是未完成之作。其实，早在写作《罗格洛尼奥政论》时，他就已经形成了政治现实主义思想观念。在随后的《格言集》中，他的这一思想得到发展，但表现出与马基雅维利不同的历史观点。他认为，人们不能无条件地效仿古人，要具体情况具体分析，泥古不化是荒谬可笑的。1530年，他写作《论马基雅维利〈论李维〉》，是想重启他与已故老友的对话和争论，指出无条件效仿古人的错误。由此，我们看得出来，圭查迪尼和马基雅维利虽然在政治思想上有共同之处，但在对待历史事例的态度上有很大差异。二者都主张基于历史事实来对现实政治进行分析，但马基雅维利强调无条件效仿古人，而圭查迪尼则重视对具体事例和具体条件的考虑。在《关于佛罗伦萨政体对话》中，他明确提出了自己的政治理想是混合政体，同时指出了现实政治考虑的重要性。他认为，佛罗伦萨应该追求适合佛罗伦萨实际的现实的政治体制，而不应该致力于实现想象的理想政体。现实的政治不应该囿于道德考虑。[①] 他的第二部佛罗伦萨史，即《佛罗伦萨纪事》，是他在政治上受挫，退隐之后写的。全书共4卷，以佛罗伦萨的内部党争和对外战争为主线，头两卷概述佛罗伦萨建城到15世纪初的佛罗伦萨史，主要利用其他历史家编写的历史，既包括人文主义史家的著作，也有一些中古历史家的著作。当然，在使用这些材料时，他都进行了仔细的考证，以确认其可靠性。从第三卷开始，像写作第一部《佛罗伦萨史》一样，他开始大量利用了佛罗伦萨丰富的档案文献，尤其是圭查迪尼家族的档案。然而，他这次写作历史的方法与上一次不同，不仅对档案文献的利用更充分，而且对政治军事活动的分析也更透彻，有更多的细节描述、更深刻的政治洞察。在写作过程中，随着资料的增多，内容的细化，许多与佛罗伦萨无关的材料让他难以割舍，扰攘不宁

---

① Mark Phillips, *Francesco Guicciardini: The Historian's Craft*, Toronto: University of Toronto Press, 1977, pp. 32–33.

的意大利的命运又随时牵动着他的心,他越来越难以维持仅以佛罗伦萨政治、军事为主线的叙事风格。最终,他不得不放弃该书的写作,转而计划写作一部视野更开阔,更适合他掌握的丰富资料,更有利于发挥他的历史叙述和政治分析能力,关注意大利乃至西欧的命运的历史著作。

从上述,我们能清楚地看到,圭查迪尼像马基雅维利一样,非常热爱自己的母邦佛罗伦萨,但随着阅历的增长,研究的深入,他日益意识到必须把佛罗伦萨置于整个意大利的背景中来考察,而意大利事务的解释又不得不牵连到整个欧洲的事务。这样一来,一个城邦就不足以成为历史叙述的主体,"佛罗伦萨的历史只能作为整个意大利场景的一个组成部分来理解"。[1] 史学思想和史学方法的转变是我们理解圭查迪尼晚年倾其全部精力写作《意大利史》的关键。《意大利史》撰写于1538年到1540年,即圭查迪尼去世前两年,是他最具代表性的历史著作。《意大利史》全书共20卷,涵盖1494年至1534年之间40多年的历史。对他来说,1494年法国入侵意大利是意大利历史的转折点,从此,"国家倾覆了,统治国家的方法改变了,战争艺术也变了……法国的入侵像一场风暴把一切变得面目全非"。每个国家以前对公共事务的审慎和耐心不复存在,强权武力决定着国家的命运。[2] 正是这种变化激发圭查迪尼和马基雅维利等人去探究政治变迁的根本问题。1494年法国的入侵是圭查迪尼的《意大利史》的起点,他对这一灾难做了全面解释。

《意大利史》可以说是文艺复兴时期人文主义历史著作的典范,其著作形式具有浓厚的崇古仿古倾向。圭查迪尼倾注其晚年的全部精力,字斟句酌,反复修改,力求符合人文主义者所追求的古典文学标准,试图通过该书写作来获得文学地位。他甚至把西塞罗的名言抄录在《意大利史》手稿的背面,以此作为历史叙事的规则。[3] 那段名言是西塞罗在

---

[1] Felix Gilbert, *Machiavelli and Guicciardini*, New York: W. W. Nort & Company, 1984, p. 247.

[2] 唐纳德·R. 凯利:《多面的历史》,陈恒等译,生活·读书·新知三联书店2003年版,第281页。

[3] Felix Gilbert, *Machiavelli and Guicciardini*, New York: W. W. Nort & Company, 1984, p. 272.

《论演说家》一书中关于历史写作的论述,他说:"叙述事件要求有时间顺序,有地点描写。由于人们对重大的和值得记忆的事件要求的首先是计划,其次是行动,最后是结局,因此,在叙述计划时需要指出作者赞成什么,在叙述发生过的事件时不仅要说明发生了什么和说过什么,而且还要说明是怎样发生的和怎样说的,在说明事件结局时要阐明清楚所有的原因,不管是偶然的,或是符合理智的,或是轻率的行为,最后在谈到声誉、名望都很昭著的人物时不仅要说明他们的业绩,而且要说明他们的生活和性格。最后,词语特色和语言风格要通顺流畅,轻松平稳如涌溢的流水,没有审判语言的严厉,没有诉讼语言惯有的尖刻。"①圭查迪尼认为,他的《意大利史》只有满足了古代历史写作的标准,才会被人们看作一部文学作品。他要写一部真正的人文主义历史著作,所以他把人文主义编史方法视作历史编撰的法则。他严格按照时间顺序,以政治、军事事件为主线来叙述历史,只要行文中涉及非政治或非军事内容,他就会为自己没遵循这些法则而道歉。他经常使用古代历史家的虚构演讲词的文学手法,用它来呈现论辩双方的观点,强调与政府决策密切相关的事件,描述各社会集团的态度和目的,分析政府政策的制定和实际执行情况。在结构上,《意大利史》完全遵循人文主义者的编史方法,全书分为若干卷,卷下则按年代划分。他最初计划分全书为九卷,后来他认为二十是一个更完美的数字,于是,他重新调整了书稿,分全书为二十卷。② 在语言风格上,《意大利史》与其早年的佛罗伦萨史形成鲜明对照,前者行文措辞非常典雅,竭力效仿古典语言风格,后者则清新质朴,不过分雕琢。然而,这种竭力仿古的做法实际效果并不好,"他那些煞费苦心的措辞,他那些过分西塞罗化的表达方式,使读者头痛厌烦。"③

除了历史著作风格外,人文主义历史观念也以一种更深刻、更基本的方式反映在《意大利史》中。对于人文主义者来说,历史的目的是

---

① 西塞罗:《论演说家》,王焕生译,中国政法大学出版社2003年版,第249—251页。
② Felix Gilbert, *Machiavelli and Guicciardini*, New York: W. W. Nort & Company, 1984, p. 274.
③ 汤普森:《历史著作史》上卷,谢德风译,商务印书馆1988年版,第719页。

要为人们提供政治、道德教训。然而，由于人们逐渐意识到政治有它自己的规范和法则，所以对历史的垂训作用的信念发生了动摇，对于许多人来说，历史主要是政治成功指南。那些使一切人类算计归于无用的政治灾难也是对这种实用主义历史观的致命打击。因此，在《意大利史》中，圭查迪尼似乎不承认历史有什么意义，该书给人的印象是历史没有任何目的。它的主题可以说是人类反抗命运的斗争和人类的悲惨境况。它能提供教训似乎是人类的无能，人类既绝望无助又狂妄自大。尽管人类无力掌控外部世界，但他依然是自身理智世界的统治者。理性使人类有力量去抵抗虚假之神的诱惑，看清自身抱负的虚妄，领悟世俗事物的真实价值。因此，虽然圭查迪尼不像其他人文主义者那样认为历史是用事例证明一般道德法则，从而为人们提供行为指导，但是他在更高的层次上回归了历史的道德价值的人文主义观念。他坚信，历史有助于人类对自身内在价值的领悟。圭查迪尼超越了人文主义者从古人那里继承得来的关于历史意义的思想观念，从此，历史研究不再是用事例讲授道德哲学，历史家没有必要去追寻普遍有效的道德法则。这样，历史家就能够集中注意力去描述独特的历史现象，致力于历史事实的考证，探究事物的不断变化。因此，历史家就具有了独特的作用，历史学才能作为一个独立的知识学科，历史的意义不再取决于外在的规定，其自身具有了真正意义。历史家既是历史的记录者，也是历史的解释者。正是在这样的意义上，"圭查迪尼的《意大利史》是古典历史学的最后一部伟大著作，又是近代历史学的第一部伟大著作。"①

圭查迪尼要记录他的时代发生的重大历史事件，同时要证明事件理性解释的范围和限度，这就要求事件叙述的准确性。他像大多数分析事件因果关系的历史家一样，非常注重过去事件的准确记述。圭查迪尼的《意大利史》以叙事真实可靠而享有崇高的评价，然而，不完全是因为他叙事的真实性和深刻的政治洞察力才使现代学者称颂他的这部著作为"近代史学的第一部伟大著作"，赞扬他这个人为"塔西陀与吉本之间

---

① Felix Gilbert, *Machiavelli and Guicciardini*, New York: W. W. Nort & Company, 1984, p. 301.

最伟大的历史家"。他之所以得到后世赞誉还有一个重要原因是他具体的写作历史的方法。他之前的历史家写作历史很大程度上依靠更早的历史的著述来叙述遥远的过去，依靠自己的亲身经历和见证者的转述来记述当代事件。他们只是偶尔使用像档案或官方文件等非叙事资料，就是在使用这些资料时，他们也往往会添加其他资料。圭查迪尼颠覆了前人的做法，从第一部《佛罗伦萨史》到《意大利史》，他都主要根据周密的档案文献研究来写作历史，并用自己的观察和其他见证人提供的直接证据充实叙述。如前所述，布鲁尼、马基雅维利等人文主义历史家都注意到了城邦档案的重要性，并在写作历史时使用档案文献，但他们对档案的使用都不像圭查迪尼那样充分和审慎。他使用时，既不像布鲁尼那样受制于古典文学标准的制约，也没有马基雅维利的为我所用的独断。他是根据档案文献来重建历史，而不是利用档案文献来讲述关于过去的故事。

除了他根据档案文献来重建历史外，他的《意大利史》还像古代作家一样强调命运的作用。中世纪的历史家认为历史是上帝宏大计划的一部分，强调神意对人类事务的作用。文艺复兴时期的人文主义史家以人为历史的主体，写作人的历史，突出人的因素对历史的作用，然而，他们并不否认在特殊时候命运的作用，把命运看作历史解释的补充因素。当然，在历史叙事和分析中融入对现实政治的反思和政治原则的阐释是圭查迪尼治史方法的重要特征。在这一点上，他与马基雅维利的历史方法相一致，重视现实经验和历史经验的价值，不过他对效仿古人，以及根据过去之事预测未来并不那么自信。原因在于他严格的法学训练使他既重视规则又不轻忽变化，苦难的经历使他看到人性的变化无常和突发事件的作用，进而领悟到命运的力量。对于马基雅维利来说，命运的打击是人生的现实，依靠人的坚强意志，学会恰当的理解，人类是可以战胜命运的。而对于出生显赫，早年仕途一帆风顺的圭查迪尼来说，命运变幻无常，逆境则是一个沉重的打击。他更愿意把理性的解释与命运的支配作用结合起来，于是，更细致的人类动机的心理解释、把历史事件置于更广阔的历史背景中来考察，以及对历史批判方法更广泛的应用成为《意大利史》的突出特点。

虽然圭查迪尼承认命运对人事的影响，但是他证明命运的作用的方法是要准确探究历史事件的理性解释的限度，而且他直接关注的是历史事件的因果关系的理性解释。因此，政治领袖人物的心理和动机分析就成为历史家的重要任务。原来历史家不仅要描述事件的发生，还要解释事件发生的原因，而在《意大利史》中，事件原因的解释则优先于事件过程的描述。圭查迪尼认为，人总是有个人利益的考虑，每个人的利益关注各不相同，满足个人利益的方式也各不相同。人的私利取决于各种因素，其本身变动不居。历史家通常是根据公认的善恶观来判别个人行为，而圭查迪尼在其《意大利史》中则将维护私利看作基本人性，是唯一不变的因素。人物性格不是固定不变的，不能简单以善恶来分别。他认为，人的品性只会表现于一系列事件中，并且为事件所改变和塑造。"圭查迪尼根据人物看得到的涉世行为来勾勒人物性格，其性格刻画达到了非常高的心理现实主义水平。"[1] 敏锐的心理分析是他历史叙事的一大特点，书中描述了查理八世、阿拉贡的斐迪南和卢多维科·斯福扎等重要人物的性格，分析了他们之间的尔虞我诈的残酷斗争对意大利人的影响。

圭查迪尼认为，人根据对实际情势的判断来做出决策，但行为结果并不总是如人所意料，因而人最终会根据出乎意料的结果来改变其意图。他探究了从事件发生到引起行为者心理反应的过程，他认为这一心理反应会使行为者产生新的意图，从而施行进一步的行为。于是，《意大利史》的叙事既有实际事件描述，又有历史人物的动机分析。圭查迪尼试图表现历史事件和人物动机是如何相互作用和反作用的过程。人的实际行为并不总是如理性分析的那样导致它应有的结果，相反，其结果往往为人的意愿和欲念所扭曲。因此，人的妄想和谬见是历史的组成部分。圭查迪尼要说明政治事件的理性解释的限度，这一企图使他的《意大利史》有了又一个创新，即他的历史著作的地理空间和编年框架不同于其他历史著作。我们称圭查迪尼的这部著作为《意大利史》，但他本

---

[1] Felix Gilbert, *Machiavelli and Guicciardini*, New York: W. W. Nort & Company, 1984, p. 292.

人从没有用过这个书名。他提到这部著作时称其为"关于意大利事务的历史"。① 圭查迪尼承认意大利因其文化上的优越性而不同于欧洲其他国家,然而,他并不像马基雅维利那样坚信意大利会成为一个统一的政治实体。因此,《意大利史》的主题不是作为一个政治实体的意大利,而是发生在意大利半岛上的事件。意大利的各种势力并不适宜于分别作为各城邦历史的主题来叙述,因为各城邦内部的发展与其他城邦有剪不断理还乱的关系,发生在意大利的所有事件又与发生在欧洲其他地区的事件密切相关。圭查迪尼认为,他必须要讨论发生在其他国家的事情,"因为那里发生的事件常常与这里发生的事件相互关联"。②

圭查迪尼的著作的主题是由一个内在逻辑来规定的,其范围延伸到西欧其他国家是确定事件之间因果关系的必然要求。在讨论意大利事件时,他把德国、法国、英国和西班牙的发展囊括进来,从而证实了整个西欧密切联系。他对广阔政治场景的关注无疑与他担任佛罗伦萨外交官、教廷行政官员和教皇顾问的从政生涯分不开。他在其著作中融入自己的政治经验,这有助于使同时代和后世的人们意识到一个相互关联的国家体系的存在。在圭查迪尼看来,历史能够,而且必须划分为时期,而历史时期的划分应该取决于历史过程的内在性,而不是根据哲学或神学的假设。在1535年,圭查迪尼打算写一部回忆录来记述他担任教皇顾问,以及在科涅克同盟战争期间担任教廷军队指挥官的经历,其著作体裁准备效仿恺撒的《战记》。然而,到写《意大利史》时,他将回忆录的内容用到了这部著作中,作为第16卷和第17卷。圭查迪尼从写作恺撒式的评注转而撰写历史著作,或许是因为他试图通过写作历史来赢得更大的声誉。这部历史著作之所以要从1494年法国入侵意大利开始写,是因为他认为只有追溯到因果链的起点,才能真正使那些事件真正得到解释。尽管《意大利史》非常冗长,但它是一个整体,其时空范围都取决于因果关联的原则。

---

① Felix Gilbert, *Machiavelli and Guicciardini*, New York: W. W. Nort & Company, 1984, p. 294.

② Ibid., p. 295.

圭查迪尼对繁多的细节和故事线索有非凡的把握能力，他描述和分析了1494年开始的意大利战争的前四年，呈现了"野蛮人"（法国人）的政策和野心，以及他的同胞的软弱和优势的逐渐丧失。这是一个开创性的综合历史叙述，其中有广泛的政治分析、人物刻画、谈判等事务的描述，而且充分利用了人文主义编史方法。虽然他毫无顾忌地诉诸超自然因素和事件来增强意大利灾难的戏剧性，但是他的焦点始终是人类心理和相互作用，以及人类历史的不断变化。像马基雅维利一样，他清楚地认识到，狐狸的方法最终会让位于狮子的方法，暴力和不义会得逞，他从自己的观察和探究中得出的结论比马基雅维利还悲观。或许正是因为其缺乏理想主义色彩，而又与其按照人文主义方式，准确和详尽的叙述相关联，所以，圭查迪尼被某些人认为是塔西陀和吉本之间最伟大的历史家。

马基雅维利和圭查迪尼开创的分析政治史风格从16世纪起在佛罗伦萨一直有人追随，在其他国家也有人效仿：德国有斯莱丹；法国有雅克－奥古斯特·德·图；英国是威廉·卡姆登，这仅仅是举其最著名者。历史和政治学的关系则为其他学者所加强，如与马基雅维利有同样思想倾向的克劳德·德·塞瑟尔，这位也是94年代的产物。他受人文主义的影响，相信所有古代文学中，"历史是最有益的"，所以，他曾经从事了一系列历史翻译，包括翻译修昔底德（从拉丁译本翻译），写作了路易十二时代的历史，最著名的是《法兰西君主国》。《法兰西君主国》是一部与马基雅维利的《君主论》同类的著作，其中有更多的历史比较，主要来自威尼斯史和罗马史。像马基雅维利和圭查迪尼一样，塞瑟尔认为历史研究的第一目的是"理解原因和结果"，这始终是政治分析的前提。

第二章　法国民族历史写作的初步和民族历史观的形成

15世纪末到16世纪，随着英法等国民族君主政制的发展，以及意大利君王宝鉴类著作的影响，在法国逐渐形成了一种关于民族君主和君主制的政治学说和历史观点。如果说受意大利人文主义历史学术影响的学者科敏纳仅仅是假借写作历史来倡导审慎的政治智慧，推崇君主制度的话，塞瑟尔等法国的人文主义学者则是面对国内封建势力，以及国外神圣罗马帝国皇帝和教皇对法国王权的威胁，把重申法国国王的最高统治权，以及法国的政治独立和宗教自主作为自己的使命，是法兰西民族新政治史的开创者。

1559年，卡托-堪布累济条约[①]的签订结束了长达半个多世纪的王朝战争，法国历史由此进入一个新的时期。在这以前，宗教改革的影响主要在下层民众，但在亨利二世晚年，新教就开始在贵族中争取信徒。这些心怀各种政治图谋的贵族，力图把宗教问题变成政治争端。"16世纪的魅力，在于它是一个孕育、沸腾和探索的时代，在这个时代，各种思想潮流展开了交锋。"[②] 又加之，16世纪后半期，法国由一连串懦弱的国王和腐败的王廷统治，因此，天主教派、胡格诺派和"政治家"

[①] 结束意大利战争（1494—1559年）的和约，1559年4月在法国卡托-堪布累济签订，由法国分别与英国和西班牙签订的两个和约构成。关于该和约对法国的影响，参阅费尔南·布鲁代尔《菲利普二世时代的地中海和地中海世界》下卷，唐家龙等译，商务印书馆1998年版，第476—482页。

[②] 雷吉娜·佩尔努：《法国资产阶级史》上册，康新文等译，上海译文出版社1991年版，第381页。

派等相互敌对的各派,多少都有各自自由活动的余地,各派都在宗教的外衣下,全力争取把国王控制在自己手中。宗教、政治冲突"是用剑和笔同时打的,而笔杆子愈来愈成为'有历史意义的'了"。①

甚至可以说,政治、宗教冲突塑造了整个16世纪,尤其是16世纪后半期的历史思想和历史写作②。然而,无论长达30年的内战多么残酷,各派思想家的争论多么激烈,这一时期法国社会的主要政治诉求依然是民族国家的统一、法兰西教会的独立。即便是胡格诺教派也不反对法兰西君主制,只是要求对王权加以限制。法国学者福柯指出:"宗教战争时期的作家没有一个承认二元性穿越于王朝之中。这是根本不可能的,因为,一方面,统一宗教的拥护者(他们理所当然地提出'一个信仰,一个法律,一个国王'的原则)不能既承认国家内部的二元性,又要求宗教的统一;另一方面,那些反过来要求选择宗教的可能性和思想自由的人想要使他们的论点得到承认,则必须说:'无论是思想自由,选择宗教的可能,还是甚至在一个国家实体内存在两种宗教,都不会损害国家统一。国家的统一不会被思想自由所损害。'因此,无论人们支持宗教统一论点,还是相反支持思想自由的可能性,国家统一性的论点在整个宗教战争中都得到巩固。"③ 正因为如此,宗教改革和宗教战争的负面影响在法国没那么严重,也就是说,没有在社会中造成不可弥合的裂痕,民族认同甚至在宗教战争和许多暴行后依然被看作凝聚新旧教徒的力量,使法国人能通过宗教宽容来寻求安抚的途径(1598年的南特敕令)。④ 内战的结果是,政治上,王权得到加强而不是削弱;宗教上,法兰西民族教会打败了教皇全权论者和加尔文派的地方主义势力。内战中的政治、宗教论战则造成了学术繁荣:大量政治、法律文献的涌现,中古史、教会史研究的兴盛。

---

① 汤普森:《历史著作史》上卷,谢德风译,商务印书馆1988年版,第796页。关于法国宗教战争时期的政治、宗教论战,可参阅 Luc Racaut, *Hatred in Print*: *Catholic Propaganda and Protestant Identity During the French War of Religion*, Ashgate, 2002。
② Arthur Marwick, *The Nature of History*, London: Macmillan Press LTD, 1989, p. 32.
③ 米歇尔·福柯:《必须保卫社会》,钱翰译,上海人民出版社1999年版,第110页。
④ 参阅 Richard S. Dunn, *The Age of Religious War*, New York: W. W. Norton & Company, 1979, p. 38.

第一节　法国新政治史的开端：从科敏纳到塞瑟尔

科敏纳被称为"法国的修昔底德"，近代早期法国民族政治史写作的先驱者。科敏纳所处的时代是欧洲思想文化的转型时期，其旧的传统形式依然在坚持，而内容已在悄然发生变化。他的《回忆录》(*Mémoires*)是研究这一思想文化转型的重要案例，其思想的非传统，其著作形式的不正式恰好有利于我们探究这一时期欧洲思想文化普遍变化的开端。他不是一位学者，拉丁语水平不高，阅读范围有限，书中几乎没有古代典故，但是，他经常来往于法国和意大利之间，与意大利人文主义者确实有过交往，不可能不受到意大利人文主义学术的影响。因此，我们认为，他的著作《回忆录》具有人文主义政治历史的一般特征，那就是把历史理解为政治史；对当代和亲历的事件感兴趣；重视历史的垂鉴作用；把历史写作与政治思考结合起来等。所以，科敏纳在时间上早于马基雅维利，马基雅维利是根据一套原则，借用历史事例来阐述其政治主张，科敏纳则是就事论事，抒发感触。他的著作"结束了一系列中古编年史，开创了近代政治历史写作"。[①]

菲力普·德·科敏纳（Philippe de Commynes, 1445—1511年）是佛兰德尔人，出身于伊普尔一个贵族家庭。他原姓范·登·克莱特，因其家族领地是科敏纳（现法比边界附近的一个比利时城镇），所以按照传统以家族领地为姓。他年轻时效力于未来的勃艮第公爵大胆查理宫廷，曾随查理参加过公益同盟反法国国王路易十一的战争。1468年，他受封骑士，成为大胆查理的宫廷总管。1468年10月，他参加了大胆查理与路易十一在佩罗纳的会谈，得到路易十一的青睐，具体原因不清楚。之后，他在勃艮第宫廷及其外交事务中的作用越来越重要。1469年，他又参与了大胆查理与奥地利的西吉斯蒙德的会谈，并出使英国控制的加莱。他是否到过英国本土一直没有确切证据，他对英国政治情况的熟悉可能得自兰加斯特家族和约克家族在勃艮第的流亡者，以及后来

[①] 汤普森：《历史著作史》上卷，谢德风译，商务印书馆1988年版，第739页。

服务于路易十一宫廷时与英国外交官的交往。1471年，他假借去圣地亚哥·德·孔波斯泰纳朝圣，出使布列塔尼和卡斯蒂尔。有证据表明，在1471年频繁的外交活动中，他又与路易十一建立了联系，接受他的经济资助。1472年，他突然背叛查理，公开投奔法王路易十一，这是他人生中的一件大事。从此，他归化法兰西，成为法国国王的臣民，国王给他优厚的年俸和广大的领地，担任国王的侍从和顾问，并娶了一位富有的女继承人为妻。作为国王核心圈子的成员，他经常参与重大外交事务。1477年，他向路易十一建议，由法国王储娶大胆查理的遗孀，因而失去国王欢心，暂时遣出宫廷，出使意大利。他出使意大利的主要任务是恢复米兰与法国的同盟关系，同时祝贺洛伦佐·德·美迪奇平定帕齐密谋。意大利之行不仅给他带来了政治成功，重获国王恩宠，还使他见识了意大利人文主义文化的繁荣，这对他日后写作历史有影响。1483年，路易十一去世后，他因卷入宫廷阴谋被国王囚禁，获释后，被逐回自己在德勒的庄园。然而，从1490年起，他得到查理八世信任，成为国王顾问，1494年随查理远征意大利。1498年查理八世去世，刚开始他似乎没有得到即位的路易十二的宠信。直到1505年，他便得到路易十二的恩宠，负责国王在意大利的事务。1511年，科敏纳去世。

科敏纳是一位积极的政治活动家，撰写《回忆录》是他的业余活动。最初他是应那不勒斯人，路易十一的御医和星相家，维也纳大主教安杰洛·卡托之托，记录自己参政的亲身经历，为大主教写作路易十一时代的历史提供资料。后来，他逐渐对写作历史有了个人兴趣，甚至在大主教去世后，依然坚持写作。《回忆录》第一次出版是1524年，原来全书并未分卷，但近代版本都将其分为八卷。全书可分为两大部分，即前六卷为一部分，写路易十一时代的历史，时间是1464年到1483年。后两卷写查理八世远征意大利，从1494年到1495年。科敏纳是在繁忙的政务之余写作《回忆录》，从1489年到1498年，前后近10年时间。各卷是在不同时期完成的，前五卷写于1489年至1490年；第六卷写于1492年；第七卷的写作时间是1495年年底到1496年；第八卷写于1498年。

我们必须把《回忆录》与科敏纳一生的从政经历联系起来才能真

正理解这部著作。科敏纳一生坎坷，经历丰富，青少年时代的贫穷记忆，服务于勃艮第宫廷的岁月，投靠路易十一初期得到的恩宠，路易十一晚年的疏远，路易十一去世后的牢狱之灾，后来的复出和随查理八世出征意大利等等，其一生在政治上经历的盛衰荣辱都是他写作历史的最好素材。他把自己的经历以及他对历史事件和历史人物的评论编织进一个编年叙述框架，而收录其中的事件和人物都是他所关注的，其价值不仅取决于它们所具有道德教育意义，而且取决于它们本身的政治意义。从著作形式上看，科敏纳的《回忆录》既属于传统编年史著作，也属于文艺复兴时期非常流行的"君王宝鉴"著作。然而，《回忆录》的内容既不同于君王宝鉴，也超越了同时代法国的编年史著作。它不仅叙述历史事件，描绘历史人物，而且对事件的原因进行深刻的分析。科敏纳试图理解和解释导致历史变化的人类动机及各种政治机会之间复杂的相互作用。他通过记述一些重大政治事件，来说明君王应该怎样抓住每一次机会，使事态变化对自己有利。他认为，在这方面法王路易十一是一个好榜样，而查理八世远征意大利则是一个轻举妄动的典型实例。这种力图从特定环境中的具体事件推导出普遍规则的方法，加之，他明白晓畅的文风，对人物和事件细节的描述，使《回忆录》不仅对统治者有教益，而且对当时的历史家和政治理论家产生了巨大影响。

科敏纳对事件原因的分析取决于统率全篇的主导观念。虽然《回忆录》不是政治学的专论，他关于政治和历史的论述都隐含在历史叙述中，但纵观全书我们能清楚地看到正义观念是他历史思想的核心。这是理解科敏纳的历史哲学的关键。他所谓的正义观念具有多重含义。在纯粹世俗意义上，正义是一种维护道德和政治平衡的原则，又是对历史中的悲剧性事件起支配作用的原则。在更宽泛的意义上，正义与历史中的天意的影响和作用是相互关联的。科敏纳正是基于他的正义观念来叙述历史事件、分析事件的因果关系、描述历史人物的命运。他的政治理想是要建立一个温和稳健，没有党派纷争的社会，所以，他主张社会各种因素的平衡，他的君王典范也是能够完美平衡善恶因素的人。犯罪行为常常招来犯罪行为，背叛者常常被人出卖。大胆查理在南锡遭人出卖，落入瑞士人之手，是因为他曾经在此地背叛过他人。在道德和政治层面上，科敏纳的正义近似于埃斯库罗斯和索福克里斯悲剧中的"正义"（dike），它是道德和政治领域起作用的普遍调节因素，内含补偿与惩罚两条纠偏原则。在《回忆录》中，一个伟人或王国的衰落都有其原因和先兆，是正义的补偿和惩罚。君王的悲剧一般是以失去理智为先兆，随之而来的就是国家内乱、失去虔诚、偏听偏信。一个君王也可能成为其父辈罪孽的替罪羊，如大胆查理所遭受的失败就是在为其祖辈华洛瓦公爵们的傲慢还债。尽管他经常使用"命运"一词，但他认为看似偶然的事件其实是上帝的意志表现。因此，科敏纳的历史解释是悲观的，上帝对人事的干预既不可理解，也不可预测，面对不可避免的人生悲剧，人类除谦卑和顺从外别无他途。①

《回忆录》不是政治学专论，不过科敏纳作为政治家在其历史叙述中自然包含着对政治的许多论述。他的政治思想虽然不系统，但得自实际政治经验和观察的观点非常平易清晰。他认为，一个好政府的首要条件是要有一个明智的君王。他把法国国王路易十一作为好君主的典范，而把勃艮第的大胆查理作为昏君的坏榜样。查理最大的缺点是傲慢无理，穷兵黩武，不听取任何的建议。路易十一则完全不同，他明智谦逊，善于知人用人，尊重知识学问，知兵而不好战，是最擅长谈判的君主。科敏纳非常强调君王的教育，正是因为他怀疑欧洲一些君王的才能，希望他们能够从他总结的历史教训中得到益处，这是他写作《回忆录》的目的。他写道："对君主们说来，在青年时代阅读过历史著作会有很大益处，因为在历史中可以看到一些古人之间的大量钩心斗角、哄骗欺诈和伪立誓言等等，有的还把相信他们的保证的那些人逮捕杀害。我并不是说所有的人都是这样干的。……我不能不责备那些无知的君主。几乎所有的君主，都被书吏和穿长袍的人（法官）包围，这是必然的；不过，如果他们是好的，就很有用；如果他们是坏的，可就很危险了。……不要以为那些由笨伯们行使职权的君王办事机构是由上帝创

---

① Paul J. Archambault, "Thucydides in France: The Notion of 'Justice' in the Memoires of Philippe de Commynes," *Journal of the History of Ideas*, Vol. 28, No. 1. (1967), pp. 89-98.

立的。"① 关于中古思想家所热衷的宗教对政治权威的约束问题，科敏纳没什么兴趣。尽管他曾说他之所以谴责坏统治者是因为他们没有履行上帝赋予他们的责任，不配居于那样的高位，并坚持君王要承担道德义务，然而，总的来说，他感兴趣的是君王的实践智慧，如他谨慎的行为方式，深思熟虑的谋划，熟练的外交技巧，知人用人以及处理国家重大事务的能力。由于他自己长期担任君王的顾问，所以他特别强调君王要善于使用顾问，甚至认为没有君王能够不依靠顾问来实施统治。在这一点上，他不同于传统论者的是，他对君王顾问的职业资格的强调。他认为，国王选用顾问一定要以智慧和能力为标准。他谴责大胆查里和查理八世怠慢明智而有经验的顾问。②

在《回忆录》中没有对国家的目的和制度的抽象论述，但对和平和秩序的渴望随处可见。他赞同君主制，认为君主国能得到良好的管理，能够保证秩序和公正，能使国家繁荣昌盛。他对路易十一推崇备至，认为他是全民族的君主，"是我们伟大、智慧的国王"，因为他拓展了法国的疆域并使法国与它的敌手们和平相处。③ 他列举出的暴君的罪恶就包括政局的动荡、军队的骚扰、苛酷的捐税，以及随之而来民不聊生，民怨沸腾。他抱怨路易十一没有在大胆查理死后兼并其领地，以防止其分裂为更多封地，导致更多的纷争。他对路易死前计划实施统一法律和度量衡的改革颇为赞许。由此可以看到，他呼唤建立强有力的君主国，以消弭长期不断的封建诸侯纷争的愿望非常强烈。除法国外，科敏纳还对欧洲其他国家的法律和制度进行了详尽的阐述，表现出他的冷静和睿智。他热爱法兰西，但不为民族情绪所左右，对实际政治的参与更使他能准确领会各国法律的精神。他把英法两国政府形式作了卓越的比较研究，对英国国会权力之大感到吃惊，对法国的专制感到疑虑。他认为，英国是他所知道的一切国家中，唯一的照顾公众利益最好的国

---

① 汤普森：《历史著作史》上卷，谢德风译，商务印书馆1988年版，第737页。
② Philippe de Cmmynes, *Memoirs*, http://www.r3.org/on-line-library-text-essays/michael-jones-philippe-de-commynes-memoirs/introduc, (consulted Nov. 13, 2013).
③ 萨尔沃·马斯泰罗内：《欧洲政治思想史》，黄华光译，社会科学文献出版社1998年版，第18页。

家。在英国，人民很少受暴力侵犯，没有在战争中毁坏的建筑物，痛苦和损失反而落到发动战争的人的头上。他关心各民族的法律和制度，也关心他们的文化和民族性格。《回忆录》中，他赞扬意大利人的博爱，城市建筑的壮丽，艺术作品的精美。在比较英法两个民族的民族性格时，他不回避自己同胞的缺点，但竭力为法兰西人辩护，并为法国人的缺点找出合乎情理的解释。除了政治制度外，科敏纳对战争艺术的变化非常关注。他意识到，随着炮兵、集群弓箭手和步兵的引进，战争变得越来越无人性了。在他对炮兵的评论中，他完全抛弃了中古骑士传统，对炮兵的价值给予客观评价，全然没有文学修饰。

科敏纳的《回忆录》文风质朴，对后世历史叙述散文有影响。同时代的德国历史家约翰·斯莱丹根据科敏纳的老仆人的口述，对科敏纳有一个非常生动的描述："科敏纳身材高大匀称、一头金发，非常英俊。他能非常流畅地说意大利语、荷兰语和西班牙语，但说得最好的还是法语。他阅读所有用法语写成的历史著作，尤其是关于罗马历史的著作。随着年岁的增长，他对自己不熟谙拉丁语后悔莫及，抱怨自己没有在这方面下功夫。他博闻强记，善于表达，能同时向四位秘书口授全都非常重要的不同事情，其神情轻松自如，就像面对一个秘书一样。他的社交对象主要是外国人，他事事处处都想了解，精心地安排自己的时间，从来没有空闲。"[①] 根据这段描述，我们知道科敏纳不是文人，而是一位读书不倦，勤学好思，非常有文化教养的政治家。他对中世纪骑士文学没有兴趣，意大利人文主义史家所追求的那种古典文学标准也不是他的写作目的，但他确实是他的时代的肖像大师。把他与中古史家区别开来的是，他不是根据想象来记述事件和人物，而是根据自己的观察，按照自己看到的情况和自己的判断来描述的。他对事件的描述质朴平实，他对外交活动的评论不流于肤浅表面，而是有从人际交往到参与者的潜在动机的深刻分析，他的人物速写少不了行为动机和优缺点的分析，绝不仅仅是传统史书中的歌功颂德。总之，他对事件和人物的描写表现出他

---

① Philippe de Cmmynes, *Memoirs*, http：//www. r3. org/ on-line-library-text-essays/ michael-jones-philippe- de-commynes-memoirs/introduc，(consulted Oct. 4, 2018).

具有极高的历史叙述能力,从来得到论者的好评。蒙田认为他的《回忆录》"语言清丽流畅,自然稚拙,叙述朴实,作者的赤诚之心悠然可见,谈到自己不尚虚华,谈到别人不偏执、不嫉妒。他的演说与劝导充满激情与真诚,绝不自我陶醉,严肃庄重,显出作者是一位出自名门和有阅历的人物。"[1] 直到20世纪荷兰著名历史家约翰·赫伊津哈对科敏纳朴实文字风格仍然给予极高的评价,认为在描写战役时,他"抛弃了英雄史诗式的描写:没有丰功伟绩,没有波澜起伏的转折,只是为我们描绘了一幅现实的前进与后退、犹疑与恐惧的图景。他热衷于描写逃亡,指出勇气总是依仗于安全。他摒弃了骑士用语,极少提及荣誉,而视之为难以避免的弊病。"[2]

作为君王宝鉴,《回忆录》并非以材料真实准确见长,而是以其思想和智慧取胜。他自己在该书的献词中也说,他的兴趣在于"内容实质",希望读者原谅他记述事实时的错误之处。书中有许多针对君王和年轻贵族的道德说教和政治经验,同时,他写作这部著作还有一个私人目的,那就是为自己的政治生涯辩护。他不是要冷静地记述路易十一时代的历史事件,而是尽其所能地掩饰自己的政治生涯中的错误和失败,开脱自己的责任。他是在用自己的笔回击自己的政敌,是一部充满怨恨和偏见的政治家的著作,远非忠实的历史记录。除了他的写作目的外,科敏纳写作过程中使用的资料来源也使我们必须谨慎地对待他的记录。科敏纳很少使用当时历史家的传统史料,如前人的编年史著作,也很少使用他有机会接近的档案材料。没有存世文献说明他搜集资料的情况,他写作《回忆录》主要靠自己的记忆。他本人的藏书也非常一般。虽然他经常来往于意大利与法国之间,与弗朗切斯科·甘迪等人文主义者以及洛伦佐·德·美迪奇有交往,但多是由于政治和外交原因,而不是学术和思想交流。这些人丰富的藏书和广泛的学术交往似乎对他没什么影响,他接触到的一些古典历史著作,大多是一些后世作家对李维、西

---

[1] 蒙田:《蒙田随笔全集》(中卷),潘丽珍,译林出版社2002年版,第93页。
[2] 约翰·赫伊津哈:《中世纪的衰落》,刘军译,中国美术学院出版社1997年版,第132页。

塞罗和萨鲁斯特等人著作的摘要。因此,《回忆录》的参考文献是非常有限的,全书只有两处提到李维,一处提及薄伽丘。总之,从科敏纳的著作本身来看,说他文风质朴是有根据的,但这并不意味着他的历史叙述真实可靠。19世纪法国著名文学评论家圣伯夫称科敏纳为"第一位真正的现代作家",他的著作是"他的时代最权威的历史",是质朴、真实和精致的不朽之作。① 圣伯夫对科敏纳的质朴文风的欣赏是有道理的,不过他认为科敏纳的叙述真实可靠则是没有根据的溢美之词。

科敏纳的《回忆录》一出版就广受欢迎,实际上在法国,与科敏纳的著作类似的有比代的《君主制》(写于1515年)和克劳德·德·塞瑟尔的《法国君主制》(1519年出版)。二者都对认为君主制是理想的政体,都有许多来自历史与当代政治的比较分析。后来出现的同类著作要数马基雅维利的《君主论》(1513年)最为有名,与《回忆录》一道成为欧洲最有影响的君王宝鉴。从16世纪中期起,《回忆录》开始出现欧洲各语种的译本,首先是1544年出版的意大利语前六卷的译本,接着是1551年出版的德语译本。到16世纪末和17世纪初,《回忆录》被翻译成拉丁语、荷兰语、瑞典语、西班牙语和英语。到1643年,这部著作已有10多个语种的译本,被各国君主用作治国指南。法王亨利四世喜欢阅读这部书,皇帝查理五世将其视为每日祈祷书,宗教改革家梅兰希顿把它列入君王必读书之一。当然,引起君王们的注意,为他们提供借鉴是科敏纳的写作目的之一。

在16世纪初的法国,阐述民族君主和君主制的政治理论最有影响的学者是塞瑟尔。他不仅是这一时期法国最杰出的政治思想家之一,而且还是一位对法国人文主义历史学术有杰出贡献的历史家。他的《法王路易十二传》(*Histoire singuliere de Louis XII*)和《法兰西君主制》(*La Grande Monarchie de France*),是16世纪法国人文主义政治思想和新政治史的奠基之作。

克劳德·德·塞瑟尔(Claud de Seyssel,1450—1520年)出生于艾

---

① Philippe de Cmmynes, *Memoirs*, http://www.r3.org/on-line-library-text-essays/michael-jones-philippe-de-commynes-memoirs/introduc,(consulted Oct. 4, 2018).

克斯莱班，是一位萨伏伊贵族的私生子，曾在尚贝里、都灵和帕维亚等大学研习法学和神学。1485年，他大学毕业，开始在都灵大学任法学教授。1498年应法国王室之邀，成为法王路易十二世的顾问。塞瑟尔之所以能得到法王青睐，首先是他作为人文主义法学家的声誉；其次是因为他是萨伏伊人，与萨伏伊宫廷有密切联系，而法王要征服北部意大利必须借助萨伏伊控制的由法国通往意大利的阿尔卑斯山关隘；最后是由于他生活在法国与意大利之间，熟悉两边的政治情况，精通法语，能流畅地说意大利语。因此，作为法王的顾问，塞瑟尔在法国占领意大利北部各城邦的过程中扮演了重要角色，多次作为法国使节出使意大利、英格兰、弗兰德尔和瑞士各州。曾一度为避免卷入路易十二与教皇尤里乌斯二世之间的纷争而退出政治生活，直到1513年，新教皇利奥十世上任，他又作为法王使节回到罗马。1515年，路易十二去世，塞瑟尔最终退出世俗政治，同年出任马赛主教。1517年，借助法国国王的影响，成为都灵大主教，三年后去世。

塞瑟尔是一个很难归类的人，他出生在萨伏伊，主要在意大利接受教育，长期效力于法国国王，他既不是法国人，也不是意大利人；不是一个真正的贵族，而是一个贵族的私生子；不仅是一位政治思想家，还是一位古典学者和历史家。他从事历史写作和历史翻译，并且基于历史研究来写作政治论文。他身后留下了大量著作，涉及法学、历史、政治和宗教等多个领域。尽管他著述甚多，涉及很广，但一直游离在法国文人圈子之外。与他同时代的人文主义语文学大师比代著有《君主制》（写于1515年前后）一书，充分地体现了该时代关于君主和君主制的观点。在《君主制》一书中，比代将法国国王弗朗索瓦一世看作与恺撒并驾齐驱的人物。在该书中，他对君主权力、君主身份和君主政体进行了分析，并且竭力避免把贵族制和民主制作为可能的政府形式来谈论，因为在他看来，只有"君主制"才是有效的政治制度。[①] 然而，在思考同样的问题，效力于法国王室的塞瑟尔与当时活跃于宫廷的人文主义学

---

① 萨尔沃·马斯泰罗内：《欧洲政治思想史》，黄华光译，社会科学文献出版社1998年版，第15页。

者比代等人却没有任何联系，他关于同一论题的著作似乎不是与比代等人对话的结果。他作为法国政治的深度参与者，同时又超脱于法国思想学术界之外，这样一种特殊处境和立场使他对法国君主制的论述不同于比代等人，对整个16世纪的政治思想和历史思想有深刻影响，"为文艺复兴时期的社会理论以及批判性的阐述和措辞提供了一种有用的方式"。①

这位在意大利受教育的萨伏伊人似乎像他的同时代意大利人一样，认为法国只有军事强力，而缺乏文化实力。他最有名的著作是《法兰西君主制》，该书与马基雅维利的《君主论》同时代，二者具有相同或相近的政治分析方法和政治观点。②1515年，路易十二去世，同年塞瑟尔撰写了《法国君主制》一书，1519年在巴黎正式出版。路易十二去世后，塞瑟尔失去恩主，满腹惆怅，试图把他对法兰西君主国，以及法国入侵北部意大利的前途的思考笔之于书，目的是要告诫法国的新国王弗朗索瓦一世，应该如何使国家管理纳入正轨，以实现对外征服的宏伟抱负。当然，他将该书题献给弗朗索瓦一世，是想得到新君主的恩宠，从而参与王国政治。因此，该书是一本与马基雅维利的《君主论》同类的著作，其中有更多的历史比较，主要来自威尼斯史和罗马史。

塞瑟尔《法兰西君主制》是在博丹的《国家论》之前50年，对法国君主国的国家制度和社会结构最系统的论述，包含着对良好的国家组织结构与强大军事力量之间的关系的深刻理解。像马基雅维利一样，塞瑟尔认为历史研究的第一目的是"理解原因和结果"，这始终是政治分析的前提③。书中除对法国经济、政治的详细记载外，更重要的是集中阐述了所谓"有规则的君主制"。他认为，法国国王乃神所亲命，在恰如其分的职权范围内拥有绝对权力，但是，"法国国王的最高权力受到

---

① Donald R. Kelley, *The Human Measure: Social Thought in the Western Legal Tradition*, Cambridge, Massachusetts: Harvard University Press, 1990, p. 204.

② See Donald R. Kelly's introduction to *The Monarchy of France*, trans. J. H. Hexter and ed. D. R. Kelley (New Haven: Yale University Press, 1981).

③ Donald R. Kelley, *The Writing of History and the Study of Law*, Burlington: Ashgate Publishing Company, 1997, I, p. 253.

三种限制，宗教、审判权（Jurisdiction）和治理权（La police）"。① 治理权包括君主制的根本法律，审判权指巴黎高等法院的权力，它确保国王不得行使超越法律的权力。法国君主要尊重宗教、司法和传统。宗教、司法和传统这三项约束可以防止君主变为暴君，作为一个整体，这三者还是一个管理良好的君主国的根本性法则。塞瑟尔指出，君主制是最佳政体，而由根本法则制约的法国君主制更是欧洲的最佳君主制。君主的职能不是对臣属实施一种压制性权力，而是要尊重传统和铲除滥用职权的现象。在政治行动中，民族君主国的君主应战胜敌对君王们的武力和诡计。他不像比代等人那样泛论君主制问题，而是对当时法国君主制的实际情况的思考。他论述有规则的君主制，在谈论防止暴君时也不像比代等人那样仅仅诉诸宗教和道德，而是更仰仗于君主制的根本法律。

塞瑟尔把法兰西君主国描述为一个混合政体，正常的社会流动使其能够避免内乱。他摒弃传统上关于三个固定的社会等级的观点，认为法国的社会等级是灵活可变的，如同意大利社会的贵族、富人和穷人的划分，僧侣并不算一个独立等级。他相信，人各不相同，但所欲求的东西是相同的，无非是金钱、荣誉和社会地位。虽然只有头两个等级拥有特权，但三个等级都有权担任教会和世俗官职，而教俗官职代表着王国的真正权力。强调社会流动是塞瑟尔思想中最具独创性的特征，他试图通过社会流动和对社会群体的制约来达到社会平衡，甚至认为法国不应该害怕武装平民。这种对平衡的强调使他把对内的管治（police）和对外的军力（force）的协调一致看作建立强大君主国的关键。

塞瑟尔对民族政治史写作有直接贡献，曾写有一部历史著作《法王路易十二传》（1508 年），颂扬法王路易十二，称路易十二为"人民之父"。他认为，路易十二承认其权力的自然界限，即"约束"，所以值得人们尊敬和赞颂。路易十二尽管拥有绝对权力，但却尊重法律和司法规章，宁愿实行一种"有规则的君主制"。他的《法王路易十二传》是从科敏纳回忆录络止处写起的。尽管书中充满对路易十二的溢美之词，

---

① C. H. 麦基文：《宪政古今》，翟小波译，贵州人民出版社 2004 年版，第 82 页。

但还是有对民族传统的评论，并且把富罗沙①的四个时代的历史分期方法应用到法国历史中。据此，他把法国历史分为四个时期，即，从远古到第一个基督教国王克洛维是童年时期；从克洛维到墨洛温王朝结束是青春期；加洛林王朝统治时期是成年期；卡佩王朝是老年期。这样，古代的历史分期理论被现代化了，正如后来勒鲁瓦所说："和人类一样，自然也把君主国分为四个阶段……开始阶段可比作童年，早期的成长可比作青年，成熟比作成年，衰落比作老年，至此分解而死亡。塞涅卡、拉克坦蒂乌斯②和富罗沙划分了（罗马帝国）的四个时期；塞瑟尔在称颂路易十二的赞辞里划分了法国的四个时期；博莱多内·维吉尔则划分了英国的四个时期。"③该分期理论还影响了迪埃朗，他在其《法国史》中进一步细化了这一比喻。

塞瑟尔对历史学术的另一重大贡献是古代历史著作的翻译。他的古史翻译动机和翻译选材是与其政治观点一致的。从1504年到1514年，他先后翻译了色诺芬的《长征记》（1504—1505年）；亚历山大里亚的阿庇安的《罗马史》中关于内战史的部分（1507年）；查士丁的世界史《历史提要》（1509年），该书以近东和希腊的古代史开始，涵盖马其顿和希腊化时代各王国的历史；西西里的狄奥多罗斯的《历史文库》中的三卷（1511年），内容涉及亚历山大帝国及后来各王国的历史；攸西比阿斯的《教会史》（1514年）和修昔底德的《伯罗奔尼撒战争史》（1514年完成）。除此之外，最近有学者在他留下的大量手稿中，发现了阿庇安《罗马史》中第二次布匿战争史的译稿。

他的译著中除攸西比阿斯的《教会史》外，他翻译的大多数是希腊人的著作。塞瑟尔本人并不懂希腊语，之所以选择希腊人的著作主要

---

① 富罗沙（Jean Froissart, 1333？—1400？），法国编年史家，著有《法兰西、英格兰、苏格兰和西班牙编年史》。参阅汤普森《历史著作史》上卷，谢德风译，商务印书馆1988年版，第528页。

② 拉克坦蒂乌斯（Lactantius），公元4世纪作家，君士坦丁大帝的儿子的教师，著有《神圣制度》。见汤普森《历史著作史》上卷，谢德风译，商务印书馆1988年版，第112页译者注2。

③ 唐纳德·R. 凯利：《多面的历史》，陈恒等译，生活·读书·新知三联书店2003年版，第273页。

是由于他的合作者是一个来自拜占庭的希腊学者杰鲁斯·拉斯卡里斯。这些希腊语著作首先由拉斯卡里斯从希腊语翻译成拉丁语，然后再由塞瑟尔从拉丁语翻译成法语。塞瑟尔对人文主义学术的了解主要是通过拉斯卡里斯，二人都作为外交家效力于法王路易十二，有相似的政治经历。他们是另类的人文主义学者，都是效力于外国君王的离乡贵族，二人都游踪甚广，热衷于翻译和搜求古籍抄本。由于二人的学术背景和政治经历，所以他们选择的翻译材料内容侧重于军事和外交，而不是文学。其次，塞瑟尔选择翻译希腊文历史著作还因为这些著作以前没有人翻译，新译才能够在法国宫廷引起更大的重视。同时，当时的法国君王和贵族非常喜欢听人朗读俗语故事，塞瑟尔为迎合这一爱好，试图用历史故事来替代中古传奇故事，以达到政治教诲的目的。为使君王和贵族喜爱，塞瑟尔在译文章节划分和抄本装帧上都颇费心思。他从来不把译文交付刊印，这是因为他觉得使这些书籍中所包含的政治军事知识只应该为君王和贵族所掌握，同时，他也不愿意让民众从这些著作中了解到希腊民主制度和罗马共和制度的情况。最后，他重视对希腊化时代历史的翻译还有一个特殊原因，即那一时代的政治军事情况与法国16世纪所处的情况有某种相似之处。另外，他所选择的历史家往往都对民主制度持怀疑态度，都强调民主政体容易引起内乱，阿庇安和修昔底德就集中描述了民主政体下的内乱。[1] 因此，塞瑟尔的翻译动机和翻译选材是政治性的，其全部译著都是题献给君王的。他是想通过历史著作翻译来为君王提供历史借鉴，从而影响君王的政治决策。

总之，塞瑟尔与当时意大利和法国的人文主义者有共同的文化和学术背景，但又有明显区别，具有鲜明的个性特征。强调法国君主制的立宪性质的思想家重申和发挥他的观点，16世纪70年代，历史家迪埃朗在其《法国君主政体》一书中，坦率地承认，关于法国君主政体，他的所有观点都来自塞瑟尔的著作，而且几乎逐字逐句地抄录他的分析。[2] 而那

---

[1] 关于塞瑟尔的古史翻译参见 Rebecca Boone, "Claude de Seyssel's Translations of Ancient Historians," *The Journal of the History of Ideas*, Vol. 61, No. 4, (2000), pp. 561–575。

[2] 昆廷·斯金纳：《近代政治思想的基础》（下卷），亚方、奚瑞森译，商务印书馆2002年版，第380页。

些主张专制君主制的思想家和皇家法学家，也不能忽略他的观点，就连系统地为法国专制王权做辩护的迪穆兰也承认王权要受传统的制约。因此，可以说塞瑟尔关于君主的观点确立了法国民族君主的形象，成为文艺复兴时期法国民族史观的重要组成部分。同时，就整个欧洲范围来说，他继承了科敏纳的政治分析传统，在政治观念和历史方法上，与意大利人文主义者马基雅维利等人有许多共同之处，对 16 世纪人文主义新政治史的发展有深远影响。

第二节　盖刚的尝试：《法兰克人的起源和事业纪要》

盖刚是法兰西第一位真正的人文主义史家。他哀叹同时代法国人对历史的无知，打算用拉丁语写一部法国史来弥补这一欠缺，同时使欧洲其他民族通过优雅的拉丁语读到法兰西的辉煌。实际上，他的《法兰克人的起源和事业纪要》（*Compendium de origine et gestis francorum*）大部分是通过对圣但尼修道院的《大编年史》的摘录，剔除一些不实的虚构，利用一些档案材料编写成书的。但它的叙述风格和古典语言使其迎合了新的人文主义趣味，成为法国人文主义新史学的最初典范。书中弥漫着对法兰西君主制度和法兰西文化的赞颂，使它成为法兰西民族历史写作的开端。

罗贝尔·盖刚（Robert Gaguin，1433—1501 年）出生于弗兰德尔的阿图瓦，是法国裔的弗兰德尔人。早年在弗兰德尔普雷温圣三一修道会接受教育，并成为一位教士。1457 年进入巴黎大学深造，学习修辞学和希腊语。他最终没有学会希腊语，但对修辞学的研究使他能很好地欣赏古典拉丁文学。他对古典学术的兴趣由于 1459 年年底著名人文主义学者纪尧姆·菲歇来到巴黎而更加高涨。他追随菲歇，成为菲歇人文主义者圈子中的重要成员。1470 年，菲歇获得法国王室许可在巴黎索邦大学开设印刷所，这是印刷术引进法国的开始。盖刚曾积极参与了在法国开创印刷业的工作，其贡献可与菲歇并列。1456 年，他借办理修会事务的机会，游历了意大利北部、德国和西班牙等地。1471 年，他持菲歇的介绍信，去罗马拜会了红衣主教贝萨里奥。次年，他接替菲歇的工作，开始在巴黎大学讲授修辞学。1473年，他写作了《韵律论》一文，对拉丁韵文进行了深入探讨，提出了一些关于拉丁韵文的新理论，主张让学生通过阅读最优秀古罗马作家的著作来练习拉丁文写作。同年5月，盖刚被委任为圣三一修道会的总教长。他在担任教会工作的同时，没有放弃学术研究，继续讲授修辞学，从事翻译和写作。他翻译的古典著作有恺撒的《高卢战记》和李维《罗马史》的第三个十卷集。盖刚不仅是一位学者，也是一位外交家。他多次充当路易十一和查理八世的使节，以教士衣着掩盖法国王室的官方身份，出使德国、意大利和英国，替王室之间的政治联姻和订立盟约效力。同时，频繁的外交活动也使他有机会了解到欧洲各国人文学术的研究情况，接触到各国优秀人文学者。当然，这其中既有愉快的经历，也有烦心的事。例如1492年，他出使德国向马克西米利安一世解释法王查理八世与布列塔尼的安娜的婚事，就因为马克西米利安正准备迎娶安娜而遭到冷遇，并引起德国人对法王的不满。虽然德国的一些学者非常尊重盖刚，但是，德国人文主义学者温斐林还是给他写信寄诗，恶毒攻击法国国王。

他早年对古典历史著作的翻译一方面是在锤炼自己的拉丁写作风格，另一方面是在为日后从事法国历史写作做准备。早在1476年，他曾致信法王的掌玺大臣皮埃尔·多利奥尔，叹息没有一位法国人用拉丁语来写作一部自己祖国的历史。也就是说，他在这时已经萌生了用拉丁文写作一部法国史的梦想，希望能从最初期一直写到他自己的时代。[①]为实现这一愿望，他多次恳请国王支持，想得到皇家史官的职位，但他没有得到他希望得到的认可。在企图说服国王委托他用拉丁语写一部法国史失败后，他于1483年至1495年间独立撰写，并出版了《法兰克人的起源和事业纪要》一书。盖刚的初衷是要用拉丁语写作一部更有批判精神，语言风格更优雅的法国史，但这部书的大部分内容是对前辈史家的著作的缩写和改编，在一些地方有少许增补和修正。盖刚本人对他这部历史著作非常看重，初版后他对该书进行了多次修订，历史叙述的时间

---

① Arthur Augustus Tilley, *The Dawn of the French Renaissance*, Cambridge: University of Cambridge Press, 1918, p. 190.

下限也一再往后推,到他去世时一直写到了1499年。1495年的初版印得非常糟,错误很多,他决心出一个新版,并委托里昂的出版商让·特雷克塞尔来负责印刷。第二版印刷于1497年6月,接着又由安德烈·巴卡尔在巴黎印刷了第三版。这部书出版后受到广泛欢迎,人文主义学术大师伊拉斯莫曾致信盖刚,给予热情赞扬。他写给盖刚的书信在第一版中作为补白编入,在第二版中则作为序言出现。伊拉斯莫将盖刚与李维相比,这显然是奉承之词,但他说盖刚的著作"忠实而博学"(fides et eruditio)还是中肯的,道出了该书的基本特色。[1] 在他1500年重新修订的第四版印刷出版之后四个月,即1501年5月22日,盖刚离开了人世。

《法兰克人的起源和事业纪要》从古代高卢写到1499年的法兰西君主国。关于古代高卢直到15世纪60年代这段漫长的历史,他基本上是根据法国《大编年史》,同时利用档案材料,参考其他历史家的著作改编而成的。从查理六世时代起,他的叙述就非常详细了,路易十一时代的历史事件许多是作者的亲身经历,所以写得生动有趣,也特别重要。盖刚在第一版序言中宣称他要与传统编年史决裂,这主要指的是文字风格,即用更优雅的拉丁语来改造旧编年史。实际上,他对史料的处理与真正的批判方法相去甚远,不过他确实对所用史料有所甄别,删去了关于查理曼的传奇故事(如查理曼的十字军征伐)。他拒斥传说,质疑法兰克人高卢起源的各种传说,对法兰克人特洛伊起源说也不大相信。尽管盖刚一开篇就讲述法兰克人的特洛伊起源的传说故事,但他的行文带有许多保留和限制,读者能够明显感到他仅仅是出于对所用资料的尊重才勉强提及。他认为,法兰克人的名字并没有被任何一位值得信赖的同时代作家经常提到,甚至都尔的格雷戈里对法兰克人的起源也知之甚少。[2] 虽然他心存疑虑,但并没有完全抛弃这一传说。他怀疑它的史料价值,不过他没有能力对其进行系统的考证。他所接受的人文主义教育,他与欧洲各国人文主义学者的交往经历促使他从历史中剔除荒诞不

---

[1] 汤普森:《历史著作史》(上卷),谢德风译,商务印书馆1988年版,第742页。
[2] George Huppert, "The Trojan Franks and their Critics," *Studies in the Renaissance*, Vol. 12, (1965), p. 230.

经的神话传说,然而,他没有把这种怀疑精神贯彻到底。

总的来说,盖刚受过良好的人文主义教育,判断力不错,博闻多见,游踪甚广,他对追溯法兰西的过去感兴趣,更关注法兰西的当代。随着他这部历史越写越接近他自己的时代,他笔下的法国政治和国内事件就越来越生动有趣。他的著作从头到尾都表现出深厚的爱国主义情怀,以及对法国人历史上的丰功伟绩和灿烂文化的自豪。他坚信无论是法兰西国王,还是法兰西文化都不低于罗马,这使他的历史著作具有真正的民族性。盖刚算不上一位伟大的人文主义者,但他确实对人文主义学术在法国的传播做出了巨大贡献。起码在一二十年中,他是法国人文主义者的领军人物,使人文主义学术在巴黎大学薪火不息。他作为外交家的声誉,他处理各种事务的能力,以及他高尚的道德品质使人文主义事业在法国赢得了尊重,得以稳步向前发展。他做事严谨,性情温和,对学术有无限的热情,对后学晚进更是大力奖掖提携,这些优秀品质都扩大和增强了他的影响。盖刚作为法国早期人文主义学术的代表不在于他学术上的精深,而在于他品格高尚,胸怀宽广。他确实重视古籍的研习和拉丁文写作,但他并不把自己的兴趣局限于此,而是关注广阔的思想学术领域。他写作拉丁文诗歌,编纂历史著作,思考哲学问题,利用书信和出使国外的机会,向欧洲各国介绍法国人文学术,同时向法国人介绍意大利、德国和英国的人文主义者。[①]

随着人文主义学术在法国的深入发展,盖刚的历史著作必然被超越。然而,为法国人写出真正人文主义风格的历史著作,超越盖刚的竟是一个意大利学者。意大利人文主义者保罗·埃米利奥(Paolo Emilio,生年不详,卒于1529年)是意大利维罗纳人,著名的人文主义历史家和古典学者。早在1483年他就曾到过法国,并依照比昂多的方法,考察法兰西古代文物。1494年,法国国王查理八世远征意大利回国时,又将埃米利奥作为随员带回法国。后来,法王路易十二任命他为皇家史官,委托他仿照李维的方式,用拉丁语写一部法兰西民族史,所以,这

---

① 关于盖刚与各国人文主义者的交游,参阅 Arthur Augustus Tilley, *The Dawn of the French Renaissance*, Cambridge: University of Cambridge Press, 1918, VI, I。

位意大利学者被认为是法国第一位官方史学家。他于 1517 年发表了《法兰西事纪》，以王朝政治、军事为中心，从法兰克的起源一直写到当代。与盖刚的著作一样，埃米利奥的著作也得到伊拉斯莫的赞扬，他认为埃米利奥的历史比盖刚的著作更优雅、更准确，无论在内容上，还是形式上都优于盖刚[1]。除了史实考释精当外，埃米利奥利用的资料也非常广泛。他不是对材料的简单拼凑，而是依照自己的写作目的来对史料进行取舍综合。《法兰西事纪》在 16 世纪非常流行，再版多次，并被翻译成法语，成为人文主义史学的典范和主要权威，为法兰西民族君主制提供了官方解释。他在法国的直接继承者是纪尧姆·迪贝莱（Guillaume du Bellay，1491—1543 年）和皮埃尔·德·帕斯夏尔（Pierre de Paschal，1522—1565 年）。他的影响一直持续到 17 世纪，不仅对拉丁语历史著作有影响，而且对俗语历史著作也有影响[2]。

法国文艺复兴时期的历史学在受惠于意大利人文主义史学的同时，也得益于对它的批判。批判它的轻信，批判它对古典风格的盲从，显然有利于法国史学自身的发展。这种批判自 1529 年埃米利奥死后就一直没有断过，其中既有出于妒忌的攻击，也不乏认真的学术探讨，反映了当时的历史家和学者日益增长的对历史著作的准确性和真实性的关注，预示了法国史学发展的方向。

第三节　教会法和封建法研究与民族历史观

在创立法国历史方法的过程中，人文主义法学家起了非常重要的作用，是他们把人文主义语文学方法应用于法学研究，进而倡导法学与历史学联姻，最终提出了一整套对未来史学发展影响深远的系统历史理论和方法。这是文艺复兴时期法国史学发展的一个重要特点。16 世纪的法国新史学的产生还有一个特点，那就是研究教会法、封建法的法学家

---

[1] Donald R. Kelley, *The Writing of History and the Study of Law*, Burlington: Ashgate Publishing Company, 1997, I, p. 248.

[2] Denys Hay, *Annalists and Historians: Western Historiography from the Eighth to the Eighteenth Centuries*, London: Methuen & CO LTD, 1977, p. 136.

把人文主义新方法应用于教会法和封建法研究,在法国中古史、教会史研究等方面,都有引人注目的成就,对构建法国的民族史观作出了贡献。可以说,在追溯法兰西民族的过去,重新解释法兰西民族历史的过程中,法学家的贡献远远超过了历史家。

法学家博杜安认为,教会史是整体史不可或缺的部分,一如不能只研究身体,而忽略了灵魂①。由于复兴福音基督教的主张和宗教论战的需要,新教改革运动激发了人们对教会史的兴趣,这一兴趣很快在学术上反映出来。在某些方面,宗教改革的历史思想是附属于人文主义的,尤其是二者都主张回归古代纯洁的源头,进而为当代提供行为标准。而且,人文主义的语文学方法和思想观点为新旧两教改革家所接受。当然,我们也不应忽略宗教改革家与人文主义者在历史思想上的一些基本差异,如宗教改革家把对古典古代的崇尚和重视转变为对早期基督教时代的推崇,他们重视的是"圣史",而不是世俗历史。同时,他们还吸收了一些与人文主义截然不同的传统,如教会法和教会学的传统。改革派教会史家的目的是要追溯到古代教会,重新解释教会历史,所以,他们所涉及的中心历史问题与人文主义的差异是很大的,他们最关注的问题不是失落的古典古代的发现和重续,而是教会发展的连续性,是"传统"。而且,他们认为欧洲传统在制度和知识上的重要载体是罗马教会,因此,对传统的探究离不开对教会史的研究。这种研究是对教会的持久性与变化性的研究,它更多地要求研究者具备重建一个仍然在继续的历史过程的能力,而不是考古的想象力。这样一种研究要回答的基本问题是,在漫长的历史过程中教会发生了什么变化?关于这些变化的证据是什么?证据的可信度如何?如何评价这些变化?这样,人文主义者对"历史真实"的关注也成为改革派教会史家重视的问题。尽管改革派学者与人文主义者在思想意识、价值观念等方面有诸多差异,但是,教会史的研究和古典文化的

---

① Donald R. Kelley, *Foundation of Modern Historical Scholarship*, New York: Columbia University Press, 1970, p. 152.

研究都需要具有历史意识。①

改革派教会史家研究教会史的切入点是教会法,这是因为教会法是教会传统的体现,要把宗教改革理解为一个历史的必然就必须以教会法为研究对象。当然,教会法成为改革派法学家研究的对象还与教会法传统自身的一些具体特点有关,这些特点对历史思想有重要影响。首先,教会法的未完成性,新法和旧法的明显区别,② 使其具有"一种随时代推移而有机发展、自觉成长的特性",③ 这更加深了教会法研究者的历史意识,使其更重视研究对象的时间维度。其次,教会法的连续性使教会法学家从来就对教会法的历史起源,教会法律制度的过去与现在的关联非常感兴趣。更重要的是教会法传统的方法论特点,就是强调第一手的文字证据,取舍引证权威时,重视来自历史文献的证据,同时,也像人文主义者一样重视文本的文字解释。中古教会法学家甚至发展出一套校勘辨伪的方法,在这一点上,他们对人文主义语文学家都有影响。最后,尽管教会法传统有其僵化刻板的一面,但是,教会法学家也认识到人定法的易变性,它就像人类社会一样,是随时间、地点和环境的不同而不同,这应该说是教会法传统内在固有的历史变化意识。④

文艺复兴时期虽然不存在教会法的法学人文学派,教会法研究者依然对教会法进行了历史的解释。法国最早梳理教会法学史的先驱是埃马尔·迪里瓦伊,他的《教皇法令史》(1515 年)是这方面的开创性著作。⑤ 就欧洲而言,早在迪里瓦伊的著作出版之前,伊拉斯莫和贝亚图

---

① Donald R. Kelley, *Foundation of Modern Historical Scholarship*, New York: Columbia University Press, 1970, p. 153.

② 所谓教会法的未完成性是指其区别于罗马法的一个事实,即罗马法通常被视为已经完成的、不可改变的,是只能重新解释而不能予以变化的东西。与之相反,教会法虽然也是从往昔继承下来的,但它并没有完成,它可以继续加以改造。并且新法(同时代的立法和判决以及对较早的教规的解释)在效力上是高于旧法(较早的经文和教规)的,这样教会法体系就是一个活体,它根植往昔伸枝于未来。参阅哈罗德·J. 伯尔曼《法律与革命》,中国大百科全书出版社 1996 年版。

③ 哈罗德·J. 伯尔曼:《法律与革命》,中国大百科全书出版社 1996 年版,第 250 页。

④ Donald R. Kelley, *Foundation of Modern Historical Scholarship*, p. 154.

⑤ 唐纳德·R. 凯利:《多面的历史》,生活·读书·新知三联书店 2003 年版,第 285 页。

斯就曾呼吁通过研究《格拉提安教令集》①来复兴古代基督教。后来又有正统派的安东尼奥·奥古斯丁对教会法的校勘，但他的著作在当时没有能够得到发表，直到17世纪才出版。这说明教会法与古罗马法不同，教会法的现实性太强，争议太大，在16世纪要用语文学方法来考察它必然经历艰难的斗争。瓦拉的《君士坦丁圣赠辨伪》为用语文学方法研究教会法开辟了道路，但追随者不多。在教会法研究方面，瓦拉的真正追随者不是正统的天主教教徒，而是宗教改革家乌尔利希·胡登和马丁·路德。

宗教改革派的教会法研究模式是由路德确定的。早在1520年之前，路德就开始怀疑教会法了，后来在胡登的著作中看到瓦拉对教会法的揭露，更加强了他对教会法的怀疑。他不仅攻击君士坦丁圣赠，而且全面批驳教皇至上权威，尤其是不受法律约束的观点，认为这是世间所有不幸的根源，"因此，教会法应该被摧毁，应该当作有毒的东西来抛弃。"② 当然，路德不是要抛弃所有传统，他是要用他的教义来取代天主教教义。他也不否认历史的价值，而是坚持《圣经》与正确理解的历史之间没有任何冲突，历史是"真理之母"，是理解《圣经》的第一道门。③ 在为加里亚蒂乌斯·卡佩拉的《米兰公爵弗朗切斯科·斯福查统治时期的历史》写的导言中，路德更明确指出："历史是非常宝贵的东西……历史就是神行和神意的表现、记忆和证据，记载上帝根据这世界，尤其是人类的功过善恶施以擢升、统治、阻挡、嘉惠、惩罚和荣耀。……因此，历史家是最有用的人和最好的教师，无论怎样荣耀、赞扬和感谢他们都不过分。"④ 正是在路德的倡导下，新教学者开始了对

---

① 博洛尼亚的格拉提安，12世纪的教会法学家，其著作《格拉提安教令集》是西方历史上重要的法律论著。此书汇编了大约4000份法律文本，至今仍是教会法的宝库。参见叶士朋《欧洲法学史导论》，中国政法大学出版社1998年版，第77页。

② Donald R. Kelley, *The Human Measure: Social Thought in the Western Legal Tradition*, Cambridge, Massachusetts: Harvard University Press, 1990, p. 162.

③ Donald R. Kelley, *The Writing of History and the Study of Law*, Burlington: Ashgate Publishing Company, 1997, I, p. 254.

④ Lewis W. Spitz, *The Reformation: Education and History*, Vermont: Ashgate Publishing Company, 1997, IV, p. 141.

教会法的全面清理。在这一过程中,路德的合作者菲力普·梅兰希顿起了非常重要的作用。梅兰希顿不仅更接近意大利人文主义,而且也更同情教会传统。他追随瓦拉,主张以修辞学为基础来革新逻辑学,提倡雄辩与哲学结合。① 与路德一道提倡复兴福音基督教教义的同时,他对历史也非常感兴趣,把历史课程引进各类路德派学校。1557 年,海德堡大学设立历史讲座,这与他的努力分不开。他自己不仅研究早期教父的著作,而且致力于德国史、神圣罗马帝国史和教会史研究。② 他对整体史的关注直接影响了曾在海德堡大学执教的博杜安。

对系统阐述和宣传新教教会史观贡献最大的当数加尔文。教会法和教会史是他的《基督教原理》一书的重要论题。在这本著作中,他追溯了教皇制度的起源和发展,并且把《格拉提安教令集》既作为历史资料使用,也作为他批判的对象。与路德和梅兰希顿一样,他认为整个教会史就是早期纯朴的教会由于"人的传统"的渗入,逐渐变得混浊不清的过程。教会法中的各种作伪使他愤慨,常用激烈的言辞予以抨击。加尔文接受了早期纯朴教会的观点,但他拒绝了普遍教会的观念,这把他与梅兰希顿和博杜安截然区分开来。由于他的法国背景,也由于他在日内瓦的具体环境,加尔文希望在一个更有限的范围内实现宗教统一。③ 加尔文的法国追随者也有同样的文化背景、思想情怀,这成为塑造他们的历史思想和民族史观一个重要因素。

在 16 世纪不只是新教教徒和天主教教徒忙于研究教会法和教会史,还有竭力在新旧两教中保持独立的法兰西教会,其学者也积极参与教会法和教会史的研究。法兰西教会在宗教改革运动中一直采取一种中间立场,目的在于维护自身的某种独立性。一方面它声称自己植根于古代普遍教会,并且是其主要卫教者,另一方面它又在新教改革中扮演重要角

---

① See Sachiko Kusukawa (ed.), *Philip Melanchthon: Orations on Philosophy and Education*, Cambridge: Cambridge University Press, 1999, pp. 60 - 78.

② Ernst Breisach, *Historiography: Ancient, Medieval, & Modern*, Chicago: The University of Chicago Press, 1983, p. 166.

③ Donald R. Kelley, *Foundation of Modern Historical Scholarship*, New York: Columbia University Press, 1970, p. 158.

色。实际上,所谓法兰西教会自主论就是法兰西民族独立自主、自我意识的表现。对于法兰西教会自主论者来说最重要的观点是,"他们认为基督教世界本来就不是一个统一的,呈等级结构的体系,而是由彼此分立,彼此对等的实体构成的。这不仅意味着各国统治者不受教会的监督,而且意味着各国的独立自主也是合法的"。[1] 1516 年,法国国王弗朗索瓦一世和教皇利奥十世签订波伦亚协议,至此之后,法兰西教会就是国际天主教共同体中的一个民族教会了,它被完全纳入王权控制之下。协议规定法国的高级教职由国王任命,教皇批准,教会大部分收入归国王,教皇司法权在法国受到严格限制。[2] 这种"皇家法兰西教会"得到法国法学家让·费罗尔和夏尔·德·格拉萨的竭力支持,他们把法国教会独立的理论一直追溯到菲力普四世时期的法学家。[3] 国王的法学家通过汇编包括"教会自主"在内的各种皇家权利,并且用各种法学的和历史的权威来论证这些权利,以防止来自封建势力和罗马教廷对王权的侵蚀。他们的工作对塑造统一法兰西教会的意识起了非常重要的作用,同时,对从法学上和制度上解释法兰西君主制,重建法兰西民族历史做出了贡献。实际上,从一开始法兰西教会自主论者就具有折中主义色彩,这一点到 16 世纪一点也没有改变。费罗尔和格拉萨既依靠教会法,也依靠罗马法和法王立法,以及历史家的观点来为法国君主制辩护。他们既像教会法学家一样,有自己的一套论证自己的观点的方法和风格,甚至他们也造假,又像教会法学家一样,勤于历史文献研究,深知历史文献、档案材料是必不可少的。一般说来,法兰西教会自主论者更看重历史证据,而不是神学和政治理论,这样一种传统又被人文主义的影响所加强。而且,某些 16 世纪的法国学者开始重新审视他们的教会,他们不仅把法国教会看作一个法学结构,而且看作一个漫长历史发展的产物。1515 年,让·勒梅尔·德·贝尔热就曾对教会大分裂和公

---

[1] William J. Bouwsma, *Gallicanism and the Nature of Christendom*, in Bouwsma's *A Usable Past*: *Essays in European Cultural History*, Berkeley: University of California Press, 1990, p. 311.

[2] J. Kelley Sowards, *Western Civilization*, New York: ST Martin's Press, 1965, p. 611.

[3] Donald R. Kelley, *Foundation of Modern Historical Scholarship*, New York: Columbia University Press, 1970, p. 159.

会议给予了历史概述。到 1551 年，皇家档案官迪蒂耶出版了类似的著作，主题依然是法国教会的自由，但方法是全新的。他摆脱了旧式经院方法的束缚，用历史的方法重建了法国教会赢得各种权利的过程。总之，像教会法和罗马法一样，法兰西教会传统也在经历历史化过程。

"对于法兰西教会自主论者来说，教会法并非仅仅是教会改革的主要障碍，而且也是理解欧洲历史的关键。"[①] 所以，在 16 世纪中期，许多人文主义法学家，包括博杜安、勒杜阿伦都卷入了关于教会法的争论。这次争论有助于加强对教会史的研究，从此，教会史逐渐成为一个独立研究领域。16 世纪的法学家中，夏尔·迪穆兰是研究教会史和教会法成就最突出的学者。他也是把法兰西的过去看作活的遗产的第一人，但这仅仅是解释历史的观点的变化，而不是方法的改变。虽然他拒绝把自己与法学人文主义联系起来，但他确实从法学人文主义得到了许多东西。他深知要理解法兰西的传统，尤其是一个在其上附着有许多中古残迹，引起争论的传统，没有人文主义批判方法和学术标准是不可能的。迪穆兰的观点与人文主义者的观点并不矛盾，而且博杜安和霍特曼等人文主义法学家从来也未放弃对法兰西中古历史的研究。应该说，他的观点是对重视古典法学研究的人文主义法学家的补充或充实，对塑造法国民族史观有重要意义。

基于民族原则的历史观点确实为 16 世纪法国学者追寻和重建法兰西民族的过去提供了出发点。法国学者在研究古典学术的同时，重视对民族文化的研究，这应该理解为文艺复兴运动在法国的深入发展。法国学者清晰地认识到，只有古典学术研究是远远不够的，古典学术的研究可以提供方法论上的帮助，却绝不能提供一整套为法兰西民族和国家辩护的思想观念。而且，只有从一个社会自身的特性和发展过程入手，才能真正理解一个社会。首先，可以这样说，法国文艺复兴时期的历史思想是对源于意大利的人文主义"复兴"观念的矫正和充实。意大利人文主义者把古典古代和他们自己的时代看作光明的时代，在这两个光明

---

① Donald R. Kelley, *Foundation of Modern Historical Scholarship*, New York: Columbia University Press, 1970, p. 161.

时代之间是千年黑暗"中世纪",是历史的中断。① 所以,意大利人文主义对历史的解释具有反历史或非历史的因素。而对法国学者则不同,他们崇尚古典学术,又忘不了中古时代,因为"最具活力的中古文化形式都产生在法兰西,而不是意大利"。② 因此,法国学者强调的不是历史的中断,而是历史的连续性,是法兰西的传统。其次,法国许多学者的历史观与路德派和加尔文派新教改革家的观点也有差异。新教改革家认为在古代纯洁基督教时代和他们自己的时代之间也有一个痛苦的楔子,一个长达千年的基督教腐败时代。③ 而法国学者虽然承认有罗马教廷的腐败,有进行宗教改革的必要,但他们坚定不移地认为,法兰西教会从来是自主的,有它自己从未中断过的悠久传统,是法兰西民族统一的体现。由于具有这样一种对待过去的态度,所以,法国学者热衷于探索法兰西的中古历史,不仅是教会的历史,也包括世俗政治、法律制度的历史。在这方面,法学家的贡献再一次超过历史家。

法国法学人文学派有一个重要特点就是对中古制度,无论是封建法律制度,还是教会法律制度都有一个日益增加的兴趣。博杜安曾指出:"如果我们是法国人、英国人、德国人或意大利人,在论及我们自己时,我们就必须了解法兰克人、盎格鲁人、撒克逊人、哥特人和伦巴第人的历史。"④ 为此他建议不仅要研究中古编年史,而且要研究各种法律文献。仅仅研究罗马法是不够的,只有通过考察习惯法,一个当代的研究者才有可能理解中古社会的性质。

对封建法的考察一般从研究《采邑书》(*Libri Feudorum*)开始。这本附在罗马法之后的法律书实际上是12世纪神圣罗马帝国和米兰,以及北部意大利各地的各种习惯法规的汇编,通常认为是由米兰人奥贝尔

---

① W. K. Ferguson, *The Renaissance in Historical Thought*, Toronto: University of Toronto Press, 2006, p. 20. 同时参阅薄伽丘《十日谈》,方平等译,上海译文出版社1989年版,第560页。

② W. Ferguson, *The Renaissance in Historical Thought*, Toronto: University of Toronto Press, 2006, p. 19.

③ Ibid., p. 51.

④ Julian H. Franklin, *Jean Bodin and the Sixteenth-century Revolution in the Methodology of Law and History*, New York: Columbia University Press, 1963, p. 45.

图斯·德·奥托编订。这本书在博洛尼亚大学被用作教材,并得到注释和扩充,它最后的版本是1220年的版本。① 从一开始《采邑书》就是法学家争论的焦点。14世纪到16世纪的法学家围绕该书的权威性和真实性展开激烈的争论,并且将封建法与罗马法进行比较,探讨封建习惯法是来源于罗马还是蛮族。对于争论的问题,法学家们众说纷纭,莫衷一是,但在争论过程中他们确实把各方面的重要证据都搜集了起来。到16世纪对该书的评注依然兴盛,而且出现了对其进行历史解释的趋势。不仅法学家对研究封建法感兴趣,它还吸引了不少人文主义者的参与。但是,对封建法研究贡献最大的不是人文主义者,也不是注释派法学家,而是某些法国皇家法学家。他们没有罗马法学家的偏见,对证据搜求更广泛,并且具有丰富的研究封建习惯法的经验。法国的封建习惯本身就是一个多姿多彩的巨大宝库,一位13世纪的法学家曾经说,在法国找不到两个封建主使用同一个习惯法。直到16世纪,法国仍然存在700多个各不相同的习惯法,这就为封建法学家提供了丰富的研究材料。② 巴泰勒米·德·萨瑟纳、安德烈·蒂拉高、尼古拉·布瓦埃和让·当格勒贝尔蒙等是封建法研究的先驱,他们对中古法兰西封建法的比较和历史研究确实有开创之功。迪穆兰沿着他们开创的道路,把封建法研究引向了成熟。

封建法的起源从来是困扰着各派法学家的问题,但是中古法学研究者与人文主义者所说的起源是有差异的,他们一般不考虑封建法的历史起源,主要考虑的是封建法的渊源和起因,即封建法的内容的来源。③ 中古法学家一般都认为,封建习惯法起源于罗马法,没有人敢于否认《采邑书》是罗马法一个组成部分。同时,这种罗马起源论还有语源学的证据,从奥贝尔图斯到迪穆兰都认为采邑(*fief*)一词来源于拉丁语。

---

① 哈罗德·J. 伯尔曼:《法律与革命》,贺卫方等译,中国大百科全书出版社1996年版,第379页。

② Donald R. Kelley, *Foundation of Modern Historical Scholarship*, New York: Columbia University Press, 1970, p. 185.

③ 法的渊源(fontes juris),意指法的源泉,19世纪以前一般指法的内容的来源,后经法学家约翰·奥斯汀、克拉克和巴特·波洛克等人的解释,对法的渊源的理解主要有三种,即法的内容来源、法的效力来源和法的形式。

虽然对起源的理解不一样,但人文主义法学家至少在起初也接受罗马起源论。原因是他们想维持封建法与古典古代的某种联系,同时,他们还受制于古典主义价值观,把语文学方法的应用只局限于古希腊、罗马。人文主义法学家居雅虽然意识到罗马起源论的诸多不足,依然未能找到更好的解决办法。居雅认为,采邑是从一些土地临时占有状况,如帝国总督和代理人任职期间对土地的占有发展而来的。先是临时占有,随着时间的流逝逐渐变为世袭,并且从蛮族语言中得到了封邑(*feudare*)一类新名称。一般说来,支持罗马起源论的是基于这样一种假设,即认为封建制是欧洲各个不同社会共有的一种制度。①

当然,从一开始就有少数人从历史中去寻找根据来反对罗马起源。对于一些学者来说《采邑书》并非罗马法之一部分,而是以后附加上去的。这就是为什么彼特拉克要呼吁纯洁罗马法,剔除其中古附加物,也是一些法学家们怀疑《采邑书》的真实性的原因。早在14世纪意大利封建法学家安德烈·德·伊塞尼亚就曾对"采邑"和"陪臣"是新词还是罗马法语汇提出质疑。15世纪的法国学者克劳德·德·塞瑟尔又指出了《采邑书》在风格上的拙劣和不雅。他认为古人全然不知有"采邑",它只为后人所使用。到16世纪罗马起源论遭到了更广泛的批驳。人文主义法学家比代等人的观点受到来自封建法学家的攻击,他们指出了比代的时代误置和纯语文学方法的不足,认为封建法,尤其是法国的封建法是多种多样的,它们不可能有一个单一的起源。勒杜阿伦明确指出,说封建法起源于罗马法是值得怀疑的。持同样观点的还有弗朗索瓦·科南、霍特曼和加尔文。科南根据恺撒的记载,认为陪臣一词来源于凯尔特语,封建法是古代高卢人的创造。这种高卢起源论在16世纪中期虽然很新颖,却从来不为学术界广泛接受。高卢起源论表明学者在研究封建法起源问题时所采取的一种态度,即对封建法起源的探讨运用语文学方法是必要的,同时又离不开对欧洲社会历史的考察。②

---

① Donald R. Kelley, *Foundation of Modern Historical Scholarship*, New York: Columbia University Press, 1970, p. 187.

② Ibid., pp. 187–189.

封建法起源的探讨最集中地反映了当时法国社会的民族主义诉求。法兰克人是特洛伊人的后裔的传说[1]虽然在 16 世纪初就受到埃米利奥等人的质疑，但一直没有被完全抛弃，并且在 16 世纪后期得到改头换面的复活。这完全不是因为该传说给法国起源赋予了传奇色彩，或它符合历史事实，而是因为在这个传说中实际上有一种对罗马的抹杀。也就是说，接受这一传说是反罗马的需要，它是一个有着明确功能的话语，它不是真正讲述过去或起源，而是在讲述权利。[2] 民族主义既需要对历史的"集体记忆"，也需要对历史的"集体遗忘"。[3] 说法兰克人与罗马人一样独立建立了自己的国家，二者的关系不是隶属关系，仅仅是兄弟关系，这首先意味着，当罗马国家消亡时，应该由另外的兄弟来继承。这样，法国根据某种自然权利，理所当然应该继承帝国。由此，法国国王对他的臣民继承了罗马皇帝对其臣民的权力和权利，法国国王的权利就是皇帝的权利，法国国王就是他的王国的皇帝。另外，说法国继承帝国，也就是说法国作为罗马的兄弟，对罗马有合法权利。这就证明了法国不隶属于任何一个在罗马帝国之后兴起的普遍王朝。法国和其他罗马帝国的后裔一样是帝国，它与神圣罗马帝国不存在隶属关系。

第四节　迪穆兰和霍特曼的民族历史观

法国教会自主论的杰出阐述者是夏尔·迪穆兰（Charles Dumoulin，1500—1566 年），他有"法学王子"之称，是 16 世纪法国最有影响的学者之一，著有《教会法注释》《法国君主制简史》和《论采邑》等。对于迪穆兰等法国教会自主论者来说，教皇制度、教皇的世俗权威，以及教会等级制度，这些都是在古代基督教教义和历史上找不到根据的东

---

[1] 法兰西人的特洛伊起源是中世纪初就开始在法国流传的一种叙事。根据该传说，法国人是法兰克人的后裔，法兰克人是特洛伊人的后裔，他们在特洛伊的末代王普里阿摩斯的儿子法兰克斯的带领下离开陷入大火的特洛伊，首先逃到多瑙河两岸，后来到达莱茵河沿岸的日耳曼地区，最后在法兰西建立了他们的国家。参阅米歇尔·福柯《必须保卫社会》，钱翰译，上海人民出版社 1999 年版，第 106 页。

[2] 同上书，第 107 页。

[3] David McCrone, *The Sociology of Nationalism*, London: Routledge, 1998, p. 44.

西，所以是欺诈和谎言，而法兰西君主制、法国教会自主与独立则是可以追溯到查理曼时代的历史事实。因此，法国教会自主论者都既忠诚于法国国王，又忠诚于法兰西教会，可以说，法兰西民族教会是结合这两种忠诚，联结人神两个传统的交点。① 这是理解迪穆兰的宗教思想和历史思想的关键，他甚至把宗教改革看作根除罗马教廷的篡夺，恢复各民族自己的王国和政治权利的运动。②

迪穆兰是一个法学家，无意成为历史家，但是在研究教会法和教会史的过程中，他却对法国历史做了全面的考察。更有意义的是，他的职业使他的历史研究不可能局限于传统历史学所涉及的王朝兴亡和军事外交主题，而是包括了法律、制度等人类社会的方方面面。由迪穆兰和其他法学家引发的历史研究重点的转移，将会对整个西方史学产生深刻影响，同时，他所阐发的民族历史观是重建法兰西民族史的重要理论基点。首先，他竭力确立法国君主制在法律上的独立性，或者说是历史的个性。他认为法国君主制是独特的，这种独立个性反映在等级会议、巴黎高等法院、各地的习俗、古老而神圣的《萨利克法典》、法国教会，以及得自法国教会的王室特权等许多方面。其次，他认为法兰西君主制的优越性还由于其历史悠久，源远流长。据他估算，法兰西君主制的历史有1632年之久。而且，法兰西君主制在其一千多年的发展过程中，是连续的、整体的，从未中断过。③ 法国君主制的政治连续性的最清晰的表现就是法国教会传统本身。他把法国教会传统看作一种对罗马教廷的篡夺起抵制作用的因素，涉及教会事务的法律、法规从来就是由法国国王制定的，这是查理曼开创的先例。从查理曼起，法国国王就拥有任命主教、改革教会的权力。实际上，迪穆兰将查理曼描绘为法国教士的管理者，纯洁教义的维护者，不仅是第一位法国教会的统治者，也是最

---

① Donald R. Kelley, *Foundation of Modern Historical Scholarship*, New York: Columbia University Press, 1970, pp. 175 – 178.

② Henry Heller, *Anti-Italianism in Sixteenth-Century France*, Toronto: University of Toronto Press, 2003, p. 17.

③ Donald R. Kelley, *Foundation of Modern Historical Scholarship*, New York: Columbia University Press, 1970, p. 179.

早的宗教改革君王。查理曼开创的法国教会自主的传统由历代卡佩王朝的君主所继承发扬。因此,从法的观点来看,法国教会的各种自主权利正好反映了法国君主制的古老特性。他指出,法国教会的自主权利有一个若干世纪渐进积累的过程。

总之,迪穆兰提出了一套基于民族原则的历史观点,把民族因素看作权力合法性的基础,强调文化的民族性。正因为如此,他不赞同宗教和解论者和宗教改革家的国际主义倾向,同情俗语人文主义思想,并亲自著文倡导法兰西民族文化。他宣称:"在人类事务中,最完美的虔诚是对祖国的爱,即人民对其君主的热爱,同样,也是君主对其人民的热爱。"① 国王是法兰西君主国统一的象征。任何对这种统一的损害,对法兰西文化和制度的完整性的蔑视,就是一种侵犯行为,就是对历史的亵渎。他认为,正是基于这样一套价值观,历史才值得相信,可以理解。他声称,写作历史就是为了"给法兰西国家添彩",为了"法兰西民族的利益和荣耀"。②

迪穆兰的思想在他身后比他在世时更受欢迎。胡格诺战争后期,在亨利四世倡导的法国教会复兴运动期间,他的思想观点得到广泛传播。霍特曼,以及后来的艾蒂安·帕基耶和皮图兄弟都对教会法予以猛烈抨击。到这时,法国教会自主传统及其对罗马教廷的批判已成为法国历史思想的一部分,迪穆兰赞美法兰西君主国的言论成为一种历史观点。他们坚信法兰西的发展是其信奉天主教的结果,法国君主制与其说是一个世俗制度,还不如说是一个神圣制度。同时,法国教会被理解为一个纯粹的法国制度,法兰西民族认同产生于对教会的忠诚,国家的内聚力基于其宗教统一。③ 宗教因素和国家因素从来是维护法兰西民族统一的重要因素。④ 从此,学者们开始根据法兰西教会自主和法兰西君主国独立

---

① Donald R. Kelley, *Foundation of Modern Historical Scholarship*, New York: Columbia University Press, 1970, p. 181.
② David Potter, *A History of France, 1460–1560*, New York: St. Martin's Press, 1995, p. 23.
③ Henry Heller, *Anti-Italianism in Sixteenth-Century France*, Toronto: University of Toronto Press, 2003, p. 17.
④ Adrian Hastings, *The Construction of Nationhood*, Cambridge: Cambridge University Press, 1997, p. 99.

的观点来重建整个法国社会的历史。

对封建法的讨论是在全欧范围内进行,内容包括欧洲制度的性质和起源,中心问题当然是君主制本身。在法国对封建法的讨论中起主导作用的自然是皇家法学家,他们搜集了广泛的证据,对封建法和君主制进行了解释。他们为法国君主制辩护,竭力防止罗马教廷对它的损害,为法国教会的自主提供解释,又力图阐释世俗制度的发展。从本质上看,皇家法学家的根本目的是要保存一个古老传统,或者至少是要为当代政策寻找历史根据。而且,他们的方法越来越精致,越来越具有批判性,对历史和社会性质也具有相当认识。与此同时,他们仍然坚持法学方法,积累着自身传统的经验和教训。总之,皇家法学家所阐发的中古历史观点一直是法国民族史观的重要组成部分,法国文艺复兴时期的史学从来没有免除这类官方理论家思想的影响。

到 16 世纪,皇家法学家的完全定型了,他们结成了一个团体,发出统一的声音。在迪穆兰论封建法的著作出版之前,就有夏尔·德·格拉萨(Charles de Grassaile)的《法国王权》一书问世。这是一部综述各种法学观点的著作,出版于 1538 年。[①] 书中列举的国王权力清单中,20 项是对教会的权力,另有 20 项世俗权力。这部著作目的虽然狭隘,却为学术研究打下了广泛的基础。作者不仅充分利用了他直接前辈的研究成果,而且对罗马法学家、教会法学家和封建法学家,以及各派历史家的观点都给予了吸纳,表现出对已出版的各类中古制度史原始资料的熟悉。在格拉萨著作中的法国历史的官方形象并不全是法律条文,而且还是非常人文化的。他为法兰西国运昌盛、文化繁荣和君主政体感到自豪。他宣称,从查理曼时代开始,法兰西始终是学术的促进者,也是法学研究的促进者,巴黎高等法院在其中起了非常重要的作用。他在讨论这些主题时,还强调了经济和地理因素的基础作用,认为民族经济的繁荣是王权稳固,以及文学、艺术和法学昌盛的基本条件,地理环境对塑造民族性格有重大意义。巴泰勒米·德·萨瑟纳(Barthelemy de

---

[①] 昆廷·斯金纳:《近代政治思想的基础》下卷,亚方、奚瑞森译,商务印书馆 2002 年版,第 367 页。

Chasseneuz）更把地理环境和气候因素与民族差异的相关性阐释为一般性理论。① 他们的观点为博丹更系统的著作铺平了道路，法学家们总是倾向于结合具体的社会、自然环境来分析政治权力。

如同人文主义者，皇家法学家也对民族起源问题非常感兴趣，但他们在学术上很谨慎。格拉萨像埃米利奥一样对法兰克人起源于特洛伊英雄法兰克斯表示怀疑，但他也没有公开抛弃这一传说，而且这并没有妨碍他强调日耳曼因素对法国的影响和贬低罗马因素的作用。在为法国王权寻找历史根据时，他再次重复了传统观点，从语源上把 Francais 与 franc 联系起来，认为"法兰西"来自 franc，就是"免除"的意思，即免除了罗马的税收，因此，法兰西从来是自由的。他推崇查理曼，认为他为法国王权提供了重要的先例。格拉萨指出，正是由于查理曼，法国国王有权分享帝国权力，他是基督在法国的代理人，他不承认世间有比他高的权威，他管理自己的教会，用当时著名的表达方式就是：他是他的王国的皇帝。在论证法国国王至高无上权威的同时，皇家法学家还为法兰西的独立辩护，格拉萨和萨瑟纳指出，没有一个罗马皇帝是真正普世的君主，有许多国家和民族并不臣属于罗马帝国。在法兰西社会没有罗马法的地位，也没有《采邑书》的地位。法国法庭不承认罗马法和教会法所规定的赠予和遗嘱继承，也不承认罗马的父家长权威，因为在法兰西所有人都是自由人。法兰西人对罗马法有接受，但不是臣服，他们是把它作为理性的标准来接受，而不是作为权威来接受。②

实际上，最重要的不是 16 世纪的封建法研究者对罗马法的利用，而是他们对本土传统的坚持。他们通过弘扬封建法来抵制罗马的影响，捍卫法兰西民族的独特品性。他们在为法国王权辩护时，可能会利用一些罗马的表达方式，但更强调法国王权是民族历史的产物，它有它自身的过去，这个过去明显不是古典古代，而是封建时代。因此，在搜集证据为法国王权辩护的过程中，历史肯定比罗马法和政治理论更重要。

---

① Donald R. Kelley, *Foundation of Modern Historical Scholarship*, New York: Columbia University Press, 1970, p. 196.
② K. 茨威格特、H. 克茨：《比较法总论》，潘汉典等译，贵州人民出版社1992年版，第146页。

除了格拉萨和萨瑟纳所列举的法国国王的许多权力外，封建法研究者还特别强调两个基本法律的重要性，认为正是这两个基本法把法国君主制度与其他国家的政治制度区分开来。其一是萨利克法。格拉萨认为萨利克法规定的男性继承王位的权利，无论是根据习惯，还是根据男性的自然优越性，都是有效的。许多法学家和历史家认为萨利克法是维护法国政治连续性的最重要的保障，是法国王权的生存原则。1593年，萨利克法被宣布为基本法。① 其二是协商一致实施统治的原则。法学家将其看作王权的来源，解释为一项王权，而不是现代意义上的宪法限制。对于大多数法学家来说，这一基本法不是与已过时的等级会议联系在一起的，而是与高等法院联系在一起。他们认为，巴黎高等法院是由法国国王主持的，其地位与罗马元老院一样，是法国独一无二的有着自己的传统和风格的制度。至于说巴黎高等法院的起源，许多法学家同意盖刚和埃米利奥的观点，将其起源追溯到13世纪晚期和14世纪早期菲力普四世设立的王室法庭，② 认为从那时起，它就是反对封建主和教会势力篡夺王权的堡垒。

当然，我们不能夸大格拉萨那样的法学家的历史意识。他们是君主制的代言人，在涉及王室利益和权力时，他们往往毫无批判能力。他们的著作具有浓烈的意识形态色彩，但是他们对封建法和封建制度的历史的考察有助于以法学的方法和视角为历史学术所接受，他们所提出的问题对历史家也有启示作用。在宗教冲突的年代，关于法学和制度史的观点必然反映学术界的意识形态划分。正像法国君主制在16世纪晚期成为新旧教之间争论的焦点一样，法国学术也存在罗马主义和日耳曼主义的激烈争论。当时，确实有人试图为学术界激烈的纷争寻求一个折中的法国观点。他们起初打算在古代高卢遗产中找到这一观点，因而在16世纪中期曾出现过一个文学和好古的思潮，并吸引了一些历史家和法学家的注意。然而，高卢观点更具文学意义，而不是学术意义。法国学

---

① Donald R. Kelley, *Foundation of Modern Historical Scholarship*, New York: Columbia University Press, 1970, p. 200.
② 关于菲力普四世设立的司法机构，参阅皮埃尔·米盖尔《法国史》，蔡鸿滨译，商务印书馆1985年版，第107—108页。

者，尤其是那些同情宗教改革的学者逐渐转向他们的遗产中的日耳曼方面，以此来确立民族认同的基础。

转向日耳曼必然会加强他们的观点的派生性质。正像16世纪早期的法国学者利用意大利学者的成果一样，16世纪晚期的法国学者也对德国学者，包括人文主义者和新教改革家的成果加以利用。① 在贝亚图斯·雷纳鲁斯、阿尔伯特·克朗兹、约翰·卡里奥和约翰·斯莱丹等德国学者的著作中，法国学者找到了现成的、充分阐述的思想观点。这种从刚发现的塔西陀的《日耳曼尼亚志》得到了权威表述的日耳曼主义，正好可以作为历史解释的罗马观点的替代。于是，从对塔西陀的评注和对某些中古编年史的解释中，倾向于宗教改革的学者发现了许多吸引他们的主题：日耳曼社会古老而独立的起源、日耳曼文化的本土性、质朴纯真的日耳曼伦理道德、日耳曼种族的纯正，最重要的是独具特色的日耳曼部落的自由。德国作家是把这些日耳曼美德与日耳曼帝国及各个诸侯联系在一起的，所以法国人也开始声称他们的国王同样属于这一传统。他们认为，法国国王是查理曼的旁系后裔，是法兰克—日耳曼的继承人之一。在16世纪晚期，这类日耳曼主题也深刻地影响了法国历史思想。

对封建法的罗马起源论提出有力批判、做出重大贡献的是法学家迪穆兰。他对封建法的研究，"直到18世纪初期法学著述大复兴时期都还在被引为权威"。② 1539年，他的代表作《论采邑》初版面世，25年后他对该书进行了全面修订和扩充，使其成为第一部关于封建制的全面的批判性著作。在这部书中，迪穆兰把人文主义的方法、注释法学派的方法，以及他自己的实际研究经验结合在一起，对封建法的起源和发展作了全面考察。从人文主义，他得到了语文学方法；从注释法学派他得到了一种论证方法，即通过对更早的权威的批判和问题现状的考察，来引入自己的分析，而且充分利用原始资料来支持自己的观点。

在论及采邑制起源时，他既不与注释学派相一致，也不附和人文主

---

① Donald R. Kelley, *Foundation of Modern Historical Scholarship*, New York: Columbia University Press, 1970, p. 201.

② 泰格、利维：《法律与资本主义的兴起》，纪琨译，学林出版社1996年版，第208页。

义者的观点。他指出,那些认为采邑制起源于罗马的人,对古代历史一无所知,他们的观点纯粹是无益的猜测。迪穆兰自己的结论是,在全部罗马法中,根本没有采邑或陪臣等语汇,在古代历史著作中也没有出现这些词汇。所以,封建法是非常晚近的,它不是法学家,也不是古代罗马皇帝的创造,而是后来引进的一个习惯法。他的观点与他的老师当格勒贝尔蒙基本一致,这一观点对以后制度史的研究具有非常重要的意义,它使人们知道法律不能理解为抽象理性或自觉的模仿的表现,而应该理解为特定的习惯的渐进发展的结果。至于《采邑书》本身,迪穆兰追随皇家法学家的传统,否认它作为罗马法之一部分的真实性和权威性。他指出:"该书既没有法律效力,也不具有习惯的效力,因为它明显是由一个法学家,或者说是米兰法庭的法学顾问奥贝尔图斯·德·奥托编写的。个人并不具有君王的或人民的公共权威。"[1] 而且,不仅伦巴底习惯法,就是神圣罗马帝国的法规也应该看作地方法规,因为《采邑书》编定之时帝国本身也是有限的、地方性的。这样,迪穆兰就再一次采取了传统皇家法学家的态度,抛弃了神圣罗马帝国法律的任何部分在法兰西有效的观念。

总之,迪穆兰坚信封建制度本质上是法兰西传统的产物。他的观点一方面是希望为法兰西君主制增光,另一方面是要维护法兰西习惯法的优越性。确立巴黎习惯法作为法兰西共同法律的基础是他法学改革计划的一部分,他认为,法兰西是一个民族,应该有一个共同的法律。并且,这一共同法律要符合法国人自己的利益,它的基础应该是法兰西习惯法,而不是罗马法或米兰习惯法。[2] 迪穆兰是"第一个阐明存在法国普通法这样一种东西的人,他认为这种普通法是由不同习惯法所表达的法律观念的整体组成的"。[3] 在16世纪晚期,迪穆兰的观点至少在封建

---

[1] Donald R. Kelley, *Foundation of Modern Historical Scholarship*, New York: Columbia University Press, 1970, p.191.

[2] R. C. Van Caenegem, *An Historical Introduction to Private Law*, Cambridge: Cambridge University Press, 1992, p.40.

[3] K. 茨威格特、H. 克茨:《比较法总论》,潘汉典等译,贵州人民出版社1992年版,第149页。

法学者和历史家中成为共识。"在那些盼望法兰西法律统一的改革者中，习惯法的共同内容常被作为基本出发点。杰出的习惯法学者迪穆兰希望，一部普通法能够通过对不同习惯的批判性的比较和综合来创造。"①迪穆兰的后继者路易·勒卡隆（Louis Le Caron）认为，采邑制起源于法兰西，采邑最早是国王和首领给予跟随他们在高卢作战的将士的封地和赏赐。

把迪穆兰的观点推向极端是霍特曼，迪穆兰的法兰克—日耳曼观点，到霍特曼手上变为更极端法兰克—高卢观点。霍特曼不遗余力地攻击罗马起源论，接受了采邑制的日耳曼起源，而且走得更远，甚至否认陪臣制来源于日耳曼亲兵制的解释。他相信封建制度是土生土长的制度，与罗马一点儿关系都没有。无论其在何处扎根，都表现出明显的地方特色。正是霍特曼的观点奠定了日耳曼主义历史解释的基础。当然，对于大多数历史家来说，霍特曼走得太远了，他提供的不是法国历史的真实图景。历史家并不同意他对罗马因素的完全否认，他们依然承认封建制与晚期罗马帝国社会有某种联系。② 实际上，大多数历史家的观点是极端日耳曼观点和极端罗马观点折中的产物。

日耳曼主义对法国学术的影响可以在迪穆兰的著作中看到。迪穆兰对日耳曼观点的赞同有以下具体原因：第一，他从来就同情和支持新教改革；第二，他曾经广泛阅读德国历史家的著作；第三，他曾经作为法学顾问效力于赫斯的菲力普；第四，在德国几年的流亡生涯对他也有重要影响。迪穆兰的思想产生于法国思想斗争最为激烈的时候，政治和宗教压力都对其思想形成起了作用。而他所从事的封建法、教会法和罗马法研究又是争论的焦点，这些都加强了他的思想观点的倾向性。党派意识赋予他活力，为他指明了努力方向，他的著作具有强烈的意识形态色彩。即便如此，他在为法国君主制寻找一个"合用的过去"的同时，还是为开创中古制度史研究做出了贡献。

---

① Julian H. Franklin, *Jean Bodin and the Sixteenth-century Revolution in the Methodology of Law and History*, New York: Columbia University Press, 1963, p. 38.

② Donald R. Kelley, *Foundation of Modern Historical Scholarship*, New York: Columbia University Press, 1970, p. 193.

一般说来，迪穆兰所做的工作是通过恢复中古日耳曼传统，来进行价值重估。他坚持法兰西封建制、君主制和教会传统的本土性和非古典古代起源。他用日耳曼人美德的观念来强化自己的反罗马主义倾向，把法国教会的自由与日耳曼部落的自由相联系。他还将法国习惯法与罗马法做比较，坚持封建法是日耳曼习惯的产物，无论是在语言上，还是制度上都与罗马没有关系。他宣称："我热衷于法兰克的声誉，热衷于古代法兰克人的高贵、尊严和美德，但是，我之所以得出这样的结论，不是出于一时情绪冲动，而是来自头脑的判断。"① 在日耳曼主义中，迪穆兰找到了一个反对帝国的和教廷的各种罗马主义的思想宝库。

正像论述法国教会自主一样，迪穆兰把法国君主制一直追溯到查理曼，认为帝国转移到查理曼手中时，他不是作为日耳曼人的国王，而是法兰克人的国王，他的统治包括大部分欧洲。另一方面，神圣罗马帝国的开创者奥托的统治范围更狭小，而且，他只是一次不那么重要的权力转移的受益人。迪穆兰指出，所有德国作家，包括菲力普·梅兰希顿都相信帝国从法兰克转移至萨克森君王手中，②并不是由于东法兰克的康拉德一世的去世，而是他的让位。并且，根据关于法国王权的古老而神圣的萨利克法典，法国国王比选举产生的日耳曼皇帝是加洛林王朝更直接的继承人。所以，迪穆兰也如同梅兰希顿和加尔文，把自己的学说与古老的传统联系起来。但是，他与其他皇家法学家一样，认为法国君主制与加洛林帝国的继承关系并不意味着它与古典古代有某种直接联系，所以，法国不承认罗马法的权威。③

这一次又是霍特曼把日耳曼主义推向了极端，他对历史的解释与迪穆兰一样是其改革教会计划的一部分，都是回归纯洁的本土传统的宗教改革主题的变奏，但是，他缺乏迪穆兰观点的广度。1573 年，霍特曼

---

① Donald R. Kelley, *Foundation of Modern Historical Scholarship*, New York: Columbia University Press, 1970, p. 203.

② 即 919 年萨克森公爵继承康拉德一世，成为德意志国王亨利一世（捕鸟者），由此开创萨克森王朝。参阅詹姆斯·布赖斯《神圣罗马帝国》，孙秉莹等译，商务印书馆 1998 年版，第 70 页。

③ Donald R. Kelley, *Foundation of Modern Historical Scholarship*, New York: Columbia University Press, 1970, pp. 203 – 204.

发表了《法兰克—高卢》一书，该书实际上是对当时流行于德国的日耳曼观点的接受和改造。德国的日耳曼观点有贝亚图斯·雷纳努斯等人的经典表述，他说："我们不是罗马人，我们是德国人，我们是日耳曼人。但是由于我们继承了帝国形式，我们成为罗马自然的和合法的继承人。然而，占领高卢的法兰克人和我们一样是日耳曼人。当他们入侵高卢的时候，他们当然离开了日耳曼家乡；但是从某一方面说，在他们是日耳曼人的意义上，他们仍是日耳曼人。他们因此继续留在我们的帝国之内；而且，从另一方面说因为他们入侵并占领了高卢，打败了高卢人，他们理所当然地在占领和殖民的土地上行使他们作为日耳曼人被授予的崇高的帝国权力。因此，高卢，高卢人的土地，就是现在的法国，以双重的名义，即征服和胜利的名义以及由于法兰克人的日耳曼起源而隶属于哈布斯堡普遍王朝。"[1] 霍特曼采用了德国的日耳曼观点并加以改造，使其适应法国反罗马的政治和宗教需要。他认为，进入高卢并建立了一个新王朝的法兰克人不是特洛伊人，而是日耳曼人；他们打败和赶走的是罗马人，而不是高卢人。这一修正对他的命题至关重要，因为他认为高卢人和日耳曼人实际在起源上是兄弟民族，日耳曼人来到高卢，不存在任何外来侵略的性质。事实上，日耳曼人来到高卢就像来到自己的家，至少是兄弟的家。真正的外人，入侵者是罗马人。罗马人通过侵略战争，强加了一套政治制度给高卢人，高卢人进行了长期的反抗，但没有成功。直到4世纪至5世纪，日耳曼人为了高卢兄弟发动了解放战争，赶走了罗马人，解救了高卢人。这两个民族合为一个民族——法兰克—高卢人，即后来的法兰西民族，他们的政体和法律方面是一致的，是日耳曼社会的。[2]

霍特曼认为，法国社会的所有腐败都来自外部，来自意大利，来自罗马，他力图保持法兰西自身的传统。他指出，要消除罗马的影响，只有回归法兰克人的古老习惯，恢复其纯洁道德、简明法律、混合政体，

---

[1] 米歇尔·福柯：《必须保卫社会》，钱翰译，上海人民出版社1999年版，第109页。
[2] Henry Heller, *Anti-Italianism in Sixteenth-Century France*, Toronto: University of Toronto Press, 2003, pp. 116–117.

尤其是免除罗马的税收。根据霍特曼的观点，历史似乎就是对失落的纯朴的追寻。他认为，法兰克—高卢国王不是专制的，而是受某些法律约束的。在论及关于王权的基本法时，他超越了皇家法学家，认为法国君主制的协商机构不是巴黎高等法院，是大议会，即三级会议。巴黎高等法院长期卷入教会事务，是腐败和欺诈的温床，而三级会议则来自最古老的日耳曼民众会议。他甚至根据塔西陀的记载，暗示法国君主制具有选举特征，① 只是到了1584年，他的保护人纳尔瓦的亨利显然要成为法国王位继承人时，他才收回了这一观点。

法国历史解释的日耳曼观点既是新教徒争取信仰自由的产物，又是法兰西民族独立和统一意识增长的结果。即便是像霍特曼这样的反专制斗士，也在竭力维护法兰西民族的独立和统一。大多数新教或同情新教的法学家则像迪穆兰一样试图通过强化君主权力，使其独立于各宗教派别之外，来消弭国内纷争，维护民族团结和统一。也就是说在政治上他们与天主教中的温和派，即政治家派②的观点是一致的。"政治家派充分代表了他们的立场，他们也的确为政治家派提供了主要的知识支持。"③

回顾政治、宗教冲突中的各种历史观点的碰撞，对把握16世纪历史思想的复杂性是必要的。迪穆兰和霍特曼具有强烈的倾向性，他们的观点显然是有偏见的，但是，他们是16世纪晚期法学研究和历史研究融合的促进者。从他们的思想观点中，我们可以看到欧洲各个宗教派别、各种政治势力都试图加以驾驭的学术思潮中的意识形态潜流。而且，我们必须认识到，忽略史学史与意识形态、宗教争论相联系的方

---

① Lewis W. Spitz, *The Reformation：Education and History*, Vermont：Ashgate Publishing Company, 1997, IX, p. 106.

② 政治家派（the politiques），一般认为该派是法国宗教战争时期天主教中的温和派，主张宗教宽容，维护法兰西教会独立和法兰西君主制度。但也有学者认为"Politique"这一术语的含义非常模糊，当时主要指为了和平愿意牺牲宗教统一的政治态度，而根本不存在一个"政治家派"。所谓主张宗教宽容的"政治家派"是后世史家的附会。参阅 Edmond M. Beame, "The Politiques and the Historians," *The Journal of the History of Ideas*, Vol. 54, No. 3, July 1993, pp. 355 – 379。

③ Julian H. Franklin, *Jean Bodin and the Sixteenth-century Revolution in the Methodology of Law and History*, New York：Columbia University Press, 1963, p. 40.

面，无助于我们对史学发展的客观认识，因为，如果没有政治和宗教因素推动，16 世纪的法国中古研究绝不会取得那样大的成就。党派意识和党派争论从外部为历史学注入了"新话题、新问题及答案的新模式"，① 可以说是历史研究强化了政治、宗教争论，政治、宗教争论又反过来促进了历史研究的发展，而且，16 世纪的法国中古研究从来没有超越它原初论战环境的影响。

迪穆兰和霍特曼用自己的研究赋予历史新的生命，而不仅仅是对它的利用。他们的研究是多方面的，具有学科交叉和国际性，他们能在全欧背景下来进行法律和制度研究，并运用了初步的比较方法。他们没有把自己的研究局限于宏大的政治哲学主题，而是深入各种法律细节，以及由各种欧洲习惯法引起的问题。他们考察了法律与道德的关系，民族性格的差异。他们是把法律作为一个社会现象来考察，以此阐明与人类相关的某些基本原则。可以说，他们的研究具有后世社会学研究的某些特征。

由于迪穆兰、霍特曼等人的影响，法国法学和历史研究出现了一些新现象，即对民族制度史的研究发展起来了。对社会现象、社会结构的关注被引进历史学，一方面是历史家对法学的兴趣日益增长的结果，更主要是由于法学传统自身的发展，以历史的观点来研究法学的需要。这样，在 16 世纪后半期出现了新的论著形式，即对法国制度进行系统地、历史的分析的著作。这类新型法学论著第一个代表就是法学家樊尚·德·拉卢佩（Vincent de La Loupe）的《法兰西王国爵位制、官制和等级制的起源》（1551 年）。该书对整个法国君主制的制度结构给予了全面论述，从巴黎高等法院、等级会议到文书档案官和最低级的书记官都有详尽分析。② 拉卢佩具有很强的批判精神，决不盲从权威，他不同意尼古拉·吉尔关于法兰西贵族的特洛伊起源，也反对盖刚追溯法国贵族起源于加洛林王朝。他认为，从语源学上看，法兰克的日耳曼起源要可

---

① 关于意识形态和党派偏见对历史学的正面价值，埃里克·霍布斯鲍姆有很好的论述，参阅埃里克·霍布斯鲍姆《史学家：历史神话的终结者》，马俊亚译，上海人民出版社 2002 年版。

② Donald R. Kelley, *Foundation of Modern Historical Scholarship*, New York: Columbia University Press, 1970, p. 212.

信一些，但是，在进行语源研究时要注意语词是随时间变化的。从拉卢佩的观点，我们可以看到法国学者越来越倾向于日耳曼观点。

继拉卢佩之后，有让·迪雷（Jean Duret）和夏尔·德·菲贡（Charles de Figon）。迪雷在1574年出版了《论罗马与法兰西职官制度异同》，该书是一部名副其实的16世纪法国政治制度的百科全书。[1] 作者有意追随格拉萨的《法国王权》一书，但也反映出法学人文主义的影响，对比代、勒杜阿伦、居雅和霍特曼都给予了充分重视。虽然书名是两种制度的异同研究，但实际上他更关注的是差异。他抛弃了特洛伊起源论，把法兰西王国的"古老自由"归之于日耳曼传统。菲贡的《论等级制度和法国职官制度》发表于1579年，他完全抛弃了把法国制度与古代制度加以比附类推的做法，而将法国制度描述为一个连贯的自身发展的过程。他们的著作都是在歌颂王权，为王权辩护，但是，其历史地考察法国政治制度的学术取向不可轻忽。

这类著作中最杰出的是迪埃朗于1570年出版的《法兰西国事状况和成就》。该书也代表了法学研究与历史研究最直接的联系，因为就在其出版的第二年，迪埃朗继霍特曼之后被任命为皇家史官。他的著作是对法国内战时期学术的最好概述，对让·迪蒂耶的档案整理给予了高度评价。这不仅标志着法学传统的发展高峰，而且预示了法学研究和历史研究联姻的另一个方面，即档案整理和研究的出现，博学研究的发展。档案研究和博学研究对理解中古史是至关重要的，而长期以来，传统历史家对是否能在档案中找到最有价值的历史资料是持怀疑态度的。

第五节　皇家博学研究团体与民族历史研究

博学研究者是指那些对历史事实（past fact）感兴趣，而对历史并无兴趣的那些人。他们力求增加关于过去的知识，也就是力求博学（erudition）。在古希腊、罗马并没有一个与我们所谓"古物研究"

---

[1] Donald R. Kelley, *Foundation of Modern Historical Scholarship*, New York: Columbia University Press, 1970, p. 213.

（antiquarian research）相当的词汇，最相近的就是 archeologia，它最早出现在柏拉图的对话《大希庇阿斯篇》中。这篇对话中，柏拉图通过智者希庇阿斯之口说，编制英雄和人类谱系、名年执政官名录，以及撰写城邦创立传说都是属于一门叫作 archeologia 的学科。① 柏拉图让希庇阿斯来说这话，并不意味着希庇阿斯真正使用了这一词汇，而是他确实是这类主题的研究者，"他或许是希腊年代纪和对古物进行学术研究的奠基者"。② 柏拉图对话表明在公元前 5—前 4 世纪有一种关于过去的研究叫作 archeologia，而不叫历史，从事这类研究的是智者学派的学者。公元前 5 世纪的希腊智者们没有统一的组织，不是一个独立的派别，但在思想学术上却较为一致，他们除教授修辞学和逻辑学外，"人类学、作为自然产物的人的演化，以及人类社会和文明的发展也是他们共同感兴趣的主题"。③ archeologia 这个词汇在公元前 4 世纪后，并没有广泛使用。在希腊化和罗马时代，archeologia 被用来指一种古史（archaic history）著作或追溯到起源的历史著作。哈利卡纳苏斯的狄奥尼修斯的罗马古史著作、弗拉维·约瑟夫的从起源写到他自己时代的犹太史，都叫archeologia。所以，在希腊化时代，archeologia 一词已失去了柏拉图所用的那个意思，古希腊人最终没有在历史与研究过去，但又不是历史的各类研究之间作出明确的区分。

"没有在历史和其他类型研究之间做出明确的术语上的，永久的区别，并不意味着遗忘了或只是模糊地感到这种区别。"④ 古希腊、罗马人认为历史是对人类生活状态、生活环境的探索，是对政治、军事重大事件的记述。历史家关心当代事件，其任务是保存对重大事件的记忆，分析事件的前因后果，以可信和吸引人的方式呈现事实，目的是要为人们的现实生活提供借鉴，指明人类事物未来的发展方向。博学研究的对

---

① Plato, *Plato*, *Hippias major* 285 *D*, The Loeb Classical Library, Cambridge, Massachusetts: Harvard University Press, 1982.

② 唐纳德·R. 凯利：《多面的历史》，陈恒等译，生活·读书·新知三联书店 2003 年版，第 73 页。

③ W. K. C. Guthrie, *The Sophists*, Cambridge: Cambridge University Press, 1991, p. 46.

④ Arnaldo Momigliano, *The Classical Foundations of Modern Historiography*, Berkeley: University of California Press, 1990, p. 61.

象则是地方史、年纪、神话，以及古代法律、宗教仪式、家族谱系等。一般说来，这类研究缺乏突出的政治、军事兴趣，不关心具有普遍重要性的当代事件，修辞上也不那么考究。而且，它注重过去事件的细节，有明显的地方色彩，对不寻常的事件和怪异的事情有强烈的好奇心，把炫耀学问作为自身的目的之一。

古希腊的博学研究的起源可一直追溯到公元前6—前5世纪的爱奥尼亚散文说书家（logographoi），他们以简单的形式、不讲求文辞修饰的散文把城市、民族、王公、神庙等事物起源的传说记载下来，他们的作品是史诗向历史的过渡。博学研究有一个非常重要的特征，这一特征最终把它与历史区分开来，并将决定博学研究的未来，这就是专题性的系统研究方法。博学研究的著作还有一个特点值得注意，就是广泛使用各种档案文书和碑刻铭文。博学研究者视搜集档案资料和碑刻铭文为他们的职责。

公元前3世纪到公元前1世纪，即希腊化时代是博学研究的繁荣时期。进入公元前2—前1世纪，在罗马的压力下，希腊化世界的政治、经济、文化的普遍衰落也影响了那一时期的学术研究，大部分史学研究和博学研究明显缺乏创造性。但是，要公允地评价那时期的学术不能只看到希腊学术衰落的一面，应该考虑罗马因素对学术发展的影响。就传统历史学研究来看，这一时期引人注意的不是其思想的原创性，而是政治和学识方面的广博性。罗马扩张对史学的影响并非全是负面的，没有罗马扩张就不可能有波里比阿广阔的历史视野。同样，罗马统治和罗马扩张对博学研究的影响也不可低估。罗马人在博学研究中发现了罗马民族力量的源泉，通过对古代习俗制度的研究为罗马统治提供借鉴，从而使博学研究更贴近政治，这是罗马博学好古研究的一大特点。

博学研究在西欧中世纪并没有中断。像伊西多尔的《起源论》那样的"全书"类作品传播了古典博学观念，对制度和习俗的系统描述没有完全消失。整个中世纪，古代碑刻铭文有人寻访搜集，个别珍奇古物有人收藏研究，教会利用碑刻铭文和别的古代证据来证实他们的主张。9世纪那温纳的阿格内卢斯的《教皇本纪》就是一个著名例子，曼兹伯里的《格莱斯顿教会古迹考》则是稍晚而较著名的同种风格的著作。但是，在异教文化遭贬斥，文物古迹被破坏，古典古籍湮灭无闻的中世纪，博学研究著作无论在质量上，还是在数量上都太有限了。从7世纪到14世纪，即便是那些从事博学研究的人也没有受过良好的博学研究训练。

到文艺复兴时期博学研究有了真正勃兴的机会。意大利的人文主义者认为，从西罗马帝国衰亡起，古典学术和艺术便死亡了，只是到了他们的时代，由于他们的努力，学术和艺术才得以再生，从文化史和学术史角度看，文艺复兴就是"人文学科伟大兴起和发展"。因此，文艺复兴造成的波及全欧的崇古、复古之风是博学研究勃兴的大背景。当然，人文主义的崇古、复古是把古典文化作为向导，目的是创造新文化，所以，这时期的博学研究与希腊晚期的博学研究又有不同，更接近于公元前2—前1世纪的罗马的博学研究。它不是对苦难现实的逃避，而是通过博学研究来追寻民族往昔的光荣，发现民族力量的源泉，与历史学一样属于人文学科。[1] 另外，文艺复兴时代也是一个理智怀疑的时代，尤其是文艺复兴晚期历史怀疑论盛行，传统历史学受到极大冲击。这种背景不仅无碍于博学好古研究的发展，而且促进了它的发展，因为博学好古者不少是怀疑论者，他们主张用经验的、重证据的方法来研究过去的事实，质疑历史知识的可靠性。正是在企图动摇历史家的研究基础的过程中，他们发展出若干批判的观念，锤炼出一套批判的技艺。[2]

文艺复兴时期的博学研究是由"第一个人文主义者"彼特拉克发起的。在14世纪，彼特拉克探究了古代文献的语言和历史细节，其仔细程度是自4世纪以来从未有过的。文艺复兴时期的博学好古研究真正开始于15世纪，即所谓古希腊罗马文化全面复兴的古典主义时期。意大利是这一时期博学研究的中心，从北部的帕多瓦，托斯卡纳的佛罗伦萨、米兰，到中部的罗马，南部的那不勒斯，东北部的威尼斯等，都涌现出一批古典文化的崇拜者和研究者。博学研究得到迅速发展，并且从

---

[1] Eric Cochrane, *Historians and Historiography in the Italian Renaissance*, Chicago: The University of Chicago Press, 1985, p. 430.

[2] Julian H. Franklin, *Jean Bodin and the Sixteenth-century Revolution in the Methodology of Law and History*, New York: Columbia University Press, 1963, p. 89.

意大利传播到西欧各国是在 16 世纪。这一时期的意大利博学者继续对古代文物、古代习俗和古代制度进行研究，而且，由于瓦拉和博里齐亚诺等人的影响，罗马的法律制度研究和法律文献的校勘受到特别重视，取得不小成果。古代碑刻铭文研究继续发展，在 16 世纪上半期就出版了若干大型碑刻铭文集。16 世纪中期以后出版的铭文集更附有精细的铜版插图。更重要的是 16 世纪的意大利博学者与西欧各国研究者的联系更为紧密了。博学研究国际化趋势的出现主要是由其研究对象和研究性质决定的。首先，古代希腊、罗马不仅属于意大利，而且也属于整个欧洲，所以意大利学者的研究引起欧洲各国的关注。国际交流成为这一时期学术发展的重要推动因素。其次，欧洲各地的学者无论是对文物古迹，还是古代典章制度的研究，都需要参考同一文献或实物，这就使博学好古研究离不开各地之间、各国之间的交流与合作，所以，博学研究是一个依赖学者间彼此合作的事业。

　　文艺复兴时期的博学研究与历史学是有区别的。首先，就研究方法来说，虽然从事博学研究和历史研究的人都是人文主义者，都有好古崇古的情怀，但二者追随不同的古代榜样，以不同方式从事着不同的研究。人文主义历史家以修昔底德和李维为典范，把自己的视野限定于政治、军事事件，按编年顺序来叙述历史，力求把握变化，寻求对历史事件前因后果的解释。而人文主义博学研究者由于希腊化时代的博学研究著作传世不多，所以，他们的榜样是奥卢斯·杰留斯、瓦罗和斯特拉波。他们一样对政治、军事感兴趣，但研究方法却与历史家迥然不同，他们研究政治生活的组织方式，关注法律制度、公共庆典仪式和行政管理制度；他们研究军队的组织方法，重视作战方式、战役计划、行军路线和官兵关系；他们研究古人的生活环境，注重古代城市的规划和设施，以及神庙和剧院的功能；他们研究古代宗教，对神祇、仪式和祭师给予详尽描述；他们研究古代经济，对古钱币与他们时代的货币的换算特别感兴趣，同时，他们对古人的私人生活细节也感兴趣。由此，我们可以看到，他们的方法与古代博学研究者一样是系统的描述，而不是按编年顺序叙述。这种方法通过他们将传给 17—18 世纪的博学研究者。

　　其次，人文主义博学研究者与人文主义历史家在研究目的上也是既有联系又有区别。虽然博学研究者对道德垂训、政治借鉴、为更好地理解现实生活做出贡献一类历史研究目的鲜有兴趣，但是，他们也与历史家一样在其著作中表现出强烈的宗教、艺术和政治倾向。博学研究者和历史家中都有异教文化的崇拜者，都有关注希腊罗马古典文化与基督教的关系的研究者。他们都把古典古代看作艺术、建筑和庆典仪式的榜样，倾心于罗马法律和制度，呼吁复兴古代生活方式，认为重新发现民族的古代传统有助于增强民族自信心。人文主义博学研究者与人文主义历史家都对这一时期西欧各国的民族主义的产生和发展有贡献。

再次，由于研究方法和研究主题的不同，博学研究和历史学在著作形式上有很大差异。历史家喜爱修昔底德式和李维式的历史叙述体裁，而博学研究者更青睐专题论著和综合性论著的形式，这与他们系统地重建古代制度和习俗的努力相适应，也使他们不受经常使历史家为难的主题的统一性和年代顺序所烦扰。博学研究者的著作在修辞上也不那么考究，他们不受西塞罗、昆提良等古代作家提出的良好风格的标准的束缚，经常出现很长的离题话，既可以按论题，也可以按区域来安排著作结构。正是由于其形式和风格的自由和散漫，所以，博学研究著作的可读性显然不如人文主义历史著作。

最后，一般说来，文艺复兴时期的博学好古研究者与历史家在社会出身和人生理想方面也有不同。意大利的许多博学研究者来自比较低的社会阶层，有的甚至出身贫寒，而历史家大多出身贵族，自己是有经验的政治家。与历史家不同，大多数博学研究者是职业教师，活跃于西欧各大学，博学研究成果往往是其教学和学术争论的副产品。[①] 所以，历史家倾向于"积极的生活"，博学研究者则更多地过着"沉思的生活"。他们的研究重点是古典古代，尤其是古罗马。与欧洲大陆相比，英国的历史家一样大多数是政治家和将军，博学研究者则主要来自中、小贵族阶层。博学者中许多在大学受过教育，或供职宫廷，或从事法律、教育等工作，其学术兴趣主要在英国制度史和教会史。在法国，写作历史著

[①] Eric Cochrane, *Historians and Historiography in the Italian Renaissance*, Chicago: The University of Chicago Press, 1985, p. 437.

作和回忆录的大多数是政治家和将军,从事博学研究的绝大多数来自一个特殊的阶层,即"穿袍贵族",也就是职业法学家阶层。他们是政治生活的积极参与者,其人生理想是把"积极的生活"与"沉思的生活"结合起来。他们崇尚古典古代,对古罗马政治、法律制度进行系统的研究,但他们的学术研究重心从来倾向于法兰西中古时代。

在意大利以外的西欧各国的博学研究的发展水平参差不齐,差异很大。追随比昂多等人的研究方法,在德国有策尔蒂斯和倍亭格,在西班牙是图理塔和摩拉尔斯,英国的卡姆登的《不列颠志》更是同类研究中的一部杰作。最值得注意的是法国学者在16世纪对博学研究的贡献。由于世纪之交山南山北学术交流的加强,瓦拉和博里齐亚诺在法国享有崇高的声誉,法国学者对语文学和法学产生了浓厚的兴趣,从而开创了16世纪独具特色的法国博学研究,并且逐渐取代意大利成为欧洲博学研究的中心。正如一位法国学者在1507年所作的预言:"意大利人多半会在希腊和拉丁学术方面失势,最终将让位给法兰西人。"① 在崇古之风盛行的文艺复兴时期,法国学者与意大利学者一样,崇尚古希腊、罗马,致力于古典学问研究,但法国学者由于所处的环境不同,也表现出与意大利学者的差异。对自称是古罗马人的后裔、拉丁文化的儿女的意大利人来说,崇尚古典文化、研究古典文化可以发现古罗马的光荣,可以把他们的心灵深深地联结在一起,可以激发他们的民族自豪感。但对法兰西人就不同了,古罗马是属于整个欧洲的,他们自然崇尚古典文化,但他们有自己辉煌的过去,这过去从来没有失落,法兰西人研究古典文化的目的是以它为向导,应用人文主义的方法来洗清中古传统,追寻法兰西民族的过去。因此,如果说16世纪上半期,在接受意大利人文主义方法,对古典语言和古典法学进行广泛的研究的过程中,人文主义法学家起了主导作用,那么,16世纪下半期则是法国人文主义者(包括人文主义语文学家、人文主义法学家、人文主义博学研究者)、教会法学家和封建法学家共同行动,在深入研究理论和方法的基础上,

---

① Donald R. Kelley, *Foundations of Modern Historical Scholarship*, New York: Columbia University Press, 1970, p. 50.

展开对法国中古历史的全面检讨。对于这一时期的法国学者来说，法兰西民族的过去无须重新发现，而是应该好好保存的活的遗产，它不是古董，而是传统。这一历史观不仅把他们与意大利人文主义者区分开来，而且也显示出他们对法国早期人文主义学术的超越。

16 世纪法国的博学研究主要表现在古代文献，尤其是法兰西中古文献的搜集整理。他们把语文学研究、博学研究与罗马法研究结合起来，对罗马法和法兰西中古法律进行精深的研究，同时，在年代学、钱币学和碑刻铭文学方面都取得了突出的成就。皮图对中古文献的校订贡献独多，其对法国中古法律的研究是开创性的斯卡利泽的《时间的校订》一书第一次把年代学研究置于科学基础上；著名语文学家和法学家纪尧姆·比代对《学说汇纂》的注释，对古钱币和希腊语的研究代表着 16 世纪博学研究的最高水平，另外，居雅、戈德弗鲁瓦和帕基耶等也是这一时期法学和博学研究的大师。

1596 年，法国学者路易·勒卡隆在为自己的著作《伟大的法兰西习惯法》作序时，这样写道："我们时代那些为拯救和校勘希腊、罗马古籍而付出艰辛努力的人，是有功于知识、学术的，他们应该像出版新书的作者一样得到赞扬。法兰西的爱国者们应该以他们为榜样，投身于法语古籍的搜集和校补，为法兰西语言添光加彩。"[①] 勒卡隆是博杜安和居雅的学生，"七星诗社"的外围成员，也就是说他既是一个法学人文主义者，又是一个俗语人文主义者。他的观点不仅反映了法学与语文学民族主义的融合，也表明了这一时期法国中世纪研究的基本动机。在民族意识激励下兴起的民族语言和民族古籍研究是 16 世纪最持久的学术成就之一。16 世纪中期，法国社会似乎在经历政治和学术的认同危机。摇摆于罗马天主教和日内瓦新教之间，法国君主制急需某种观念形态上的导向。这样，通过重建法兰西的过去来为民族寻找发展方向的任务就落在历史家肩上。于是，新一代精通古典文化，厌倦意大利文化霸权的法国学者开始探究法兰西民族精神。他们是语文学家和爱国者。他

[①] Donald R. Kelley, *Foundations of Modern Historical Scholarship*, New York: Columbia University Press, 1970, p. 241.

们既投身于学术，又献身于法兰西君主国。他们不为自己的日耳曼传统感到难堪，又能超越意大利传统人文主义方法的束缚。他们保持着独立的态度，因为他们不仅是"文人"，而且是法学家，他们以法学家的严谨来对待学术研究工作。简言之，他们把迪穆兰的意识形态倾向和居雅的治学风格结合起来。在宗教冲突摇撼着法国君主制的基础，外国势力威胁着它的存在之时，这些法兰西的儿子，不屈不挠的学者担待起全面探究和解释法国民族历史的重任。

共同的目的和经历把这些学者紧紧地联系在一起，他们属于一个崭新的、完全自觉的知识阶层。15—16世纪是这个阶级的形成时期，它不以社会地位划分，而以职业功能来区别。这一独立于大学之外，对民族语言情有独钟的知识精英的出现主要取决于两个条件，一个是作为正式的特权集团的职业法官制度，另一个是印刷术的发明。随着印刷术的发明，以及随之而来的书籍和私人藏书量大大增加，知识得到迅速传播和普及，学者们能够把为法国君主制辩护和大众启蒙都看作自己的职责。所以，印刷术的发明使宗教和政治争论更加激烈，学者更渴望社会学术声誉。而且，他们并不认为做君主制的辩护士与追求博学之间有什么不协调，恰恰相反，他们相信，用历史和文学书籍来促进民族意识，就是在为增强君主制的力量和光荣做贡献。他们所具有的既是文人，又是法学家的双重身份；他们所承担的既是君主制的辩护士，又是社会知识精英的双重社会功能，在他们的学术著作中留下了深深的烙印。

从16世纪中期开始，法国历史学的发展具备了牢固的社会和知识基础。而且，学术的繁荣也引起同时代人的注意，文献学家拉·克鲁瓦·迪迈内（La Croix du Maine）在1587年出版《法国的图书馆》一书，对当时的知识精英及其成就给予了详细记载。他曾向法国国王亨利三世解释他编书的目的，说他之所以编书首先是想了解当代有学问的人，他提醒国王，这些学者大多数都在为国王效力；其次，他要宣传这些学者为法国带来的伟大荣耀。在注意到古典学术的研究的同时，他赋予俗语研究以崇高的地位。他在书中列举了3000名法国学者，认为这个数字远远超过了其他任何国家的学者数。① 虽然他的书中有许多不准确的地方，也有夸大之处，但这部著作确实反映了法国学术界自我意识的不断增强。到 16 世纪末，一位更富创造精神的学者，安托尼·卢瓦泽尔（Antoine Loisel）也在其著作《法律顾问的对话》中表达了这种自我意识。该书模仿西塞罗的著作风格，颂扬皇家法学家。书中谈到了皇家法学家的人文主义传统和法学家传统的双重背景，认为他们正在从单纯地为王权辩护，转向批判地考察法国民族历史。② 正是从这一法学学术流派中，产生出了法国第一代博学研究者。

16 世纪晚期的博学复兴是以往历史革命的反响，其中的杰出学者有皮埃尔·皮图、弗朗索瓦·皮图、卢瓦泽尔、帕基耶、克洛德·富歇、路易·勒卡隆等。这些皇家博学者组成了一个像七星诗社③那样的学术团体，然而，他们的作品缺乏艺术性，他们的艺术趣味平庸，他们的学问过于沉重，所以，他们不可能取得像诗人龙沙等人那样的文学成就。不过，各个学术团体之间确实在许多方面有交叠，几乎所有博学研究者都从事诗歌写作，而且帕基耶和勒卡隆还是一个倡导俗语文化团体的成员。当然，无论是七星诗社，还是皇家博学者都以捍卫和阐释法兰西文明为职责。

就像七星诗社的诗人一样，帕基耶等人甚至在颂扬法兰西文化的辉煌时，也是从古典学术，尤其是从法学人文主义者那里得到灵感和启示。他们都受过古典法学研究的训练，是法学人文主义事业的追随着。他们以居雅为榜样，与他一道从事研究，和他保持通信联系。他们把比代看作一位语文学大师，而将居雅视为学术导师，1556 年居雅的代表作《观察和校订》出版后更是如此。作为法国法学和历史学术的巨匠，居雅也抱着极大的兴趣和同情关注这些人的研究工作。居雅是他们的榜

---

① Donald R. Kelley, *Foundations of Modern Historical Scholarship*, New York: Columbia University Press, 1970, p. 244.
② Ibid., p. 245.
③ 七星诗社（Pleiade），是 16 世纪法国著名的文学团体。关于七星诗社和 16 世纪法国其他学术团体，参阅 Frances A. Yates, *The French Academies of the Sixteenth Century*, London: Routledge, 1988。

样，但他们并不是亦步亦趋效仿居雅，他们研究罗马法，也关注法兰西民族的过去。而且，不像居雅把自己的一生都奉献给学术，他们后来都致力于司法和管理工作。因此，他们能把注重实际的传统与语文学传统结合起来，两方面的经历都对他们的著作有影响。这些博学复兴运动中的杰出学者"受过法学家的训练，谙熟历史家的方法，具有古典学者的趣味，又有中古研究家的学术追求。他们组成一个非正式的博学研究团体，以语文学的批判精神，致力于法兰西文化和制度的复兴。"[1]

我们有充分理由将以皮图为代表的这些博学研究者作为一个统一的团体来考察，因为他们有共同的教育背景，共同的职业标准，共同的学术目标，并且彼此之间有密切的个人交往。他们相互题献自己的著作，彼此互访，在一些社交场合经常会面。与上一代那些孤独的学者截然不同，他们在学术上有相互合作的关系。这种学术交流不限于法国国内，他们与意大利、英国、德国、西班牙的学者都有联系。[2] 到宗教战争爆发时，这些学者都完成了他们的教育，进入职业生涯，着手学术研究。在长达30多年的时间中，他们维持着良好的个人友谊和学术交流。这段时间正好与宗教战争的时间相吻合，也与法国历史学的辉煌时代相一致。

---

[1] Donald R. Kelley, "Guillaume Bude and First Historical School of Law," *American Historical Review*, Vol. 72, No. 3, (April 1967), p. 833.

[2] 博学研究是一个依赖学者间彼此合作的事业，这是由其研究对象和研究性质决定的。参阅 Eric Cochrane, *Historians and Historiography in the Italian Renaissance*, Chicago: The University of Chicago Press, 1985, pp. 426–427。

第三章　法国史学新理论和新方法的探究

　　文艺复兴时期的人文主义学术是西方近代史学的源头，从人文主义西方得到历史意识。这种历史意识不仅意味着人类经验的深化，而且是人类对其文化的态度的一次革命。我们可以将西方的历史思想追溯到14—15世纪的意大利人文主义者，对古典古代所采取的新"语文学"态度，即运用人文主义者渊博的人文学科知识来对古典古籍进行历史解释。意大利人文主义学者不仅对历史学的复兴有贡献，更重要的是锤炼了一套历史考据学的基本方法，并且将这些方法应用到别的学术领域，尤其是罗马法和圣经研究。然而，意大利人文主义并非塑造西方近代史学的唯一因素，早期的人文主义者并不完全理解他们开始阐发的思想观念的意义，他们甚至没有一个足以把历史学的"辅助学科"与历史写作结合起来的宽广的历史知识观念。事实上，不是意大利人文主义者，而是法国人文主义者把语文学方法应用于民族历史研究，展开对历史方法的探讨，从而得到了系统的历史观点，为近代史学奠定了理论基础。

　　探讨文艺复兴时期法国历史理论的发展，是理解这一时期法学与史学联姻，最终提出史学新构想的钥匙，因为16世纪的法学革命和史学革命都与这一时期历史方法的探讨密切相关。人文学派的法学家都对具有时代特征的整体史（integral history）感兴趣，认为历史是进入民族精神的方式，是理解法律的途径。他们相信，阅读历史是政治、道德和法律教育最理想的方式。所以，研究过去就具有在古典古代未曾有过的重要意义，通晓整体史被认为是一个有教养的人的基本职责。[1] 他们的整体史或普遍史与中古神学家的"普遍史"是有本质不同的，它是人类活动的历史，是各民族的历史，不是神意的表现，不是上帝神圣宇宙计划的一部分。它本质上是世俗的、理性的。对于人文学派的法学家，研究过去的方法不仅具有教学意义，而且是法学教育的实际需要。因此，探讨和提出历史方法，或阅读历史的艺术就显得非常紧迫。

然而，在阐释理解或阅读历史的方法的过程中，法学家们遭遇到了迄今为止从未系统考量过的史料运用方面的问题。对历史艺术的探讨在欧洲学术史上可说是源远流长，在古代，西塞罗、昆提良、琉善有专论或专著。中古时代，这一传统依然没有中断，有塞维利亚的伊西多尔[2]关于历史的用处的论述。到文艺复兴时期，对历史的颂扬、对历史写作方法的探讨更是人文主义者喜爱的主题，瓦拉、克利斯多夫·米利欧[3]、弗朗切斯科·罗伯尔泰诺等都有关于历史写作的专论传世。[4] 但是，从古代到16世纪上半期，这类著作系统论述的主要是"历史写作艺术"问题，目的是确立理想的历史叙述的文学标准。而16世纪后半期的法国学者关注的是"历史阅读艺术"，所有历史家都被看作研究过去的资料源。从这一观点出发，历史知识的可信性、史料的类型、史料的相对权威性、文献真实性的辨析，以及历史家倾向性的表现等问题就必然成为研究的重点。当然，以往的历史方法著作中也有对这些问题的某些方面的论述，但是只有在研究历史阅读方法时，它们才会被系统阐

---

[1] Julian H. Franklin, *Jean Bodin and the Sixteenth-century Revolution in the Methodology of Law and History*, New York: Columbia University Press, 1963, p. 3.

[2] 塞维利亚的伊西多尔（Isidore of Seville, 560—636年），西班牙学者、塞维利亚主教，著有《语源》。

[3] 克利斯多夫·米利欧（Christophe Milieu），16世纪的瑞士学者，著有《普遍史的写作》，是系统历史理论的开创性著作。参阅唐纳德·R. 凯利《多面的历史》，陈恒等译，生活·读书·新知三联书店2003年版，第286—288页。

[4] 关于"历史艺术"这一著作体裁的历史较为详细的论述，请参阅Anthony Grafton, *What was History?: The Art of History in Early Modern Europe*, Cambridge: Cambridge University Press, 2012, pp. 21–33。

述，从而发展成为历史批判的方法或理论。① 因此，16世纪后半期，对于法学和历史学都是非常重要的时期。没有这一时期所奠定的方法论基础，人文主义者所呼唤的新法学、新史学都无从谈起。

从1561年到1599年，法国先后有五部著名的历史理论著作问世，即1561年博杜安的《整体史的建立及其与法学的结合》、1566年博丹的《易于理解历史的方法》、1579年加亚尔的《历史方法》、1584年勒鲁瓦身后发表的《论事物的兴衰或事物的变迁》，以及1599年拉波佩利埃尔的《完美历史的观念》。其中博杜安和博丹是人文主义法学家，他们论述历史理论是为了通过历史研究来廓清中古法学研究的谬误，阐明法学人文学派的历史方法，但是他们的著作都超越了法学的界限，架起了人文主义法学和历史学之间的桥梁。博杜安的整体史观念，博丹对影响历史过程的地理因素的探讨，勒鲁瓦关于文明史、文化史的理论都是法国文艺复兴时期史学迈向近代的关键点。加亚尔和拉波佩利埃尔不是法学家，而是历史学家，他们的历史理论著作都明显地表现出对博杜安和博丹的借鉴，尤其是拉波佩利埃尔在借鉴前辈的基础上，结合自己的历史研究实践和对法国史学史的考察，提出了自己独特的"完美历史"的概念，完成了由博杜安开始的对历史的重新界定，法学的"历史方法"最终转变为历史学方法，为新史学奠定了理论基础。

第一节　博杜安的"整体史"观念

在阿尔齐亚托的追随者中最具原创性的学者是弗朗索瓦·博杜安（Francois Baudouin，1520—1573年），他对历史学有直接贡献，应该在严格的史学史上有一席之地。1561年，博杜安发表了《整体史建立及其与法学的结合》（*De institutionae historiae universae：libri II：et ejus cum jurisprudencia conjunctione*），这部著作不注重历史叙述问题，也不以构建政治哲学为目的，而把重点放在具体的历史学方法问题上。他指出：

---

① Julian H. Franklin, *Jean Bodin and the Sixteenth-century Revolution in the Methodology of Law and History*, New York: Columbia University Press, 1963, p. 4.

"必须把历史研究置于坚实的法学的基础上,法学必须与历史学结合。"① 这是他对法学人文学派基本原则的概括,也预示了法学人文主义的未来趋势,即逐渐从单纯的法学研究,转向法学史和制度史的研究。就是说直到这时,法国出现了真正重新界定历史的企图,打算使历史成为一门有坚实基础的学科,用更有条理的方式来编写历史。博杜安一生致力于法学和历史学的结合,从而使这两个学科都得到新生。他既是意大利"历史艺术"(arts of history)的传人,又是法国"历史方法"(methods of history)的先驱。因此,我们认为,博杜安的"整体史"观念既得自他的人文主义法学研究,也与他的宗教改革思想紧密联系,在法国文艺复兴史学上占有重要的位置,是法国史学迈向近代的重要一步。

在执教布尔日大学之前很久,博杜安就积极参与法学改革运动。1542年,他发表了第一部著作《查士丁尼的农业立法》,致力于古代法律文本的修复。三年后他在一些著作中谈到了关于法学史的观点,认为古代法学衰落后,第一次复兴是在腓特列·巴巴罗萨时期,第二次复兴则是在15世纪,由瓦拉等人发起,由阿尔齐亚托完成。1548年他来到布尔日大学执教,以后10来年,他对罗马法的历史进行了全面研究。他认为十二铜表法是罗马法的起源,所以他对罗马历史的考察从十二铜表法研究开始。从一个古代残碑上,博杜安发现了希腊人对罗马法的影响。在其《十二铜表法评注》中,他指出,查士丁尼毫不犹豫地将民法起源归之于拉栖第蒙人和雅典人,所以,雅典不仅是希腊人的学校,通过罗马法它也是整个文明世界的学校。在对大量古代版本和碑刻铭文,以及早期罗马立法作了详尽考察后,博杜安更坚定不移地相信应该把历史研究与法学研究结合起来,他说:"我越是深入考察罗马法学状况,越使我认识到必要的是历史学,而不是雄辩术或修辞学。"② 当然,这并非说语文学不重要,而是他和阿尔齐亚托一样,不赞成瓦拉的极端

---

① 唐纳德·R. 凯利:《多面的历史》,陈恒等译,生活·读书·新知三联书店2003年版,第365页。

② Donald R. Kelley, *Foundations of Modern Historical Scholarship*, New York: Columbia University Press, 1970, p. 119.

的语文学观点。主张最好将语文学和法学结合起来，既要考虑作者的意旨，也要重视语言的规则。他认为理解罗马法要从三个方面入手，一是对自然法进行研究，这需要哲学知识；二是研究文字的意义，这离不开语文学；三是考察法律的起源，这又必须仰仗历史学。①

根据上述方法，博杜安开始了他对罗马法历史的重建。1559年，他发表了《论查士丁尼新法》，提出了他研究法学的重要观点，认为如果不从法律中把历史事实区分出来，就不可能真正理解罗马法。也就是说要用历史的方法来研究法学，要考察法的历史事实，而不能仅仅从法学的角度来研究罗马法。他指出，罗马帝国都城从罗马迁至君士坦丁堡，这不仅仅是都城的变换，实际上帝国的形式和面貌都发生了改变，它有不同的司法、不同的宗教、不同的风习、不同的政治。君士坦丁不仅抛弃了异教的迷信，同时也抛弃了罗马的言语方式和生活方式。君士坦丁堡的罗马帝国与以前的罗马帝国的这种疏离，到查士丁尼时代终于完成。因此，特里波尼安主持法典修撰时所作的修正或变动，以及由此造成的时代误置（anachronism）和自相矛盾实际上是对新环境、新情况的适应。这一解释显然比霍特曼一味地谴责特里波尼安要深刻得多，这也是博杜安历史意识的充分表现。关注事实，细心确定法律的编年顺序，重视对变化过程的解释，这一切使博杜安得出结论：历史和法学应结成永久同盟，彼此嘉惠，共同发展。② 而且，他认为历史不只局限于政治、军事事件的叙述，法律和习俗的发展也是历史学研究的重要内容，这最终导致了博杜安的"整体史"观念。

博杜安不仅是一个法学人文主义者，还是一个基督教人文主义者，宗教改革思想是他的历史观念的另一个渊源。像霍特曼一样，他把学术研究与教会改革联系起来，以清除政治、宗教的时弊为己任。他的历史观点正是在激烈的宗教争论中，各种政治压力下逐渐形成的。他投身宗教、政治改革的经历加深了他对历史的热爱，导致他对自己起初的人文

---

① Donald R. Kelley, *Foundations of Modern Historical Scholarship*, New York: Columbia University Press, 1970, p. 120.
② Ibid., p. 122.

主义观点进行修正。要理解博杜安的学术思想，就必须理解他进行学术研究的社会、政治背景。① 博杜安第一次来到巴黎是1540年，那年他正好20岁，比代就是这一年去世的，所以他没有机会结识比代，但他很幸运地结识了著名的法学家夏尔·迪穆兰，并通过他认识了霍特曼。此后20年，他们三人的命运将以一种特殊的方式纠缠在一起。博杜安曾一度担任迪穆兰的秘书，从他那里博杜安得到了对法国法学史的兴趣。博杜安早年在其家乡阿图瓦的卢万大学受过良好的人文主义教育，在阿拉斯做律师时，写作有阿图瓦历史和习惯法的论著，因此，他于1546年很快在巴黎大学得到了职位，开始了他的大学教师生涯。次年，他到图卢兹大学聆听居雅的演讲，这加深了他与法学人文学派之间的联系和对法国历史的兴趣。

像霍特曼和迪穆兰一样，博杜安也是加尔文教的信徒，曾与加尔文本人有通信联系，并担任过加尔文的秘书，把他看作自己的精神导师。后来，博杜安在布尔日大学得到了教授职位，开始了早期罗马法的研究。从此，他再也不想回到日内瓦，在加尔文的阴影下工作，这也就导致了霍特曼的不满。实际上，早在1547年博杜安就与霍特曼有了分歧，后来主要由于妒忌，怪脾气的霍特曼与他的关系日益紧张。虽然关系在疏远，但直到1555年霍特曼、迪穆兰和博杜安还保持着朋友关系。执教布尔日大学期间，博杜安逐渐形成了自己关于基督教会的观点，对加尔文教日益幻灭。1550年，他崇拜的巴隆教授去世后，由于与勒杜阿伦的个人恩怨，以及经常缺课引发的学生的不满，最重要的还是宗教原因，博杜安于1555年年初离开了布尔日大学。之后，他先到日内瓦和蒙贝利亚尔，随后转道斯特拉斯堡。在斯特拉斯堡大学，他发表演讲和论著，攻击勒杜阿伦和霍特曼。后来，他发表法学论著公开主张宗教和解，因而被加尔文视为异端和变节。1556年，在加尔文等人的帮助下，霍特曼到斯特拉堡大学取代了博杜安。博杜安与加尔文教彻底决裂，开始考察教会史，追寻宗教冲突的原因，逐渐转向法兰西民族历史的研究。

---

① On Baudouin's life, see Donald R. Kelley, *Foundations of Modern Historical Scholarship*, New York: Columbia University Press, 1970, pp. 123 – 128.

离开斯特拉斯堡，博杜安来到海德堡大学执教。在海德堡的四年是他历史思想形成的关键时期。海德堡大学的路德教氛围对博杜安极为适合，1557年沃尔姆宗教会议后，他非常赞成他的朋友梅兰希顿和卡桑德尔的观点，认为他们的宗教和解主张是平息法国宗教冲突的途径。正是出于宗教和解和基督教统一的考虑，博杜安才写作了他的代表作《整体史的建立及其与法学的结合》。他对整体性、普遍性的呼唤，不是出于狭隘的民族观点，而是对基督教会统一的怀念。他厌恶宗教派别纷争，是因为他向往宗教和谐与宽容。他认为历史是不可分的，是基于欧洲文化绵绵不断的传统，以及制度和观念上的一致性。[1] 所以，必须将博杜安整体史观念与其教会改革的思想联系起来考虑。

博杜安的《整体史的建立及其与法学的结合》是以1561年他在海德堡大学发表的演讲为基础写成的，他既是法学人文主义的宣言，又是新历史方法的宣言。它把法国法学人文主义方法与历史学结合了起来。在16世纪，人们普遍把"历史艺术"看作讲述历史写作和阅读方法的说教著作，类似于一般的诗学和修辞术著作，因此，西塞罗和昆提良等人的观点成为人们讨论历史的出发点。西塞罗等人的观点深刻影响了人文主义者对历史的思考，这并不是因为他们的观点穷尽了历史的全部内涵，而是因为他们为人文主义者讨论历史问题提供了基本论题。博杜安也不例外，他是以复述西塞罗的《论演说家》中关于历史作用的论述开始自己的历史理论阐述。西塞罗认为，历史的第一法则是真实，历史是"时代的见证、真理的光辉、记忆的生命、生活的老师、古代社会的信使"。[2] 据此，博杜安认为历史是雄辩家的职责，其作用是记忆。历史要求真实，这将其与别的散文叙述区分开来。历史不同于其他文学形式，在于它重视所记之事，而不是所用之字；历史不同于哲学，在于它关注人，而不是关注自然。博杜安对历史的论述虽然沿袭了意大利人文主义者的文学传统，但决不囿于这一传统。他认为历史无疑是具体的研

---

[1] Donald R. Kelley, "Historia Integra: Francois Baudouin and His Conception of History," *The Journal of the History of Ideas*, Vol. 25, No. 1, (Jan.-March, 1964), p. 43.

[2] 西塞罗：《论演说家》，王焕生译，中国政法大学出版社2003年版，第227页。

究，是一项学术事业。如果像瓦拉所说，修辞学是历史之母，那么，政治学则是其姊妹。古人强调历史的实用性，它叙述事件过程，解释事件原因，描述事件结果，具有明确的实用功能。正因为它具有实用的功能，强调有用性和前因后果的解释，而不是感官愉悦，所以历史按编年顺序叙述。总之，博杜安认为历史的重要价值不仅仅关乎私人，而且关乎公众；不只是关乎道德，而且涉及政治和法学。博杜安不把历史作为一种文学形式，而是将其看作一门关于人的学问，这是对意大利传统的超越。《整体史的建立及其与法学的结合》一书的一个重大贡献是，它不是对历史松散的、文学性的颂扬，而是一部严谨的历史理论著作。作为一部历史方法手册，它开了法国系统历史理论著作的先河。博杜安的目的是要借助历史研究来丰富法学教育，同时又使历史家得到全面的法学训练。[1]

除了注意到历史家像法学家一样重视先例和起源，认为法律和制度比军事更重要外，博杜安还看到了法学和历史之间更重要的联系。他指出，法律书是历史的产物，历史是从法律书演变而来的，法律中包含着许多历史事实，因此，法学应该与历史结合，既不能也不应该分离。关于史料问题，法学家博杜安非常重视法律资料，尤其是公共档案材料。他对历史考证的观点值得我们注意。他既忠实于语文学方法，又诉诸法学方法，认为公共档案文献与目击者的叙述同等重要，但还是在目击者叙述和文献证据之间作了明确区分。在历史证据价值问题上，他追随波里比阿，更看重亲历者的叙述，重视原始资料，认为传闻证据只是间接证据，所以最近的事件叙述常常是最靠不住的。历史家总是要诉诸原始资料，而不是二手资料，对于像荷马或希罗多德这些古代文本，历史家的职责不是怀疑整部著作，而是应该结合神话研究和考古研究，从传说中区分出历史。历史家还要确定哪些作家是可信的，哪些文本是真实的，因为作伪和窜改总是威胁着粗心的历史家。[2] 博杜安认为历史和法

---

[1] 关于博杜安的历史观点除了 Donald R. Kelley, *Foundations of Modern Historical Scholarship* 外，也参阅 Julian H. Franklin, *Jean Bodin and the Sixteenth-century Revolution in the Methodology of Law and History*, New York: Columbia University Press, 1963, pp. 116–136。

[2] Ernst Breisach, *Historiography: Ancient, Medieval, and Modern*, Chicago: The University of Chicago Press, 1983, p. 173.

学还有一个共同点，就是它们都依靠编年顺序。作为公共记忆的形式，两个学科有相似的发展样式，历史是从口耳相传的故事传说逐渐发展为文字叙述的，法律则是从不成文的习惯法逐渐演变为成文法的。为弥补野蛮时代无成文历史记载的缺陷，许多人文主义者都致力于地方史写作，阿尔齐亚托和博杜安都曾编写地方史，以恢复历史的完整性。

从上述我们可以看到，博杜安对西塞罗的观点有继承，也有发展和超越。他的历史观念与西塞罗的历史观念之间存在一个明显的差异，这就是他并不把历史著作看作一个静态的著作形式，而是认为历史是对过去的动态研究，历史著作也是发展变化的。换言之，他是从历史的观点来认识历史本身的。早在15世纪意大利人文主义者那里，就已出现了朴素的史学发展变化的观念。巴托罗梅奥·德拉·丰泰在其《颂扬历史的演讲》（1485年）中，就包含一个从古希腊到他自己的时代的历史著作史概要。西班牙人文主义者胡安·韦维斯也曾论述过史学的发展。[①]然而，博杜安对史学发展变化的观点比他们的更系统，他从三个层面来阐述史学的发展。首先，从宗教角度来说，他看到了从犹太和先知的历史到使徒的和教会的历史，或者是从种族的历史（historia ethnica）到教会的历史的连续不断的发展。其次，从文著风格的变化来看，博杜安认为有一个从"神话历史"或史诗到散文历史的发展过程。最后，在严格的史学范围内，则有一个从简单的编年史到叙述史的发展变化。尤其是他认识到中古史学与人文主义史学之间的联系，即从不卖弄学问，忠实于历史，文辞不那么雅驯的编年史家，到通过藻饰编年史家所述来编写历史的人文主义历史家，有一个连续不断的发展过程。

整体史观是博杜安历史思想的集中体现，不管是表述为统一、普遍的，还是连续的、完美的、整体的，对于博杜安来说，整体史都不意味着按照奥古斯丁的世界计划来解释的各民族历史的堆砌，而是指以综合性的、横向对比的历史方法来写作的人类历史。他认为，这样一种历史只有精于人文主义方法、富于哲学思想的，博学的学者才能达到。博杜

---

① Donald R. Kelley, "Historia Integra: Francois Baudouin and His Conception of History," *The Journal of the History of Ideas*, Vol. 25, No. 1, (Jan.-March, 1964), p. 50.

安的整体史观既得自他直接的罗马法研究,也是他研读波里比阿、攸西比阿斯和梅兰希顿的结果。他说:"如果我们想得到真正的、全面的关于人类事物和神圣事物的知识,我们就必须研究整体史。博学而谨慎的波里比阿忠告我们,历史必须是囊括一切的,因为历史就像一个机体,其各部分是不可分的。"① 过去,尤其是反映在法律演变过程和不同社会之间关系中的过去,如希腊和罗马,都存在一种有机的统一,重建这一统一乃是历史家的职责。古代和中世纪历史家不仅彼此重复,而且相互赓续,这就使博杜安试图寻求一种既有连续性,又有不可分的关联性的历史。对他来说,基督教会是不可分的,历史也像教会一样包含所有的人性,是不可分的。博杜安的结论是,人类的故事不仅要从建城开始写,而且应从创世开始讲述,因为历史是一个有机体,它就应该从头道来。历史不仅在地理空间上应囊括一切,时间上也应包括一切时代。正如梅兰希顿指出的,历史是对全人类的描述。对于博杜安的时代,这就意味着历史应包括以前不为欧洲所知的、遥远的美洲新世界,所以地理学应该与历史联盟,以便使人们不仅根据编年顺序,而且根据地理环境来理解历史。最后,博杜安认为历史的整体性也反映在历史的主题内容上,历史不应该只记载政治、军事、外交等事件,还应该叙述人类的精神事物。希腊人的历史因为全然不顾人类精神事物,所以它不是真正意义上的整体史。博杜安的整体史观念既反映了他的宗教和解的观点,也是法国人关于教会和政教关系的观点的反映。法国人认为,法国教会是统一的,法国的教会事务和国家事务是不可分的。"在某种意义上,整体的高卢教会观加强了整体的历史观。"②

博杜安对他完美的整体史有一个概述:"我曾说过,整体的历史过程应该被描述,其整体性应表现在时间、地点和事件等方面。事件有三类,包括宗教的、外交的和民政的事务,也就是教会的、政治的和军事

---

① Donald R. Kelley, *Foundations of Modern Historical Scholarship*, p. 133.
② Donald R. Kelley, "Historia Integra: Francois Baudouin and His Conception of History," *The Journal of the History of Ideas*, Vol. 25, No. 1, (Jan.-March, 1964), p. 54.

的历史。"① 这种整体史的统一性可以从三个方面来理解，其一，历史是人类相互关联的各部分的统一；其二，历史应反映基督教世界的统一；其三，历史还应具有美学上的统一，即根据亚里士多德戏剧理论，历史在时间、地点、人物上应该统一。与戏剧相比，所不同的是历史这出大戏，舞台是整个世界，人类既是演员又是观众。② 由此，我们还可以看到，博杜安对历史研究和历史解释的主观性具有非常清醒的认识，但他认为一个受过良好法学和语文学训练，致力于教会改革和统一的审慎的学者是可以超越这一局限的，也只有这样的人才可能着手恢复历史的统一。

如前所述，博杜安不是把历史看作对过去的静态描述，而是认为历史是对过去的一种动态的探究。尤其是他敏锐地察觉到历史著作经历了从神话或史诗到简单编年的散文记述，最后到叙述历史的发展过程。③ 他还清楚地认识到，文艺复兴的历史家没有完全抛弃中古编年史，二者之间存在明显的继承关系。希腊人忽略人类的精神生活，他们的历史不是整体史。中古编年史家关注人类的精神生活，但轻视政治、军事等世俗事务，不讲究文辞，不考证事实，所以他们的历史也不是完美的整体史。意大利人文主义历史家用自己的知识学问和优雅文辞对中古编年史进行了改造，博杜安的整体史在某种意义上是把古代风格的历史与中古风格的历史结合起来的产物。

总之，博杜安的整体史观是要将历史与其他许多知识领域，如罗马法、政治思想、教会学、地理学和年代学等联系起来。在他的历史思想中，我们能看到许多传统的融合。首先，最重要的是得自古希腊、罗马的人本主义历史观念。其次是人文主义者研究罗马法的历史和语文学方法。再次是古代的政治哲学，博杜安认为其在波里比阿的"实用历史"得到最清晰的表达。最后是普遍的历史的观念，这一传统也与波里比阿

---

① Donald R. Kelley, *Foundations of Modern Historical Scholarship*, New York: Columbia University Press, 1970, p. 135.
② 唐纳德·R. 凯利：《多面的历史》，陈恒等译，生活·读书·新知三联书店2003年版，第365页。
③ Donald R. Kelley, "Historia Integra: Francois Baudouin and His Conception of History," *The Journal of the History of Ideas*, Vol. 25, No. 1, (Jan.-March, 1964), New York: Columbia University Press, 1970, p. 50.

有关，但它更直接的来源是基督教世界编年史，这类历史著作在德国新教历史家手中得到复兴。博杜安的历史方法就是这样一种折中的，或者应该说是综合了多种传统的历史方法。此种方法为法学人文学派奠定了坚实的理论基础，同时，为法兰西历史学术提供了系统的思想观点，是16世纪历史思想最著名的综合。

从博杜安的整体史观我们看到在16世纪后半期出现了一个趋势，后来的勒鲁瓦、加亚尔、拉波佩利埃尔和帕基耶等思想家的著作都表现出这一趋势，即迈向一个视野广阔的文化史观念。由于像博杜安那样的学者的卓越贡献，历史才具有了一种逻辑的，甚至是一种方法论的结构。因此，长期仅仅被当作人类经验宝库的历史，才逐渐成为一条新的组织人类知识的原则，一种新的世界观的出发点。

第二节　博丹的"历史方法"

博杜安的《整体史的建立及其与法学的结合》是文艺复兴时期法国第一部史学理论著作，五年后，另一位法学家、政治思想家博丹发表他的《易于理解历史的方法》(*Methodus ad facilem historiarum cognitionem*)，其影响远远超过了博杜安等任何16世纪思想家的历史理论著作，1566年到1650年的几十年间，他的著作有13个拉丁文版。

博丹（Jean Bodin，1530—1596年）出生于法国安杰文，曾在图卢兹大学学习法律，从1550起在该校执教，讲授罗马法。《易于理解历史的方法》一书是以比代开始的法国学术复兴和法学人文主义为出发点，与博杜安的著作既有相似之处，又有很大差异。像博杜安一样，博丹强调历史的政治价值，以及它与法学的联系。但是，博丹的历史方法与博杜安的历史方法差异非常明显。博丹更多的是以霍特曼为榜样，1559年，他在图卢兹大学演讲时曾热切地倡导法学和学术的联姻，旋即开始攻击法学人文主义的许多观念。他似乎对那些好自称为文法学家，而不是法学家的学者抱有不满，认为他们把较低级的学问放在法学之上。在博丹看来，优秀的法学家是能够将学问与经验很好结合在一起，更能够把对哲学的理解应用其中的人。阿尔齐亚托的真正继承人不是语文学家居雅，而是弗朗索瓦·科南（Francois Connan）。因此，博丹虽然把历史置于所有学科之上，但对历史的作用评价并不高，没有超出古代和中古历史家对历史作用的论述。他认为历史是法学家的原材料，是人类混乱无序的记录，正是从其中法哲学家能创造一种普遍的法学体系。像博杜安一样，他相信法律产生自历史，但又与博杜安不同，他试图用社会学和政治学作为新法学体系的基础来重演这一过程。他相信，通过对已知的所有人类社会的习惯和特点的研究，人们可以在整体历史中找到普遍法。所以，拉波佩利埃尔认为他的"历史方法"实际上是"法学方法"。[1] 他真正的愿望不是要把历史改造为一门科学，而是要从历史中发展出一门科学；不是要完善历史学，而是试图超越历史学。《易于理解历史的方法》全书共10章，根据所论述的主题可分为三个部分。第一章到第四章阐述研究历史的方法，其中包括对历史的性质、历史的价值、写作和阅读历史的方法的论述；第五章至第九章是博丹关于历史哲学的观点，集中讨论了历史分期、历史发展，以及决定历史的因素等问题；第十章是圣经与历史的研究。

该书开篇就对历史下了定义，认为"历史就是对事物的叙述，包括三类事物，即人类的、自然的和神圣的"。[2] 人类史关注人类社会中的人类行为；自然史揭示隐藏于自然中的原因，及其从起源开始的发展；圣史则记述全能的上帝和不朽的灵魂的力量。三种历史各有其目的，从中得到的知识的确定程度也各不相同。圣史是基于信仰的，产生出最确定的知识；自然史是对必然事物的探讨，必须捋出其中的逻辑联系，关于自然史的知识也不如圣史那么靠得住；从人类史得到的仅仅是或然性的知识，但是它使人审慎，尽管有它的诸多局限性，它还是最有用的知识。[3] 当然，在博丹看来，历史最大的作用是政治上的垂鉴作用，认为要

---

[1] 唐纳德·R. 凯利：《多面的历史》，陈恒等译，生活·读书·新知三联书店2003年版，第372页。

[2] Jean Bodin, *Method for the Easy Comprehension of History*, New York: Columbia University Press, 1966, p. 15.

[3] Ernst Breisach, *Historiography: Ancient, Medieval, & Modern*, Chicago: The University of Chicago Press, 1983, p. 180.

理解历史首先应对政治学有相当了解，然后才能明了民族、国家的兴亡，从中吸取经验和教训，为现实政治所用。阅读和理解历史应先从总体上把握，从整体历史的概括，再到个别民族、国家和个人的详细叙述。仔细考察历史叙述的真实性，并把历史叙述与历史家的个人背景和所受教育联系起来，这样才能更好地理解历史叙述。由此，他展开了对历史家的教育和品质的论述。他认为历史家只靠天赋是不行的，好的天赋再加上好的教育，以及丰富的生活阅历才会造就优秀的历史家。冷静超然、不为情感偏见所左右才能写出信史，所以在叙述较久远的过去或异国他邦的历史时，历史家更能保持客观冷静。历史家应该利用档案材料来编写历史，要如实地叙述，除非他是那一领域的权威，不然就应避免提供道德判断来损害读者。在对许多历史家进行评述时，他深刻地分析了历史家的写作动机，认为种族、阶级和政治倾向都是导致历史家偏见的因素。

如前文所述，博丹写作《易于理解历史的方法》一书的目的是创造一门新的法理科学，所以他的历史哲学都是为其推进法学改革服务的。博丹认为，人文主义法学家只纠缠于语文学的细节，而忽略了对于建立真正法学十分紧迫的事情，即人文主义方法不仅应用于罗马法研究，而且应用于每一个其他已知的法律体系，目的是汇总和比较所有国家的法律结构。同时，还应对所有最著名的王国和共和国中各民族的习俗进行广泛研究，旨在对所有国家的起源、成长、状况、变化和衰亡进行比较分析。[1] 由于把广泛地研究历史作为建立新法理科学的前提条件，所以博丹提出了他关于历史的总体认识。博丹批判了为早期教父们所提出，为中古史家和德国新教史家所阐发的所谓"四大帝国"理论。[2] 同时，他也拒绝了自古以来广为流行的关于人类历史由金、银、铜、铁各时代依

---

[1] 昆廷·斯金纳：《近代政治思想的基础》（下卷），亚方、奚瑞森译，商务印书馆2002年版，第412页。
[2] "四大帝国"理论，是圣哲罗姆通过解释《旧约·但以理书》提出的一种历史解释理论，他将但以理梦见的四巨兽解释为四大帝国的先后出现，这四个帝国通常被认为是亚述、波斯、马其顿和罗马。参阅克罗齐《历史学的理论和实际》，傅任敢译，商务印书馆1986年版，第169页。

次倒退的历史观,① 这样,他就卷入了古今之争。他反对今不如昔,认为古人有引人注目的成就,尤其是在天文学方面非常突出,但是今人的技术和发明使古人的成就黯然失色。今人在天文学、磁学等方面都有新贡献;今人的军事技术、印刷术都是前所未有的,尤其是印刷术的发明具有不可估量的意义。最遥远的印度已有欧洲人的足迹,欧洲人远航到了世界各地,由贸易造成的彼此依存使世界如同一个城邦。因此,人类不是在日益倒退,而是由更早时代的孤立和野蛮逐渐走向习俗文雅,遵纪守法的社会。但是,在颂扬了今人在科技、文化、商业、地理发现方面的辉煌成就后,博丹并没有得出进步的结论,而是认为:"既然依照某种永恒的自然法则,事物的变化似乎是循环往复的,因而,邪恶之后是美德,无知之后是有识,卑劣之后是高尚,黑暗之后是光明。"② 那些哀叹黄金时代一去不复返的人,就好比是哀叹青春逝去的老人。

在探讨影响国家命运和历史的因素时,博丹指出民族性格、国内和谐,以及星相的作用,但这不是他主要讨论的问题,他重点论述了民族性格的形成。他认为民族性格的形成取决于两个方面的作用,一个是自然环境因素,另一个是教育的作用。在论述地理环境对民族性格的影响时,他把柏拉图的学说与希波克拉底和斯特拉波的理论结合起来,提出了地理环境决定论。他把地球赤道以北,根据温度的差异分成几个30度区,即从赤道至北纬30度是一个区;从北纬30度到北纬60度是一个区;北纬60度至北极又是一个区。接着他又将每一个30度区分成两个15度区。博丹虽然知道南半球的存在,也知道那里有些地区有居民,但他极少关注南半球。他认为北回归线以下的15度区人烟稀少,没有必要论述,北回归线以上的五个15度区的居民的性格他可以作一概括。这些地区的居民由南至北肤色逐渐从深色、中间色、白色变为微红色,性格也有差异。南方民族善于沉思,具有虔诚的精神,他们发展了宗教与哲学,但他们缺乏充沛的精力,他们就像"老人"。北方民族身体强

---

① 此种历史观最古老、最典型代表要算古希腊诗人赫西俄德。参阅默雷《古希腊文学史》,孙席珍等译,上海译文出版社1988年版,第58页。

② Jean Bodin, *Method for the Easy Comprehension of History*, New York: Columbia University Press, 1966, p. 302.

壮,充满活力,但没有大智慧,他们好比是"青年"。中间地带的民族具有南北民族的许多好的品质,不极端、不过度,像人到中年,遇事审慎,最适合统治。同时,博丹又把各地区民族性格的差异与古代星相学和生理学联系起来,认为智慧、审慎和活力等品性分别与土星、木星和火星相对应,又与人的脑、心、肝的生理功能相一致。生活在各地区的各民族相互补充,相互依存,一如身体各器官,国内各阶级,宇宙各天体的协调一致。从南到北的各民族组成了一个世界共和国。博丹的论述自始至终在强调温带地区的优越性,认为温带地区的民族是两个极端之间的中道,他们的类型更丰富,才能更多样。他们之所以有这些优势部分得自移民的融入,更多的是由于他们自身内部各种因素的混合,以及与周遭民族的交流。这样,博丹就把历史与人、人与自然、自然与宇宙连成了一个整体。他的整体性观念应理解为多样性中的统一性,世界各民族都扮演着自己的角色,起着为地理环境所决定的相应的作用。至于后天的教育,博丹认为它是会改变人们的习俗和观念的,但是它必须是始终一贯,持之以恒的,不然自然的天性就会重新显露出来。罗马人就是一个实例,罗马人曾经在艺术和技艺方面达到了非常高的造诣,但因疏于教育培养,最终流于平庸。因此,决定国家和历史命运的是习惯和自然。[①] 据上述,博丹显然更重视自然因素。

谈到历史时间,博丹接受了《犹太圣法经传》中的说法,认为人类历史时间是 6000 年。据此,他提出了自己的历史分期理论。他将历史分为三个时期,每个时期各有 2000 年。在第一个时期,统治权掌握在南方民族手里,那时人们长于宗教,智慧卓越,他们热切地研究天体运动和普遍的自然力;第二个 2000 年,中部地区的民族掌握统治权,人们致力于创立国家、制定法律和对外征服殖民;接下来,从基督之死开始,人类进入第三个时期。在这一时期,前人未曾知晓的各种艺术和技艺繁荣起来。后来就出现了席卷世界的战乱,其间信仰朱庇特的异教灭亡,帝国也随之被推翻。从此,哥特人、法兰克人、伦巴底人、匈奴

[①] See Jean Bodin, *Method for the Easy Comprehension of History*, New York: Columbia University Press, 1966, chap. 5.

人、汪达尔人、诺曼人、鞑靼人等蛮族充满欧洲和亚洲。① 也就是说，博丹认为他的时代正处在第三个时期，这是北方人统治的时期，是机械和战争的时期。难怪博丹在他的时代既看到了学术文化的繁荣，也看到了技术，包括军事技术的发展，他对他的时代有一种非常复杂的感情。

博丹的历史哲学虽然克服了人类历史依次倒退的观点，却又落入了历史变化循环往复的陷阱，这使他不可能正确评价历史学，不可能确认历史学本身的知识价值，只能在史学之外去寻找史学的目的。因此，他强调历史的垂鉴作用，认为历史叙述不仅要适当讲解现在，而且涉及未来，确立了哪些应当追求，哪些应当避免的最坚定不移的规条。具体就他自己来说，历史就是法学研究的材料，研究历史是他创立新政治学、新法学的准备。他的《易于理解历史的方法》一书的第六章，实际上就是他后来的《国家论》一书的大纲。② 另外，在对历史时间的思考上，他又接受了犹太预言家的观点，似乎表明他试图将希伯来人和基督教的历史时间线性的观念与历史循环论协调起来，但无论是历史时间线性观，还是历史循环论都最终不可能使他摆脱像古代历史衰退论者那样的悲观论调，他时常感慨命运的无常、历史的变迁。正如克罗齐指出的，文艺复兴时期的历史家和理论家"因为他们看见他们所十分珍视的许多东西消逝不见了，他们为他们所仍享有的东西胆战心惊，至少是因预见到它们迟早必然会让位给它们的反面而替它们担惊受怕"。③

当然，在对历史的认识方面，博丹也有明显的进步和发展，许多观点对后世影响深远。首先，他的整体史观念涵盖面更广，从内容上看，历史不仅要记载政治、军事事件，宗教、经济，甚至学术都应该是历史的内容；从空间范围来看，整体史包括世界所有的民族和国家。其次，他认为把世界连成一体的不仅仅是宗教信仰，地理发现和随之而来的商业贸易也是把世界连为一体的因素。他斥责那种以本民族为中心，蔑视

---

① See Jean Bodin, *Method for the Easy Comprehension of History*, New York: Columbia University Press, 1966, pp. 122 – 123.

② 参阅前引 Jean Bodin, *Method for the Easy Comprehension of History* 的英译者导言。

③ 贝奈戴托·克罗齐：《历史学的理论和实际》，傅任敢译，商务印书馆 1986 年版，第 188 页。

别的民族的狭隘的态度，认为世界各民族是相互补充、相互依存的，这充分说明了他思想的敏锐。再次，博丹提出了世界历史的地理决定论，这对中古盛行的历史过程神意决定论无疑是一个冲击，也激发人们去进一步探讨地理环境对人类历史过程的影响。法国史学传统中对影响历史的地理因素的重视是从博丹开始的，18世纪的孟德斯鸠、20世纪的布罗代尔都是在博丹的基础上对这一观点的发展。最后，他的囊括全世界，涉及人类活动一切领域的整体史观念，使他重视历史比较方法，注重宏观考察，这为启蒙运动时期伏尔泰等人的文化史观念及其研究方法提供了启示。博丹的理论贡献是非常重要的，"因为在博丹的比较和综合的体系中，我们得到了一套全新的方法论基础，它不仅对近代法学，而且对相关社会科学都将产生影响。"[1]

第三节 勒鲁瓦和加亚尔的文明史

从博杜安开始，法国史学的系统历史理论传统一直没有中断过，与博丹同时代，还有两位历史理论家勒鲁瓦和加亚尔。勒鲁瓦（Louis le Roy，1510—1577年）是语文学大师比代的最忠实追随者，他继承了大师的许多思想观念，应用它们来解决新的问题，并使其适应他自己时代的知识学术环境。在30岁左右，勒鲁瓦以一部《比代传》开始了自己的学术生涯，后来任古典语言钦定讲座（lecteurs royaux）希腊语教授。[2] 他也像比代一样曾经在巴黎大学研习法律，后来转而研究语文学。虽然他不是法学家，但他充分认识到比代对人文主义法学的贡献。如同比代，他专注于希腊研究，尤其是政治学研究。除了翻译柏拉图和亚里士多德的著作外，他写有各种维护法兰西教会和君主制原则的小册

---

[1] Constance I. Smith, "Jean Bodin and Comparative Law," *The Journal of the History of Ideas*, Vol. 25, No. 3, (July-Sept. 1964), p. 417.

[2] 古典语言钦定讲座设立于1530年，是法王弗朗索瓦一世接受语文学家比代的建议而设立的，这些钦定讲座教授职位是后来黎塞留时代创建法兰西学院的核心。参阅 R. J. Knecht, *Renaissance Warrior and Patron: The Reign of Francis I*, Cambridge: Cambridge University Press, 1994, p. 306。

子。正是在关于法兰西君主国的论著中，勒鲁瓦开始了对法兰西民族史的总体构想。"他采用塞瑟尔关于四个时代的理论，赋予法国史以结构。"① 他最有影响的著作是晚年写的《论事物的兴衰或事物的变迁》(De la vicissitude ou variete des choses)，该书集中表述了他的历史观念，回应了比代关于人类文化的探讨，是文艺复兴时期法国第一部关于人类文明史的论述。

关于历史的作用，勒鲁瓦显然是接受了西塞罗的观点，认为历史具有垂鉴作用，是人类行为实例的宝库，"过去的知识和记忆是当代的教诲，未来的警示"。② 勒鲁瓦不仅把历史作为一门知识，更重要的是他将历史作为探究人类文化的一种方法。他曾经在关于宗教问题的小册子中叙述了宗教改革的历史过程，在柏拉图《斐多篇》译本序中概述了古代哲学的历史，还在亚里士多德《政治学》译本序中概括了政治学的发展，所以，在他的主要著作《论事物的兴衰或事物的变迁》中，他试图历史地考察人类文化的发展。勒鲁瓦的时代宗教冲突频仍，内战接连不断，他的著作充满对这一切的哀叹，但也不缺乏和比代一样的乐观精神。他认为语文学和别的学科在15世纪早期开始复兴，而他的时代则是一个丰收的时代，今人必定会超越古人，16世纪是一个英雄的世纪。如果社会经济达到一定水平，能为学术研究提供闲暇，再有政治上的成功，那么每一个民族都能在文化上取得辉煌成就。帝国的繁荣必然带来知识文化和美德的昌盛，米堤亚人、波斯人、希腊人和罗马人无一例外，法兰西人、西班牙人、德国人、英格兰人，以及其他现代民族也同样会因为国家的兴盛而创造出辉煌灿烂的文化。军事和学术总是同时兴起，同时衰落，米涅瓦和马尔斯是相互伴随的。③ 勒鲁瓦和比代都具有同样的文化观念，都认为一个时代、一个民族的艺术和学术有某种统一性，有可辨认的独特风格。他认为每一个民族都有独特的民族性

---

① 唐纳德·R. 凯利：《多面的历史》，陈恒等译，生活·读书·新知三联书店2003年版，第332页。

② Donald R. Kelley, *Foundations of Modern Historical Scholarship*, New York: Columbia University Press, 1970, p. 81.

③ 米涅瓦是罗马神话中的智慧和学术女神；马尔斯是罗马神话中的战神。

格，这种民族性格随民族的生命周期而变化，也要走过从幼年、青少年、成年到老年的发展过程。根据这样的文化观念，勒鲁瓦实际上提出了一种关于文化史的理论。①

勒鲁瓦确实给予他的时代的各种新事物以极大的关注，而且确信未来时代会有更多创新，但是，他的思想价值不在于其创新性，而在于他坚定不移地维护他的时代，即当代今世的独特性。他反对拘泥于古人古事，讴歌今人的发明创造，特别是他为16世纪中期的西欧各国俗语运动所推动，积极投身其中，用法语写作，甚至在大学演讲也使用法语。他认为："理性也存在于当代俗语中，像古人一样，今人最终要按自己的方式思想。"② 他在积极推动古学研究的同时，又对耗费一生只求精通古代语言的意义表示怀疑，认为没有广博的古今知识，甚至要精通一门学科都不可能，实际知识与书本知识同等重要。我们决不可以根据勒鲁瓦对当代今世的赞颂和对人类未来的信心，来推测他与后来启蒙思想家一样具有历史进步的观念。勒鲁瓦从未明确表述过历史进步观念，③这一点非常明确，他的历史思想中更重要的是关于文明变化过程的论述。他强调创新和复兴，但并没有阐明"进步的观念"（idea of progress），他的思想中倒是有"增长的观念"（idea of augment）。"《论事物的兴衰或事物的变迁》一书常被解释为18世纪进步观念的先驱，但人们不应该忘了勒鲁瓦的书名所暗示的人类未来的波折起伏。"④ 他认识到人类文明的宝库由于新的发明创造而不断增长，同时他似乎也看到了人类文明正负两方面的增长的相关性，他指出，除了有益的发明外，今人也遭受到古人不曾知晓的疾病的折磨。⑤ 他论述的主题毕竟不是学

---

① Donald R. Kelley, (ed.), *Versions of History: from Antiquity to the Enlightenment*, New Haven: Yale University Press, 1991, p. 268.

② Donald R. Kelley, *The Descent of Ideas*, Burlington: Ashgate Publishing Company, 2002, p. 88.

③ Ernst Breisach, *Historiography: Ancient, Medieval, & Modern*, Chicago: The University of Chicago Press, 1983, p. 182.

④ Paul F. Grendler, (editor in chief), *Encyclopedia of The Renaissance*, New York: Charles Scribner's Sons, 1999, Vol. 3, p. 415.

⑤ Werner L. Gundersheimer, Louis Le Roy's Humanistic Optimism, *The Journal of The History of Ideas*, Vol. 23, No. 3 (1962), p. 336.

术进步，而是事物的变化、文化的兴衰，尽管在论及某些历史阶段时他表现出乐观的情绪，但总的来说，其著作的基调并不乐观。他认为天底下的任何事物有开始就有结束，有生就有死，兴衰枯荣乃自然过程。这种不稳定性不仅表现在自然事物中，邦国城市、习俗法律、帝王诸侯、宗族家庭和艺术语言无不如此。虽然勒鲁瓦是用亚里士多德的哲学语言来表述这一变化过程，但其分析方法是比较的、历史的。他不是要寻求一种普遍的文明史解释模式，而是要展现文明的丰富性和活力。

勒鲁瓦对历史变化有充分认识，他的历史观是相对的和辩证的，他认为每一事物都充满着矛盾，美丑、善恶，以及神圣与世俗都是因时因地而异的，一物之灭意味着另一物的生。古人虽然不如今人，但他们掌握了在他们的时代可能知晓的全部知识。勒鲁瓦也像博丹那样，考虑到了地理因素对人类文明的影响，他试图从地理的差异来理解文明的差异。总之，可以说勒鲁瓦的历史思想是文艺复兴时期历史意识日臻成熟的表现。

皮埃尔·德罗伊·德·加亚尔（Pierre Droit de Gaillard, fl. late 16th century）是16世纪法国的一位历史家，编有一部年表和一部教会编年史，他的历史理论著作叫《历史方法》。这本书与博杜安的主题一样，竭力主张法学与其他学科的联姻。他认为法学产生自历史，整个罗马法，以及别的民族的法律都是其历史的一部分，它描述的是该民族自身内部，以及与其他民族进行交易和订立契约的习惯和方式。所以，法学与神学、医学和别的自由学科一样，源于历史，从历史得到它们的基本原则，历史是它们永不枯竭的源泉。[①] 历史的作用还不止于此，人文主义倡导的博学也离不开历史。加亚尔写作该书的灵感似乎主要受到博丹启示，但他的具体观点则更接近于博杜安和勒鲁瓦。关于历史的作用，他沿袭了历史的垂鉴作用这一传统观点，但是，他对法兰西过去的挖掘比其他历史理论家都要深，"为全面的法国近代文化史提供了重要内容"。[②]

[①] Donald R. Kelley, (ed.), *Versions of History: from Antiquity to the Enlightenment*, New Haven: Yale University Press, 1991, p. 397.

[②] 唐纳德·R. 凯利:《多面的历史》，陈恒等译，生活·读书·新知三联书店2003年版，第366页。

第四节 拉波佩利埃尔的"完美历史"

到 16 世纪末,胡格诺教徒拉波佩利埃尔发表了历史理论著作《完美历史的观念》(*L'Idee de l'histoire accomplie*)、《历史著作史》(*L'Histoire des histoires*) 和《新法国史的构想》(*Le Dessein de l'histoire nouvelle des Francois*),这些著作是文艺复兴时期法国历史理论著作中最晚近的。与加亚尔一样,拉波佩利埃尔不是法学家,而是当时很有影响的历史学家,著有《法国史》。他以博杜安和博丹的历史理论为基础,又借鉴意大利语文学方法,从而提出了自己关于完美历史 (*histoire accomplie*) 的观点。所以,他的完美历史常使人想起博杜安的"完美历史"(*historia perfecta*) 和博丹的"完美历史"(*historia consummata*),但是,他对历史性质和功能的论述比前辈们更成熟。他认为一部真正的历史应该是全面的、雄辩的和审慎的叙述,人的行为和事件应根据时间、地点、原因、过程和结果来叙述。正是由于历史必须依据时间和环境来加以理解,因而历史比哲学、政治学,甚至比神学都更可靠、更值得信赖,这也确立了历史学科的独立性。他的《法国史》(*L'histoire de France*) 出版后,受到来自他的教友的谴责,说他过分坦率。他一心想为自己辩护,这也是他写作历史理论著作的动机之一。所以,他在《完美历史的观念》等理论著作中,坚持历史的准确性和客观性,认为对人的行为下判断不是历史家的职责,历史家只应该忠实地描述它们。历史应该超越党派和情感,应该对人类社会有利,对子孙后代有益。"拉波佩利埃尔的著作似可视为一种新形成的历史研究模式的宣言。"[1]

拉波佩利埃尔 (Henri Lancelot Voisin de la Popeliniere, 1540—1608 年) 既是一位军人、外交家,又是一位文人,他是 16 世纪晚期最有趣、最不落俗套的作家。[2] 他自负固执,勤思善写,但命运多舛,少有成功

---

[1] 托波尔斯基:《历史学方法论》,张家哲等译,华夏出版社 1990 年版,第 79 页。
[2] On La Popeliniere and his works, see Donald R. Kelley, *The Writing of History and the Study of Law*, Burlington: Ashgate Publishing Company, 1997, IV, p. 777.

的喜悦。1577年，他曾轻率地卷入了一场决斗，结果在面部留下了伤疤。此后，他退役还乡，准备过宁静的书斋生活。1581年他出版了《法国史》，接着又被海军所吸引，就这一主题的不同方面写了两本书，一本是《三个世界》（1582年），讲述15世纪的地理发现和各大洲的地理状况；另一本是《法国海军》（1584年），这是比较制度史方面开创性的著作。然而，给他带来声誉，也带来灾难，注定要改变他的人生轨迹的是他的《法国史》。这本书不仅招致一般胡格诺教徒的不满，也使他失去纳尔瓦的亨利的恩宠。随后，他发表一系列历史理论著作来为自己辩护，并写作颂扬性的历史著作《布雷斯和萨伏伊征服史》（1601年），也未能得到这位国王的宽恕。1608年，他在贫病交加中离开人世。

拉波佩利埃尔的历史理论并非是冷静思考的结果，而是产生自深重的个人危机，他的一生可说是同时代历史家窘境的真实写照。文艺复兴时期的法国学术界都像蒙田那样认为："好的历史书都是那些亲身指挥，或者亲身参加指挥，或者亲身参加过类似事件的人编写的。"① 然而，在血腥惨烈的政治、宗教冲突中历史家如何能超然于情感和党派意识之上呢？既是观众、演员，又是评论者的历史家怎样才能坚持历史的真实呢？拉波佩利埃尔对这些难题的回答简单而激进，他是把历史研究看作一个职责，他的全部工作就是要免除价值判断，确立纯粹历史的标准。他是以教士般的宗教热情和献身精神来从事历史研究，对他来说，历史的真实就是拯救的福音。早在1571年，在他出版的第一本书《法国和弗兰德尔近期骚乱信史》中，他曾声称要毫无隐瞒、毫不掩饰地记录内战的情况。拉波佩利埃尔正是怀着这样崇高的梦想来从事历史写作，这也就是他的悲剧所在。

1581年，拉波佩利埃尔的《法国史》一发表似乎注定引来多方指责，因为将该书题献给法王亨利三世和皇太后凯瑟琳·德·美迪奇本来就是轻率之举。② 对他的进攻最初是由拉罗舍尔一个新教牧师发起的，次

---

① 蒙田：《蒙田随笔全集》中卷，潘丽珍译，译林出版社2002年版，第91页。
② 法王和太后均倾向天主教集团，太后更是1572年圣巴托罗缪惨案的制造者之一。

年夏天，该案就被提交给胡格诺教派拉罗舍尔民族宗教会议审理。实际上，该书并没有多少出格的地方，所有指责几乎都是莫须有的。没有对路德改革前天主教信仰作无端谴责对他不利，认为加尔文教对宗教战争的爆发也有责任更成为他的主要罪状。该案甚至引起了纳瓦尔的亨利的注意，他于6月致信会议："我得知……在你们那里有一个叫拉波佩利埃尔的人，他著书攻击改革教会，攻击我们家族的成员。"① 5周后，会议做出判决，要拉波佩利埃尔公开收回自己的著作。拉波佩利埃尔拒绝接受判决，一直到三年后，即1585年2月，才被迫签署了一份他们事先准备好的认罪书。判罪后的三年中，他曾致信泰奥多尔·德·贝兹②和纳瓦尔的亨利，多方努力为自己辩护，证明自己没有卖身投靠天主教，表白自己对改革教会、纳瓦尔家族和历史真实性的忠诚。他坚持认为，这几种忠诚是没有任何区别的，都同等重要。只有如实地写作历史才能捍卫改革宗教，影响和嘉惠子孙后代。这些观点也出现在他一部未发表的著作《为历史辩护》中，该文或许是他向法庭提交的辩护词的手稿。这本书虽然篇幅不多，又写于法庭诉讼期间，但是关于历史的性质和目的的论述绝对不亚于他以后的著作，应该说是预示了他后来更成熟的理论著作。

贯穿拉波佩利埃尔这部著作的就是两个基本主题，即忠实于历史真实和市民人文主义精神。一方面，历史家不同于其他文人，因为他关注的是文献和事实的真实；另一方面，历史家又高于书斋哲学家，因为他要参与公共事务。不幸的是这两个方面并非那么和谐一致。因为，历史按照拉波佩利埃尔的话来说，是一项"公共事务"，它必然会引起争论，容易受党派意识的影响。皇家或地方的编史官都是官方宣传家，甚至像拉波佩利埃尔这样的"自由作家"也承认他的公共义务。像博杜安一样，他既要为自己的祖国服务，又要遵守改革教会的教规和传统，还要为人类的利益而写作历史。拉波佩利埃尔忠实于历史真实的坚定信念更使他陷入了无法摆脱的困境，他不能协调他自己既是演员，又是观众

---

① Donald R. Kelley, *The Writing of History and the Study of Law*, Burlington: Ashgate Publishing Company, 1997, IV, p.779.

② 贝兹（Theodore de Beze, 1519—1605年），法国学者，宗教改革家，加尔文的继承者。

的角色身份。正因为如此，他致力于历史理论的思考，把自己的思想指向更早的传统，对后世子孙讲话，认为后世子孙是他的著作的最恰当的读者。这样一种思想取向就使拉波佩利埃尔的历史观点更具综合性，更超然于现实之上。写作《法国史》所带来的思想磨难和诉讼之苦使他越来越远离他的新教同事，这也加强了他超然的思想态度。他努力要寻求的是一种超越情感和党派的判断标准，而这一标准是基于人类良知的。

西塞罗的讲述全部真实的历史第一法则为人所熟诵，但是，拉波佩利埃尔认为，他有新的发现。他曾对贝兹解释道："我用一种新的方法来表现两派的想法和行为，那就是在两党之间保持中立，不偏袒任何一方，这是历史家应有的立场。"① 后来在《完美历史的观念》中，他将其作为一条普遍的准则提出来，认为一个优秀历史家最确定无疑的条件是不对人进行褒贬，而是对忠实描述的人的行为做出评判。历史家绝不能既是原告，又是被告。历史家要根据目的和结果来探究人的行为。历史家要分析原因，追寻过程，评判结果的好坏。而且，历史家的判断是根据具体时间、具体环境分析得出的，而不是以抽象或武断的方法得出的。这就是为什么确定人类事务的原因与结果的关联是历史家的职责，而不是哲学家和神学家的职责。

循着这样的逻辑思路，拉波佩利埃尔要得出历史是一门独立的、高居于别的学科之上的学科的结论。个人的磨难没有动摇他对历史的信念，他坚信历史高于神学，至少高于"经院神学"（scholastic theology）。新教"实在神学"（positive theology）也不过是一门人文学科，它也不如历史可靠。拉波佩利埃尔承认历史论述偶然事件，但并不认为这就是怀疑论者质疑历史学的理由。恰恰相反，历史对不可辩驳的事实的关注使它比别的任何人文学科都可靠。历史必须根据具体时间和环境来加以理解，这一事实还使历史学比哲学和政治学更可靠、更有用。拉波佩利埃尔就是这样将历史看作一种思想方式，它根据时间、地点、原因、过程和结果来阐明人的行为。最后，他得出结论，历史优于其他艺

---

① Donald R. Kelley, *The Writing of History and the Study of Law*, Burlington: Ashgate Publishing Company, 1997, IV, p. 783.

术和学科。①

拉波佩利埃尔没有赢得诉讼，但他依然努力搜集证据，提出观点，为自己的历史思想寻求支持。1585 年之后，作为其学术苦旅的一部分，他开始了一个宏大的阅读计划。阅读范围非常广泛，不仅包括各时代、各民族的历史书籍，而且包括马基雅维利、塞瑟尔等政治思想家，纪尧姆·比代、斯卡利杰等语文学家，博杜安、米利欧、博丹等历史理论家的著作。这一宏大研究计划的成果就是 1599 年出版的《历史著作史》《完美历史的观念》和《新法国史的构想》。这三本书是分别标页码，同时发表的，构成一个较为完整的历史理论体系。② 对于古今之争，他倾向于今世当代，捍卫民族语言，蔑视那些崇尚古人甚于热爱理性的人。他认为，语文学家所谓"博学"是无序的各学科杂烩，而许多历史家又拘泥于古代，过分崇拜自己的前辈。他对法国皇家史官传统非常不满，尖锐地指出法国没有真正的历史著作，只有对古老编年史的改编。正是为了改变这种不幸的状况，他才提出了自己的历史新观念。

他的系统历史理论从全面考察世界史学，尤其是法国史学开始。在《历史著作史》中，他对从古至今许多历史家的著作进行了批判性的评论，并且提出了一个全新的史学发展分期。他指出，史学发展经历了四个阶段，这四个阶段分别代表历史意识和历史写作发展的四个层次。第一个层次是"自然的历史"，这是口头传说和迷信的阶段，也就是塔西陀时代的日耳曼人、恺撒时代的高卢人的历史。第二个层次是"诗歌的历史"，如摩西时代的希伯来人、荷马时代的希腊人的历史，该阶段一直持续到理性的纪年方法（如奥林匹亚纪年和罗马建城纪年）产生为止。他认为，诗人是最初的历史家。第三个层次是"连续的历史"，就是简单的编年纪事和年代纪。这阶段的历史简明质朴，但忠实于事实。第四个层次是"文明的历史"，这一阶段的历史以雄辩优雅与历史叙述相结合，注重事件原因和结果的分析为特色。它是伴随着艺术和人文学科的兴起而出现的，希腊历史学是在希罗多德时代进入这一阶段的，罗

---

① Donald R. Kelley, *The Writing of History and the Study of Law*, Burlington: Ashgate Publishing Company, 1997, IV, p.784.

② Ibid., IV, p.776.

马则开始于公元前4世纪。这一阶段持续到文明衰落,大致与罗马政治统治的结束相一致。拉波佩利埃尔相信,每一个民族都要经历这样的文化循环,历史学也要经历同样的循环。拉波佩利埃尔认为,历史学发展的第五个阶段将会到来,这就是他自己的"完美历史",它将最终超越前四种历史。他认为,古往今来没有一个历史家能达到他的完美历史的标准,他们中没有一人将人类知识、雄辩、哲学综合起来。[1]

在阐述完美历史的基本观点,以及对他的理想历史的形式和内容予以界定时,拉波佩利埃尔甚至超越了传统人文主义历史观。他写作法国历史不是只关心当代,而是在讲述一个民族的故事,追寻民族的起源。他批驳了法兰克人起源于古代特洛伊人的神话,提出了自己关于法国历史的解释。他把法国历史划分为五个阶段,即远古时期、罗马时期、日耳曼时期、法兰克—高卢时期和现代法兰西时期。这就为从起源到当代的法国民族史提供了一个纲要,他的法国历史分期具有明显的历史解释意图,无论在理论深度和批判性的理解上都超过勒鲁瓦和迪埃朗等人,因为他试图叙述在法国历史进程中产生法国君主国的"力量"的全部政治、法律、宗教和社会因素。[2] 对人文主义者倡导的无所不包的历史他也持批评态度,认为历史不应该是各门学科无序的混合。这并不表明拉波佩利埃尔想局限历史家的视野,恰恰相反,他与博丹和勒鲁瓦一样,主张历史应该包括人类生活的各个方面,艺术、学术、宗教和法律都要包含在其中,但不是堆砌或混合,而是要理出头绪,描述人类事物的起源、发展和变化。在他的历史理论著作中,他实际上提出了一个宏大的计划,就是要在各民族历史和地理探究的基础上来进行广泛的人类文化研究。为达到这一目的,他要求历史家利用一切可以利用的资料,尤其是档案资料。他藐视传统人文主义,主要是因为他认为传统人文主义拘泥于古典古代,而忽略了人的理性的发展。同时,他积极维护今世当代,倡导俗语写作,这又与传统人文主义相悖。

---

[1] Donald R. Kelley, *The Writing of History and the Study of Law*, Burlington: Ashgate Publishing Company, 1997, IV, p. 785.

[2] 唐纳德·R. 凯利:《多面的历史》,陈恒等译,生活·读书·新知三联书店 2003 年版,第334页。

拉波佩利埃尔的历史理论最有意义的是，他是历史家，而不是法学家，他的历史理论是完全建立在史学史研究，以及自己的历史研究实践的基础上的，因而是对历史方法最具体、最实在的探究。他使历史学独立于语文学、神学、法学和政治学，从此，历史成为以人类的全部活动为研究对象，有独特视角、独特方法的学科。他说："既然理解和组织某种事物的方式在于领会和安排它的各个部分，既然历史就在于它的真实和有条理，那么，对我来说，他（历史家）就应该花时间来整理和阐释具体历史，而不是离题去阐述普遍历史。"① 这就是为什么拉波佩利埃尔认为博丹的方法不是"历史方法"，而是"法学方法"。也就是说，到拉波佩利埃尔才完成了从法学的"历史方法"向历史学方法的转变，真正的历史学方法最终确立。实际上，历史的方法是与人类经验方式一致的，即它是依时间的连续性和环境的多样性来进行的，而且它试图再现人类过去的丰富性。

由于拉波佩利埃尔是历史家，所以他对历史家的道德品质和责任非常重视。18世纪的学者朗格莱·迪·弗雷斯诺瓦在其《历史研究方法》② 一书中，说拉波佩利埃尔的历史理论著作不是历史研究的方法，而更像是对历史家的评判。的确，与他一生的经历相关，他极为重视历史家的品格。置身于现实社会中的历史家有其独特的角色地位，他既是演员，又是观众，处于经验世界和理念世界之间。这一特殊角色地位对历史家有利也有弊，很大程度取决于历史家的道德品质和思想境界。只有在他摆脱了党派偏见和对权威的盲从时，他才成为一个真正的"沉思的历史家"。对他来说，历史是一项非常严肃的事业，历史的主要目的不是娱乐公众，而是有益于公众。历史家是受上帝感召，为了公益忠实记载人类活动的"公共人"。他必须是品德高尚，不为偏见所左右，讲究方式方法，一心一意为公众利益工作的人③。

---

① Donald R. Kelley, *The Writing of History and the Study of Law*, Burlington: Ashgate Publishing Company, 1997, IV, p. 787.
② 唐纳德·R. 凯利：《多面的历史》，陈恒等译，生活·读书·新知三联书店2003年版，第476页。
③ Donald R. Kelley, *The Writing of History and the Study of Law*, Burlington: Ashgate Publishing Company, 1997, IV, p. 788.

第四章　法国民族历史写作的成熟

16世纪后半期，随着历史学方法思考的深入，历史资料整理和研究的发展，民族历史观的日益成熟，民族历史的写作提上了日程。但是，当时法国史学还有一个重大问题没有得到解决，那就是民族历史写作的范式。由意大利人文主义者埃米利奥传入的，传统人文主义李维—布鲁尼民族史范式显然不适宜于法国思想家对民族史的要求。要在民族国家的范围内，实现法国拉波佩利埃尔等学者提出的整体的社会文化史的历史新构想，必须将市民的历史转变为民族的历史，将城邦的历史转变为国家的历史，将表现城邦爱国主义和公民共和美德（virtu）的历史转变为表现民族爱国主义和民族精神的历史。换言之，历史写作的主题必须改变，历史写作的范围必须扩大，历史叙述必须与历史分析结合起来。要达成这样的目的，在占主导地位的人文主义政治史写作传统内部寻求突破或超越，难度极大。有待于通过语文学、法学、博学研究和历史学的多学科交融，从而开创全新的民族历史写作范式。16世纪后半期的法国历史家的史学实践就是探索民族史写作新范式的发端，预示了未来历史编纂的发展趋势。

迪蒂耶和皮图的法国中世纪研究为写作法兰西民族历史提供了坚实的档案资料基础，迪埃朗的《法国国事状态和成就》《法国史》就是在此基础上，把历史叙述和历史分析结合起来，重建法兰西民族历史的一次尝试。德·图的法国当代史著作是把政治叙事与博学研究结合起来的典范，他以如下动情的语言开始他的历史著作："这是我从历史传统中得来的准则，即除了对上帝的感恩外，最宝贵、最神圣的莫过于对我祖国的爱和尊重，一切都应该让位于它。我是带着这样的情感投入工作，而且相信，正如古人所说，祖国仅次于上帝，祖国的法律来自上帝。那些无论以何种借口违背祖国的法律的人都是渎神和叛逆。"① 1560 年，帕基耶更是以语文学、法学、文学等广博的知识储备，带着同样强烈的民族情感，从事他的法兰西文化研究，试图写一部博学的法兰西民族文化史。

第一节　迪蒂耶和皮图的法国中世纪研究

早在 14 世纪法国皇家档案官热拉尔·德·蒙泰居曾指出："由于人性的弱点，人们易于记忆错误，这就使我们的先辈撰写证书、文件，以及各类书籍，以免在时间之流中出现的事物随时间的流逝而消失。"② 这句话不仅表达了人们对时间侵蚀作用的认识，而且表现出对古老事物的尊重，是贯穿整个档案保存传统的思想观念。就档案保存本身来说，它强调的是保存而不是修复，是使用手册和目录的编撰，而不是编修历史，并且，它与人文主义的联系是不容置疑的。然而，直到 16 世纪人们才认识到档案整理和研究对历史学的意义。法国学术界对档案的重视与一位学者的努力是分不开的，他既是一位档案整理专家，又是法学家和博学研究者，后来还成为 16 世纪最优秀的历史家。这位多才多艺的学者就是让·迪蒂耶，他的研究是 16 世纪法学与历史学联姻的另一个方面。

博杜安认为，学者能够在历史档案中找到必不可少的研究资料，他本人特别重视法兰西王国和巴黎高等法院的档案。实际上，王国档案和高等法院档案长期以来就为法学家和历史家所使用，比代和迪穆兰都曾充分利用这类资料。迪穆兰的对手皮埃尔·勒比菲还曾出版过有注释的档案集（1554 年）。③ 然而，直到 16 世纪 60 年代，博杜安呼吁充分利

---

① William J. Bouwsma, *The Waning of the Renaissance, 1550 – 1640*, New Haven: Yale University Press, 2000, p. 2.
② Donald R. Kelley, *Foundations of Modern Historical Scholarship*, New York: Columbia University Press, 1970, p. 215.
③ Ibid., p. 216.

用档案材料时，档案还是法学史和制度史研究没有充分开发的资料源。也就在这时，那些有幸能接近档案的研究者开始了这方面的工作。档案整理和研究工作的开展，不仅激发了博学研究者的热情，而且也为那时代激烈的政治和宗教论战提供了材料。

法学家和历史家都清楚地意识到，档案是有关法国君主制的公共记忆的表现。塞瑟尔就认为，如果没有先辈们留下的族谱、遗嘱、契约、法庭判决，以及法令法规，那么，几乎每件事情都无法确定。① 对于许多学者，古罗马是档案搜集的榜样，比代正是在论及罗马档案管理时，赞扬档案馆制度，认为其对任何文明民族都是重要的制度。然而，欧洲各国政府在档案管理方面主要受罗马教廷的影响，罗马教廷从来把档案管理看作自己的有力武器。各国政府从罗马教廷知道了司法档案管理的必要性，无论是君王的行动还是政府的职能扩展，都需要从档案中寻求先例和缘由。法国法学家在为法兰西教会自主和法国王权辩护时，都是从保存在档案馆中的法学和历史文献中去寻求支持。对权威而又使用方便的档案文集的需要，是16世纪学者们从事档案整理和研究的动机。

法国的档案管理可一直追溯到12世纪，据说是法国国王菲力·奥古斯都在一次与英国国王的战斗中丢失了财务文件，于是，毅然决定建立档案馆以保存公共法令文书。圣路易时代，② 档案馆迁至圣夏佩尔宫附近的一座建筑，以方便皇家法学家取用档案。到14世纪完善的档案管理制度已经建立起来，菲力普四世设立了档案文书官一职。第一任档案文书官是皮埃尔·德唐佩，随后是热拉尔·德·蒙泰居（Gerard de Montaigu，1371—1391年）。蒙泰居在任期间曾编写了第一部全面的档案目录。③ 巴黎高等法院的档案馆是相当独立的，虽然直到14世纪它常常由档案文书官管理。高等法院的档案收藏从1254年开始，持续到法

---

① Donald R. Kelley, *Foundations of Modern Historical Scholarship*, New York: Columbia University Press, 1970, p. 216.

② 腓力·奥古斯都，即加佩王朝国王腓力二世，1180—1223年在位。圣路易，即加佩王朝国王路易九世，1226—1270年在位。

③ Donald R. Kelley, *Foundations of Modern Historical Scholarship*, New York: Columbia University Press, 1970, p. 218.

国大革命,而王室档案馆则被 1568 年掌玺大臣米歇尔·德·洛比塔尔建立的档案馆所取代。内战结束后,王室档案馆划归王室诉讼总代理人管理。①

如果说王室档案反映了法国君主制的发展,那么它也反映了封建政府管理上的混乱。历任档案文书官都抱怨档案编排和存放的无序,并几次试图改善其状态,然而,一直到 16 世纪混乱状况未有改变。1562 年,弗朗索瓦二世下令让时任巴黎高等法院档案管理官的迪蒂耶负责整理王室档案馆。② 如果他成功了,那将极大地方便历史家和法学家的研究工作。可是,迪蒂耶在整理档案方面做得并不比他的前辈好,有的地方还比他的前辈糟。他利用自己可以随意进出王室档案馆和高等法院档案馆的职权,搜集他需要的档案,对不能借出的就抄录,能借出则再也没有归还。就这样到内战开始时,他已收集了大量对法学家和历史家都极为重要的档案,最后以此为基础编成《法兰西王国档案集成》(*Recueil des rois de France*)。所以,迪蒂耶没有完成整理档案馆的任务,但却充分利用了档案材料。他的这部著作原本打算写成档案使用指南一类的书,但结果写成了一部历史著作,而且被后人认为是 16 世纪最有价值的历史著作。

迪蒂耶(Jean du Tillet,生年不详,卒于 1570 年)出身于法国贵族家庭,他有个同名兄弟,两人都以学术闻名,并且都去世于同一年,即 1570 年,所以,许多传记作者将他兄弟二人混淆。迪蒂耶从他父亲那儿继承了巴黎高等法院档案管理官职位,任职长达半个世纪。他与皇家法学家一样,以维护法国教会、法国君主制和法兰西民族为己任。在激烈的政治和宗教争论中,他从来没有放弃过法国教会自主的主张,坚持法国制度的本土性质。他的历史观具有强烈的民族意识和官方意识形态的色彩,但却没有霍特曼的狂热和党派偏见。从本质上看,他是一个学者,而不是一个改革家,他完全是用一个博学好古家的眼光来审视他的

---

① Donald R. Kelley, *Foundations of Modern Historical Scholarship*, New York: Columbia University Press, 1970, p. 218.

② Ernst Breisach, *Historiography: Ancient, Medieval, & Modern*, Chicago: The University of Chicago Press, 1983, p. 173.

档案材料。他耗费了一生的精力来研究法兰西的档案，看重的不是其实用价值，而是为了使法兰西伟大的过去不至于湮灭无闻，这也是他编撰《法兰西王国档案集成》的真实动机。

迪蒂耶被认为是用历史方法来研究法兰西封建法的开创人之一，他从事学术研究确实是为了用历史的方法来考察法国法律和制度，就像法学人文主义者研究罗马法那样。同时，因为《法兰西王国档案集成》一书所取得的成功，他又被看作16世纪最杰出的历史家之一。另外，他的著作为法国王权辩护，所以他还在皇家法学家中有一席之地。他能在这些学术领域都有所贡献，主要是因为他不是浅薄的涉猎者，而是在法学和历史等方面都受过严格的训练，有极好的学术和职业背景。巴黎高等法院档案管理官起源于14世纪的王室公证人，其职责是登记注册和保存法院判决，以及各种文书。作为档案管理官后来又受命整理王室档案馆的迪蒂耶，自然熟悉各种档案材料，见证了法国历史上许多重大事件，使他在研究法学和历史时能得心应手。他研究法学，是要获得关于各种先例的知识，研究历史是为了得到过去的真相，以便利用千年的经验。总的来说，迪蒂耶对人文主义文学没有多少兴趣，也没有花多大工夫来锤炼自己的文章风格。他追求的是博学（erudition），最终目的是为政治行为提供借鉴。

然而，迪蒂耶的方法与法学人文主义者的非常一致。他有很好的历史意识，将现时有效的法律与已经过时的法律严格区分开来。他曾说，法兰西从来尚武不爱文，所以当代学者的职责就是要努力使法国的各类事件和制度免于湮灭无闻。编写《法兰西王国档案集成》是为了使法国公众能接近档案材料，而且他在研究过程中还充分利用了中古编年史。他的档案目录是按照国王谱系、主要贵族家族和君主制的主要制度，从国王到整个职官等级，由上而下编排的。内容极为丰富，包括婚约、遗嘱、信件、法令、封建契约、委任状、法院判决、外交指令等各种法律文书。所以，《法兰西王国档案集成》为全面重修法国民族史提供了便利。由于重视档案材料，这就使他的历史观点与皇家法学家一致，坚定不移地相信法国制度和社会的本土性质。他熟知中古历史，没有追溯法国法律和制度起源到古罗马和高卢人，自然而然地看重法兰西对日耳曼传统的继承。他并不同情宗教改革，但他与迪穆兰、霍特曼一样，是最早的日耳曼主义者。他可能是第一个完全抛弃特洛伊起源论的法国学者。他认为日耳曼人是最纯洁的民族，罗马人虽然打败了他们，但没有彻底征服他们，日耳曼人是自由的。[1]

迪蒂耶精通蛮族语言，熟悉当代德国学术，他试图把他的日耳曼起源论建立在坚实的历史和语文学基础上。他既用塔西陀、萨利克法典等古代和中古文献，也用贝亚图斯等当代作家来支持自己的观点。当然，语源学为他的法兰西制度的日耳曼起源提供了最好的证据，例如，他为"宫相"等词找到了日耳曼语源。至于封建法，他没有将其追溯到伦巴底人，认为直到10世纪加佩王朝时期，[2] 采邑还没有成为世袭领地，因为蛮族从领地得到姓氏的习惯是以后的事。封建习惯法不是君王的创造，而是民众的创造，无成文法规可遵循，它的这一特征表明了它的日耳曼起源，法兰克人与日耳曼人在社会特征上是一致的。法兰克不仅继承了日耳曼人的美德，而且通过查理曼继承了罗马的政治传统。查理曼是西方帝国的设计师，后来这个帝国一分为二，即德国和法国。查理曼更多地属于法国，而不是德国，因此，加佩王朝的世袭君主制得自查理曼。迪蒂耶甚至用档案材料来论证加佩王朝的国王拥有皇帝的称号，法国是帝国。[3]

迪蒂耶的主要论点不是法国王权与罗马皇权的相似性，而是法国王权的至高无上。[4] 他坚信法国君主制有其独特而自足的传统，国王的权力直接得自上帝，他受封建法的约束，而不受制于皇帝的法律。为支持这一观点，他提到了法国国王菲力普四世1312年的著名敕令，该敕令规定，法兰西王国是根据习惯法进行统治的，而不是成文法；罗马法可

---

[1] Donald R. Kelley, *Foundations of Modern Historical Scholarship*, New York: Columbia University Press, 1970, p. 229.

[2] 加佩王朝，987—1327年的法国王朝。

[3] Donald R. Kelley, *Foundations of Modern Historical Scholarship*, New York: Columbia University Press, 1970, p. 230.

[4] "他是自己王国里的皇帝"这一法国王国王权至上的观点出自13世纪法学家，在以后的岁月中被一再重申。参阅雷吉娜·佩尔努《法国资产阶级史》，刘惠杰等译，上海译文出版社1991年版，第152页。

以在除巴黎大学之外的大学里讲授，但它不能被王国所采纳。在这一问题上，他与霍特曼、迪穆兰，以及整个皇家法学家传统是一致的。所以，根植于中古社会的所谓"法学民族主义"在16世纪达到了顶峰。[①]在为法国王权辩护的同时，他还为法国教会的自主性辩护。他认为法国教会的权力也能在中古法国王权中找到根据和先例，国王从加洛林王朝时期就有召开民族宗教会议、决定教义教规的权力。法兰西教会最早是由法兰克国王建立的，所以，法兰西教会的自由起源于日耳曼，不是罗马。

迪蒂耶的出现对法国历史写作有一定的影响，产生了像迪埃朗那样的重视档案材料的民族史家，但没有最终改变法国民族历史写作的落后状态。另一方面，档案研究传统在16世纪晚期继续得到飞快的发展，显示出强大的创造力。正是在这样的背景下，一个比迪蒂耶等前辈更杰出的学者出现了，他就是皮埃尔·皮图。作为亨利四世的总诉讼官，他在人生的最后几年接管了皇家档案馆（1594—1596年）。在中古研究中，他既表现出对实际政治的关心，又具有强烈的好古倾向。他拥有许多迪蒂耶兄弟的著作，对他们的学术成果有精深的研究。他像迪蒂耶一样，广泛搜集各类档案材料，并依照题目和主题编写摘要。他也是一位杰出的法学人文学派的法学家，所以，在他身上更充分地表现出多学科交融的情况，这也是法国史学的特点。由于皮图及其同事的努力，法国学术又回到了语文学，及其与中古研究的融合。

如前所述，皮图（Pierre Pithou，1539—1596年）是伟大的语文学传统的真正传人、博学研究的杰出代表。他以居雅为榜样，无意编写历史，而对材料的搜集和编辑，以及系统专题研究感兴趣。然而，与其同时代学者一样，他也从事具体的法律工作，所以，难以避免卷入政治、宗教冲突，正因为如此，他的著作是这一时期法国学术从古典研究转向中古研究的最好例证。他伟大的学术贡献在于将法学人文学派与法国中古研

[①] Donald R. Kelley, *Foundations of Modern Historical Scholarship*, New York: Columbia University Press, 1970, p. 231.

究联系了起来，并为下一世纪法国博学研究的巨大成就奠定了基础。①

皮图出身于特鲁瓦一个学术世家。他的父亲也叫皮埃尔，曾在奥尔良大学学习法律。他所建立的家庭图书馆是 16 世纪著名的家庭图书馆，同时，还鼓励他的儿子们从事语文学研究。后来，他又送皮埃尔去巴黎大学攻读法律。由于其家学传统，加之 1555 年与居雅和卢瓦泽尔的相识，皮图最终迷恋上了古典学问。即便在从事法律工作后，他依然没有放弃学术研究，经常挑灯夜读，不知疲倦。这些早期研究成果于 1564 年以《研究笔记》的书名出版，他将该书题献给卢瓦泽尔。这本书在形式上与居雅的《观察与校订》相似，是一部传统人文主义札记类著作，涉及面非常广。② 从这部著作中，可以看到这一时期皮图的学术兴趣已经囊括了封建制度、罗马法和古典文学等多个领域。

对皮图来说，平静的书斋生活是不可能的，他家庭的社会地位能保证他官场得意，却不允许他一心钻研学术。1567 年，他改宗新教，使他只得放弃法律工作，离开天主教势力强盛的巴黎。他先回到家乡特鲁瓦，然后去了巴塞尔。纷乱的战事，颠沛的生活并没有丝毫消磨他的好古热情。他曾于 1566 年出版了《〈迪奥多西法典〉校勘》，五年后他扩充了这本书，增添帝国新法校勘，并将该书题献给居雅。与别的法学人文主义者一样，他醉心于古代碑铭，在瑞士期间他又开始广泛搜集。后来他从事中古研究时，依然非常重视碑铭材料。流亡国外的那些年，皮图对历史越来越感兴趣，在巴塞尔校勘副主祭保罗的《伦巴底人史》和弗莱辛主教奥托的《编年史》。③ 这些校勘工作和著作是他搜集中古编年史的宏大工程的前奏。

像人文主义法学家博杜安一样，皮图相信历史和法学应该建立更紧密的关系。他认为，法兰克人、哥特人、伦巴底人的古代法律都与这些民族的历史密切关联。他后来的研究，如《特鲁瓦习惯法评注》和《香槟及布里伯爵述略》中更印证了他这一观点。《香槟及布里伯爵述

---

① 汤普森：《历史著作史》（下卷），孙秉莹等译，商务印书馆 1992 年版，第 3 页。
② Donald R. Kelley, *Foundations of Modern Historical Scholarship*, New York: Columbia University Press, 1970, p. 250.
③ 汤普森：《历史著作史》（下卷），孙秉莹等译，商务印书馆 1992 年版，第 3 页。

略》一书奠定了皮图作为法国中古史权威的地位。这一时期，皮图不仅在扩大自己的学术视野，而且提出了自己的历史方法。他不因袭传统，重视后古典材料，但是他的观点并不具有革命性，有许多是得自当代德国历史家和居雅的。他认为，要理解高卢和日耳曼社会，研究者必须重视恺撒和塔西陀的记载，同时，也应考虑中古材料和观点。正像法学家不只局限于古典权威研究一样，历史家也应避免忽略中古资料。在抱怨中古作家无知和远离公共事务的同时，他赞扬弗朗索瓦一世倡导的学术复兴，认为它使现代学者得以校正中古作家的错误。简言之，皮图认为，历史家不仅仅是一个剪刀加糨糊的编辑者，而应该是一个具有批判精神的学者，一个目光敏锐的语文学家，一个广泛搜求资料，包括非文字资料的博学研究者。[1]

1572 年，皮图的人生发生了又一次转折，他决定放弃新教，重回其家族一直信奉的天主教信仰。他变幻不定的兴趣爱好，尤其是他对早期基督教文学的研究可能有助于他做出这样的决定，但不可忽略圣巴托洛缪大屠杀事件对他的触动。1572 年年初，他写信给他兄弟尼古拉，谈到巴黎的不安宁，就已意识到生活在首都的危险。8 月，他仍在巴黎，住在一个加尔文信徒家中。大屠杀开始后，暴徒闯进他的住所，杀死了许多人，从睡梦中惊醒的皮图衣冠不整地从屋顶逃出，才幸免于难。

圣巴托洛缪大屠杀震撼整个法国社会，早在 16 世纪 60 年代由于意大利人对法国宫廷和金融的控制所引起的不安，到这时转变为强烈的仇外情绪，形成了反意大利的舆论氛围。[2] 具体说到每一位学者，影响则各不相同。像居雅那样的学者变得更加谨慎，而像霍特曼那样的学者却变得更加激进，他甚至把当代的反意大利斗争看作历史上高卢人和日耳曼人反罗马暴政的重演。至于皮图和卢瓦泽尔等人，似乎产生了更强烈的责任感和使命感，他们要用自己的学术来唤醒民众，克服宗教分裂，维护法国的政治统一。

---

[1] Donald R. Kelley, *Foundations of Modern Historical Scholarship*, New York: Columbia University Press, 1970, p. 252.

[2] Henry Heller, *Anti-Italianism in Sixteenth-Century France*, Toronto: University of Toronto Press, 2003, p. 114.

大屠杀之后一年内，皮图和卢瓦泽尔都担任了重要官职。皮图拒绝了居雅的赴瓦朗斯大学的邀请，担任了托内尔的法官，而卢瓦泽尔则接替巴纳贝·布里松成为阿朗松公爵的法律顾问。皮图在忙于法律事务的同时，继续从事学术研究。1579年，他首先编写了《〈布卢瓦法令〉评注》，这是他研究"法国教会自由"的第一步。以后若干年皮图都置身于激烈的政治纷争中，他对此早已厌倦。在1579年他娶了妻，开始家庭生活，一心想退隐故乡特鲁瓦，潜心学术。一直到1594年亨利四世登基，法国的政治局势才逐渐安定下来。这时，皮图被国王任命为总检查官，任务是为维护国王的各项权力寻求先例支持，以防止封建主和教会势力侵害王权。这项工作使皮图能利用自己渊博的历史知识来为法国教会自主和法国王权辩护，同时也使他能充分利用皇家档案馆和图书馆，接触到更多的历史档案资料。皮图是一个嗜书若命的人，一个有"法兰西的瓦罗"之称的博学研究者，所以这一职位非常适合他。

然而，宁静的学者生活是短暂的，1596年，皮图怀抱着无数未曾实现的计划离开人世。他的朋友德·图认为，他的去世不仅对法国，而且对整个世界学术界都是一个损失。像比代一样，皮图是一个多才多艺的学者，他的公共生活是他学术研究的动力，并为他指明了方向。他把人文主义理想与民族忠诚结合在一起，对民族先辈的崇拜激发起他强烈好古热情，他有文学趣味，更具有法学学问，这一切使皮图非常热爱历史。有时候，他的民族感情甚至压倒了他对语文学的忠诚，他曾说"我的祖国占据了我全部的爱"。[①] 他不只是一个有学问的法学家，一个从政的语文学家，而且是16世纪训练有素的博学研究者。不幸的是皮图最终没有完成他的工作，更不幸的是他没有完成一部自己的代表作。他似乎认为他的时代是一个积累和整理资料的时代，而不是撰写综合性专著的时代。他回避了高屋建瓴的理论概括，把他搜集和整理的资料留给后世学者，使他们在进行民族历史研究和写作时有坚实的基础。

皮图兴趣广泛，学识渊博，古典古籍、碑刻铭文、民间谣谚、地方

---

① Donald R. Kelley, *Foundations of Modern Historical Scholarship*, New York: Columbia University Press, 1970, p.257.

历史无不吸引他的注意。他追随迪蒂耶,为档案文献编目,编写摘要,并像迪穆兰那样,对法兰西习惯法进行法学和历史评论。他是一个语文学家,喜欢旁征博引,比较研究。他又是一个法学家,习惯搜集先例和各种证据。他坚信,知识只有通过艰苦卓绝的研究才能获得,对人类行为的理解也必须建立在对原始资料,尤其是那些未曾发表的资料的认真研究的基础上。作为法学人文主义者,他对版本校勘非常感兴趣。他一生中发表过许多经他校勘的古籍版本,包括昆提良、朱维纳尔、皮特罗尼阿斯、菲德鲁斯等古典作家的作品。他甚至想基于最新研究成果,出版一个新版的罗马法。对中古作家的著作他也很重视,除前文已提及的他对保罗和奥托的著作的校勘,他还追随居雅,对《采邑书》进行研究。

皮图对法国中古时代的研究影响深远,意义重大。他对法兰西法律和历史的研究受其所任官职和民族感情的影响,但这并没有妨碍他对中古材料的全面搜求。有关法兰西政治、宗教的方方面面的材料,他都不放弃。作为一个皇家法学家,他坚决反对封建割据,维护法国统一,[1]这正是他搜集和研究中古习惯法的出发点。对法国王权的另一个重大威胁就是教廷,所以,搜集和研究教会法,捍卫法兰西教会自主权也是皇家法学家的职责,皮图在这方面做了大量工作。对他来说,基于教会史和教会法研究,法国教会自主不是一种理论,而是一个具体的、连续不断的传统。当然,皮图对后世历史研究影响最大的是他对中古编年史的搜集。他的《法国中古编年史集成》(*Annales Francorum*)包括书信、教士会法规和11部编年史,其中有些是第一次印刷出版。皮图的这部书,以及其他所有作品为17世纪学术奠定了基础,树立了榜样。他代表了文艺复兴时期法国语文学研究的最高水平,是法国中古研究的奠基者之一。[2]

---

[1] Ernst Breisach, *Historiography: Ancient, Medieval, & Modern*, Chicago: The University of Chicago Press, 1983, p. 173.

[2] Donald R. Kelley, *Foundations of Modern Historical Scholarship*, New York: Columbia University Press, 1970, p. 264.

第二节　迪埃朗的法国通史编撰

在 16 世纪最后 25 年，档案材料和迪蒂耶的著作对历史学的影响是非常显著的。最明显的例子是迪埃朗（Bernard de Girard du Haillan，1535—?）的《法国国事状态和成就》（*État et Succès des affaires de France*），该书出版于 1570 年，迪蒂耶正好在这一年去世。迪埃朗 1535 年生于波尔多，其家族与当地两个著名家族，即蒙泰涅家族和诺阿伊家族有紧密联系。他曾为诺阿伊家族效力多年，后借助他们的帮助任职于安茹宫廷。1571 年，他被任命为皇家史官，五年后，他的保护人成为法国国王，即亨利三世，他也就在这一年出版了他的《法国通史》（*L'histoire générale des rois de France jusqu'à Charles VII inclusivement*）。①

当时，标准的法国历史著作是 1516 年出版的保罗·埃米利奥的《法兰西事纪》，该书在不少方面优于盖刚的历史著作。除了史实考释精当外，埃米利奥的著作是在广泛阅读当代作家的著作，仔细研究大量语言学、碑铭学、社会和制度史著作的基础上，以王朝政治、军事为中心编写成的。1529 年，埃米利奥去世后，法国史学经历了一个明显衰落时期，其间几乎没有什么值得注意的作品问世。② 他直接的后继者中，最活跃的是纪尧姆·迪贝莱，但其著作因轻信不真实，很快就被人遗忘。1554 年，皮埃尔·帕斯夏尔被任命为皇家史官，他的懒散和泥古成为当时学者的笑柄，标志着法兰西历史学的进一步衰落。因此，迪埃朗无疑是保罗·埃米利奥之后最好的历史家。

迪埃朗的编史目的与其人文主义前辈是一样的，那就是歌颂法兰西的伟大和美德。他认为法兰西的光荣长期以来为罗马所遮蔽。虽然法兰西兴起于罗马帝国的废墟之上，但它从一开始就确立了自己的发展道路。追随塞瑟尔的榜样，迪埃朗把法兰西的发展过程分为四个阶段：墨

---

① Donald R. Kelley, *Foundations of Modern Historical Scholarship*, New York: Columbia University Press, 1970, p. 233.

② Ibid. .

洛温王朝时期是国家的幼年和青少年阶段;加洛林王朝时期法兰西进入成年;加佩王朝时期法兰西走向衰落。也像塞瑟尔一样,他力图表现法兰西伟大君主国的独特性和本土性,认为宗教、审判权和治安权是法兰西的三条缰绳,法国国王的最高权力受到这三种权力的限制。他没有明确赞同霍特曼的法兰克—高卢解释,但并不认为说法国政权是由三个分立权力构成的是叛逆。迪埃朗的这种"宪政"思想并没有阻碍他对王权的颂扬。事实上,王权和三条缰绳是迪埃朗讨论法国政治制度的主要原则,不过他遗憾地承认:"这些良好的旧制度,到我们今天已所剩无几。"①

对任何形式的罗马影响,无论是 14 世纪开始渗入法国的罗马教廷势力,还是更早时期被引进法国各大学的罗马法的压制,迪埃朗都给予抨击。他指出,在法国,罗马法的作用不是基于权威,而是基于实用,并且只局限于南部地区。他否认封建制度的罗马起源,根据他的观点,伦巴底人首先创立采邑制,后来被引进法国,到加佩王朝时期采邑最终变为世袭领地。像别的当代法国制度一样,迪埃朗认为封建法是习惯,是法国社会的特殊经历和所面临的具体问题的产物。

他的这些观点都是当时的流行观点,但他也有创新,首先,他是第一个用俗语编写法国历史著作的学者,不局限于埃米利奥人文主义传统的编史方法。其次,他利用迪蒂耶档案研究的成果,对萨利克法典、法国贵族起源、巴黎高等法院的创立等具体历史问题提出了自己的见解。总之,他比皇家法学家和不少皇家史家都更具批判精神,许多后世职业史家所具有的治学态度都在他身上得到表现。当然,迪蒂耶对他的影响是非常大的,这在他 1580 年《法国国事状态和成就》一书的修订版,以及 1576 年出版的《法国通史》中都可以看到。为编写历史,他曾经夜以继日地搜集手稿和各类原始资料,艰苦的资料搜集工作深化了他对历史研究的认识。他指出,历史是真理的复仇者,是哲学之母,是一个独立的学科,它已经从人文学科分离出来。历史优于修辞学,修辞学对揭示真理没有什么特别贡献,历史也在诗学之上,诗歌提供给人的主要

---

① C.H. 麦基文:《宪政古今》,翟小波译,贵州人民出版社 2004 年版,第 82 页。

是感官愉悦。① 迪埃朗的历史观是历史学从一门艺术向一门知识学科的转变的重要表现，这就是法学对法国史学最重要的影响。

当然，迪埃朗的出现并没有立即改变16世纪晚期法国史学的状况，传统的历史学依然占据主导地位。无论是将军、元帅的回忆录、新教史家的编年史和教会史、皇家史家的法国史都有明显的意识形态色彩，历史学仍然是政治、宗教宣传的工具，还是一味迎合大众的趣味，而不是真正的学术。② 埃米利奥的著作继续再版，仍然是历史家的榜样。法国民族历史著作最明显的特点还是缺乏学术诉求，缺乏思想深度。

第三节　德·图的法国当代史

雅克-奥古斯特·德·图（Jacques-Auguste de Thou，1533—1617年）是法国16世纪最伟大的历史家之一。他出生于一个法学世家，他的父亲曾担任过巴黎高等法院法官，他的一位叔父是夏尔特尔主教。③ 他曾先后师从著名法学家霍特曼和居雅。他先在教会中担任低级职务，中年时出任民政官员。德·图学识渊博，交游甚广，当时的诗坛泰斗龙沙、文学家蒙田都是他的朋友。1581年任基恩地方官员时，他逐渐与纳尔瓦的亨利相识。1587年，他开始担任巴黎高等法院法官。他在政治上追随温和的天主教"政治家派"。1589年，纳尔瓦的亨利成为法国国王亨利四世后，德·图成为他的主要国务顾问。国王和王后对他都非常信任，经常要他负责与胡格诺教派的谈判事务。他一生坚持不懈地为消除宗教、政治冲突奔走。这一经历使他产生了一个强烈的愿望，那就是要通过辨析被仇恨掩盖了的历史事实，来使自己的同胞抛弃愤恨的激情，增强民族认同和民族感情。为实现自己的愿望，他从1578年开始

---

① Donald R. Kelley, *Foundations of Modern Historical Scholarship*, New York: Columbia University Press, 1970, p.237.

② 参阅汤普森《历史著作史》（上卷），谢德风译，商务印书馆1988年版，第795—819页。

③ 汤普森：《历史著作史》（上卷），谢德风译，商务印书馆1988年版，第817页。

搜集书籍和手稿。10 多年之后，他成为全法国私人藏书最多的人。①1593 年，他动笔写作历史著作，次年，被国王任命为皇家图书馆馆长，这更为他的写作带来了方便。

他的《当代史》（*Historia sui temporis*）从 1546 年德国什马尔卡登同盟战争爆发写起，直到 1607 年。他用 138 卷，4950 个对开页的篇幅来记述了这短短 61 年的历史。原本打算写一部世界史，地理上囊括整个欧洲，实际上，主要是一部法国当代史。②该书的第一部分，即前 80 卷发表于 1604 年，以 16 世纪上半期的历史事件概述开始，接着叙述 1546 年到 1560 年之间的历史。德·图非常谨慎，坚持用拉丁文写作，不允许在他生前出版后 58 卷，而且反对将他的历史著作翻译成法语。尽管如此，他的著作还是被控太亲新教，而对罗马教廷有太多批评。1609 年 11 月，罗马教廷谴责了该书，并将其列入禁书目。同时，这本书还引起法国宫廷和邻近国家的不满，一经出版就遭到巨大的压力。当然，这一切都在德·图的预料之中。这部著作的序言是给亨利四世的献词，在这篇献词中他就谈到了他的担忧、他的困境，他写道："陛下，在我构思这个时代的历史之初就有一种想法总是缠绕着我，即这样一部著作无论怎样写，都难免遭到各种指责；但是，我知道，个人的雄心抱负并不是我的写作动机，我聊以自慰的仅仅是问心无愧。我也希望在陛下的治下，随着时间的流逝，个人的憎恨、敌意会淡忘，而对真理的热爱会继之而起。陛下承蒙天佑，粉碎了可怕的叛逆，扑灭了党争的余烬，把和平带给法兰西，并将通常认为不可分割的自由和王权结合起来。……历史的第一法则是视记述虚假为畏途；其次是要有勇气记述真实。我敢声称，我是尽一切努力去发现、去辨别、去揭示为党争所掩盖的历史真实，总是坦诚地把历史的真实传达给子孙后代。"③这部著作的 138 卷全本在德·图死后，于 1620 年由他的朋友格奥尔格·林格尔

---

① 汤普森：《历史著作史》（上卷），谢德风译，商务印书馆 1988 年版，第 818 页。
② Denys Hay, *Annalists and Historians: Western Historiography from the Eighth to the Eighteenth Centuries*, London: Methuen & CO LTD, 1977, p. 136.
③ Donald R. Kelley, (ed.), *Versions of History: from Antiquity to the Enlightenment*, New Haven: Yale University Press, 1991, p. 364.

歇蒙在日内瓦出版。

德·图在法国史学史上占有重要位置。他完成了一部真正的法国当代史，而不仅仅是一部回忆录。他相信，历史家最重要的品质是要超然于影响判断自由的情感之外，摆脱偏见和时代公认的思想观点。为了达到这一要求，他始终考虑到后世子孙的评判，认为后世的评判才是真正公正的评判。这对他来说是史家的治史原则，坚持这一原则才能有最好的著史心态，才能洞悉历史真实。理想的历史家应该是审慎大胆，不偏不倚，识断卓越，而且，应该行文晓畅，风格简明，丝毫没有形式上的矫揉造作。德·图重视资料的搜集和考证，把真实地记述历史事件看作历史家的职责，这是他求真意识的一个表现。同时，他的历史著作以16世纪法国的政治、宗教事件为主要内容，既有生动的叙述，又有深刻的分析。他像一个理智的医生，为法国，乃至欧洲社会把脉诊病。他要探测隐藏在混乱的激情下面的可认知的人类心理的普遍法则，这似乎是他所谓求真的另一层含义，也就是说他要寻求人类行为的心理动机。他认为，法国社会的政治、宗教冲突是一种不正常状态，是一种可治愈的病态。通过揭示历史事实能使信仰不同的冲突双方认识到有必要遵守大家一致公认的、为王权所保障的法兰西共同法律，借助上帝的恩惠，法兰西社会就会消除争斗不已的病态。"这样，好历史家的理想最终与支配着他本人的遇事要理性、要冷静的好公民的理想结合在一起了。"[1]

正是把好历史家的理想与好公民的理想结合起来，将公正的事实叙述与深刻的理论分析融为一体，使德·图这部博学的巨著取得了非凡的成功。他的影响超越了宗教分歧，无论是西班牙、葡萄牙的天主教徒，还是英国和德国的新教徒都一致向他致敬，热情地阅读和援引他的著作，就连波舒哀主教也在自己的著作毫不犹豫地引证"这样一位伟大的作者"。启蒙思想家伏尔泰也赞扬他叙事真实，文辞优雅。实际上，直到19世纪德·图都享有法国最重要的历史学家的声誉。[2] 德·图的这部

---

[1] Lucian Boia, (ed.), *Great Historians from Antiquity to 1800: an International Dictionary*, Westport: Greenwood Press, 1989, p. 159.

[2] Samuel Kinser, *The Works of Jacques-Auguste de Thou*, Hague: Martinus Nijhoff, 1966, p. 1.

《当代史》在他生前没有完整地出版过，原因是多方面的。一方面是因为他精益求精地不断修改和补充资料，另一方面是因为他所记载的内容冒犯了罗马教廷、法国天主教徒和有权势的贵族，遭到他们的激烈攻击，迫使他在 1604 年到 1607 年之间不断地修改。1620 年之后，该书的拉丁文版在德国和尼德兰多次被出版商非法翻印。到 1630 年，共有 11 个版本面世，但各版本彼此之间都有若干段落的文字不相同，没有一个版本可说是权威版本。一直到 1733 年托马斯·卡特的校对版在伦敦出版，德·图这部大书才有了相对较好的版本。1734 年，在巴黎出版的该书的法文译本，部分根据伦敦版，部分根据 17 世纪的其他版本。[①]

第四节　帕基耶的法兰西文化研究

1550 年前后，艾蒂安·帕基耶（Etienne Pasquier，1529—1615 年）致信他尊敬的法学和语文学大师居雅说："我已决定投身法国古代文化研究，所以，我把我的书叫作'研究'。此项事业需要付出巨大劳动，要阅读大量古籍。你若有相关资料，还望寄与我，我将不胜感激。"[②]这封信意味着从 16 世纪中期开始，法国学术的一个新取向，意义重大。同时这一时期法国出现的学术新变化是与法国社会政治实际密切相关的。亨利二世去世之后，法国社会混乱，正经历着深刻的宪法危机，王国的各种制度急需得到合法性的辩护。教会、王权和大学的认可似乎都不再管用，甚至这些社会的柱石都有崩溃的危险。整个社会急需寻找合法性的权威："君主制、教会等所有其他制度都必须追溯其起源，通过历史来证明其正当合法。对于这样的目的，旧编年史是无用的。社会需要一种新的历史，一种既连贯一致，又基于事实的历史，其真实可靠性

[①] Samuel Kinser, *The Works of Jacques-Auguste de Thou*, Hague: Martinus Nijhoff, 1966, pp. 2-3.

[②] Donald R. Kelley, *Foundations of Modern Historical Scholarship*, New York: Columbia University Press, 1970, p. 271.

能防止来自怀疑论者和政治鼓动家的双重进攻。"① 历史挑选了当时最伟大学者帕基耶来承担这一重任,他求助于人文主义法学大师居雅,充分说明了法学研究与历史研究二者之间的关系,当然,帕基耶的研究最终将超越居雅等人的研究范围。他的巨著《法兰西研究》前后写作了 60 年,是一部关于法国文化方方面面的专题论著,是一部百科全书式的著作。帕基耶这部书的著作形式、自我意识、批判精神与一位伟大思想家,他的好友蒙田的《随笔》非常相似。蒙田把自己的一生奉献给了对人性的探究,帕基耶同样为人类的自我认识奋斗了一生,因此,有学者把帕基耶称为"史界的蒙田"。

帕基耶的目的非常明确,就是要写一部法国民族史,一部法兰西民族的信史。它不是一部传统叙述方法的历史,而是一部博学的、有系统分析和理性解释的历史。他要通过历史研究来阐发法兰西精神,消除笼罩在人们心灵上的迷雾。他认为,"从民族记忆中剔除虚幻的东西,代之以基于可靠资料的理性解释,能够使轻信的读者转变成具有敏锐的批判能力的人。"② 他是基于第一手材料对具体问题进行详尽研究,他的榜样不是李维和保罗·埃米利奥,而是古罗马博学大师瓦罗,当代法学人文主义者居雅。他的主题是法兰西古代文化的各个方面,既包括政治、司法和金融制度,也涵盖宗教、语言和文学,以及许多被传统编年史家忽略的东西。③ 一方面,由于中古法国史的可靠资料欠缺,帕基耶发现不可能把所有事件叙述连缀成一部首尾连贯的著作;另一方面,他所研究的内容也更适合专题论著的形式。因此,他的著作以系列研究的形式出现,他将其定名为《法兰西研究》(*Recherches de la France*)。

帕基耶曾跟随许多大师研究罗马法,其中包括博杜安、霍特曼、居雅和阿尔齐亚托。1549 年,他在巴黎高等法院开始了自己的法律生涯。

---

① George Huppert, *The Idea of Perfect History*: *Historical Erudition and Historical Philosophy in Renaissance France*, Chicago: University of Illionis Press, 1970, pp. 31 – 32.

② George Huppert, *The Style of Paris*: *Renaissance Origins of the French Enlightenment*, Bloomington: Indiana University press, 1999, p. 68.

③ Ernst Breisach, *Historiography*: *Ancient*, *Medieval*, *& Modern*, Chicago: The University of Chicago Press, 1983, p. 173.

与许多法学人文主义大师不同，帕基耶最初是出于对文学的兴趣去研究历史，而不是由于法学研究的动机。像比代一样，他视野开阔，他的知识谱系可追溯到那些伟大意大利人文主义者，包括彼特拉克、瓦拉、波基奥，尤其是博里齐亚诺。他出自意大利人文主义传统，又超越了这一传统，他是法国俗语人文主义运动的积极参与者。无论在《法兰西研究》中，还是在诗歌、书信，以及其他著作中，帕基耶都表现出独立不羁的性格。比代等人对俗语的认识是有局限的，比代认为俗语只适合写作像狩猎那一类主题，而帕基耶却力图把法语应用到法学、历史学和哲学领域。系统的大学教育似乎消磨了他的文学天赋，他学识渊博，富有主见，是一个优秀的批评家、研究者，却不是一个艺术家。他能欣赏蒙田散文的机智和乡土气息，却不能写出像蒙田那样的美文。他羡慕龙沙诗歌作品的灵韵，并能从文学史的角度来评价龙沙，却不能创作出像龙沙那样的诗作。总之，他摆脱不了博学的语文学传统的影响。他的使命是像伊拉斯莫、比代和阿尔齐亚托研究古典语言那样，来研究法兰西民族语言、民族文化。他曾对皮图坦言："我的想象力随年岁增长而衰落，我开始研究法国古代文化，在这个领域，我已小有成就。"[①] 就这样，在娶妻成家后，他开始潜心研究法国社会的高卢和法兰克起源问题，并且，于1560年发表了《法兰西研究》第1卷，1565年发表了第2卷。此后，虽然他一直在从事法律工作，但从未放弃学术研究，1596年出版了《法兰西研究》的第3—6卷。1604年他退休还家，继续写作他的巨著，直到1615年去世。在他去世前，《法兰西研究》共出版了8卷。他去世后六年，即1621年，《法兰西研究》这部16世纪法国历史学的巨著，以9卷本的最终形式出版了。[②]

与帕基耶同时代，做同类研究的学者还有克洛德·富歇和皮埃尔·埃罗尔等。帕基耶与这些学者都有联系，他们的学术观点有相同之处，也有差异，彼此之间相互切磋，相互竞争，相互促进。他们都有一个宏

---

① Donald R. Kelley, *Foundations of Modern Historical Scholarship*, New York: Columbia University Press, 1970, p. 273.

② Lucian Boia, (ed.), *Great Historians from Antiquity to 1800: an International Dictionary*, Westport: Greenwood Press, 1989, p. 156.

大的理想，那就是重建法兰西民族的过去。帕基耶是这一学术群体中最耀眼的明星。他比其他学者更清晰地意识到，他们的工作的综合性质，也就是说，他们是对若干代学者的学术成果进行新的综合。他也清楚他的真正前辈不是传统编年史家和传统人文主义史家，而是语文学家和博学研究者，尤其是法学人文主义者和皇家法学家。他从语文学家那里得到了语文学的基本观点和批判方法，从法学家那里得到了重证据、重分析的职业习惯，以及法学家的民族主义诉求。这些都是塑造法国历史形象的主要因素，它们都清晰地表现在帕基耶的著作中。

帕基耶对历史的贡献首先是在语言史方面。正像瓦拉、比代等语文学家一样，语言是他研究历史的起点，他的历史最终还要回到他关于语言的观点。虽然帕基耶从不忽略有趣或有益的故事，但他关注的重心是人类创造的符号世界。他研究的对象是法兰西民族精神，而他最终是在法兰西民族语言中找到民族精神最具体的表现。他从来坚持为瓦拉所阐述的，已成为历史方法的一个组成部分的认识论前提，即语言是人类精神的表现。而且，帕基耶对语言的变化性和不稳定性有更深刻的理解。他说："人人都相信自己时代的民族语言是最完美的，但人人在这点上都弄错了。"[1] 他还承认，语言是大多数争论、误解，甚至异端思想的缘由。就像实在法一样，它似乎不是理性的产物，而是含混的、变动不居的意见的产物。这种情况令人沮丧，同时，这又是他之所以这样重视语文学的原因。他认为，人类事物的本质最充分地展现在语言中。

像他的人文主义前辈一样，帕基耶具有风格变化的观念，清楚人类文化研究的重要意义，然而，他的俗语主义取向再一次使他超越了古典学术的陈规。对他来说，风格不仅是一种趣味标准，或者是一种分析工具，而且是辨别地方和民族性格特征的方法。他说："无论就个别来说，还是一般而论，语言通常与我们的精神气质相一致。假如你研究个人，你会发现，举止粗鲁者，言谈也不会文雅；郁郁寡欢者，言谈常带哀愁。一般而论也是如此：在法国人中，你会看到谨慎的诺曼人，说话时

---

[1] Donald R. Kelley, *Foundations of Modern Historical Scholarship*, New York: Columbia University Press, 1970, p. 279.

也处处设防，而开朗的加斯科尼人，言谈则毫无遮拦。傲慢的西班牙人创造了自傲而又客套的语言；不尚奢华的德国人说着一种质朴生硬的语言；意大利人已没有了古罗马的美德，他们的语言柔弱无力。"① 简言之，帕基耶历史思想的原则是，人类文化不是一个普遍理念的产物，而是一个巴比伦塔的结果。"人类文化必定是多元的、变动不居的，只有通过对特定制度和思想观念的具体分析研究，才能加以理解。"② 虽然他以庸俗地理环境理论的术语来表述这一原则，但他确实是有具体语言经验根据的，应该说为探究文化的差异性提供了一种方法。

对于帕基耶，风格不仅是社会特征的表现，同时也是历史变化的指示器。他认为，新语汇的出现是一个自然而必要的过程，但是他对语汇的时代误置和外来语持怀疑态度。法学人文主义者勒鲁瓦认为，像所有人类事物一样，语言也要经历开始、发展和衰亡的过程。到帕基耶时代，这一理论随着人们对比较和历史语言学的兴趣的增长，而获得了新的意义。帕基耶不仅对语言在时间上的易变性，而且对语言相互混合的问题都有清晰的认识。他指出，语言有两种变化，一种是源于人类特性的，语言随时代变化而发生的变化，这是日积月累的渐进变化；另一种是当一个民族被外族征服时语言所发生的变化。在他看来，这后一种变化，即统治权的变更引起的语言变化意义非常重大。实际上，帕基耶把语言的纯洁与民族独立联系了起来。正如西方学者格尔兹指出的，语言学问题关系到民族的自我构建、自我认同，语言问题是民族问题的缩影。③

帕基耶的语言变化的观念得自人文主义语文学传统，又不囿于这一传统。他摆脱布鲁尼等人对古典语言的绝对崇拜，不认为古典拉丁语是最好的语言，不承认有独一无二的永恒标准。他指出，拉丁语有自身的

---

① Donald R. Kelley, *Foundations of Modern Historical Scholarship*, New York: Columbia University Press, 1970, pp. 279–280.

② Donald R. Kelley, "Guillaume Bude and First Historical School of Law," *American Historical Review*, Vol. 72, No. 3, (April 1967), p. 834.

③ 克利福德·格尔兹：《文化的解释》，纳日碧力戈等译，上海人民出版社1999年版，第274页。

变化过程，各时期的拉丁语并不相同，法语也是如此。语言的这样一种变化过程是不可逆的，当然，他为自己时代的法语感到自豪，认为法兰西语言在这一时期达到高峰。早在 14 世纪，法语就开始摆脱它古代的不成熟状态，到科敏纳和塞瑟尔时代，法语就非常成熟，非常纯洁了。他指出，在君主政体之下成长起来的法语没有拉丁语那样丰富，因为拉丁语要适应共和制下公开辩论的需要，但是法语充满活力，在别的方面有明显的优势。看到语言与民族的社会、政治结构的相关性，由此强调文化现象与一个民族的政治状况之间的联系，是他解释法国民族史的一大特点。[①] 总之，帕基耶对语言史的解释是他宣扬法兰西文化优越性的一种方式，是其追寻和重建法兰西民族过去的一个重要方面。

法律史是帕基耶论述的又一个重要主题。法律也像语言一样，是随时代变化的，所以罗马法中的时代误置和各种错讹对帕基耶来说显而易见。然而真正引起帕基耶兴趣的不是罗马法作为研究古代历史的资料价值，而是罗马法对当代欧洲社会的影响。他认为，由于罗马的征服，法兰西依照罗马法精神来制定自己的法律，至少在成文法领域是这样。更重要的是，通过各大学，罗马法在法兰西被本土化了。与同时代的学者一样，他也将罗马法研究分为三个时期，第一是 12 世纪上半期的罗马法注释家，包括伊尔涅里乌斯和普拉森蒂卢斯，后者把罗马法引进了法兰西。罗马法研究在法国的第一个中心是蒙彼利埃，随后是奥尔良和图鲁兹。第二是 12 世纪后半期到 15 世纪初的"法学博士"，包括阿库尔西乌斯、纪尧姆·迪朗杜、巴尔托路斯，以及意大利的罗马法学家。他们对罗马法进行了全面的注释，他们的方法为法国法学家所接受。第三就是 16 世纪兴起的法学人文学派，包括比代、阿尔齐亚托和扎修斯三位大师，以及后来的居雅、勒卡隆、埃罗尔等法学家。帕基耶自豪地声称"这一新法学的真正中心是我们法兰西"。[②]

帕基耶认为，罗马成文法对法兰西的影响是深刻的，但总的来说是

[①] Donald R. Kelley, *Foundations of Modern Historical Scholarship*, New York: Columbia University Press, 1970, p. 283.

[②] Ibid., p. 285.

有害的。最使人不安的是罗马法的专制主义倾向，他并不想否认在某种意义上君王是居于法律之上的，但他坚持没有必要采用"专制主义"这一提法。他认为罗马民法也有令人厌恶的特点，罗马法重视父家长权威和遗嘱继承优先权，而法国人则关注家庭财产的完整性；罗马人好讼，法兰西习惯法则质朴简明，罗马法的影响改变和败坏了古老的法兰西习惯法。帕基耶对罗马法的重新评价，不只是他对逝去了的质朴时代的哀叹，还成为他解释晚期中世纪法国史的基本原则。当代法国社会是如何被这一外来传统影响的呢？帕基耶没有在罗马法和教会法之间做仔细的区分，他把二者都作为对法兰西产生不利影响的因素来考察。他认为，对法兰西产生侵害的外来传统，除了罗马法外，就是教廷，尤其是亚威农教廷。亚威农教廷带来了政治专制和司法混乱两大灾祸，从它开始，法国的命运再一次地与意大利的命运联系在一起了。从亚威农产生出腐败的官吏、贪赃的法官、不必要的诉讼，以及对法兰西王权的侵蚀。

  宗教上的法国教会自主传统、政治上的民族意识使帕基耶确信，教廷迁入法国，以及大批意大利追名逐利者的涌入，改变了14世纪法国的状况。教廷势力侵入法国的象征就是耶稣会，帕基耶对其进行了猛烈抨击，其中表现出他对16世纪法国社会危机的深刻洞见，也反映了他极端反意大利的偏见。像迪穆兰一样，他认为罗马天主教派和新教改革派都同样有罪，但罗耀拉的罪过比路德更危险，是耶稣会在罗马教廷和法兰西天主教之间挑起了纷争。在帕基耶看来，意大利对法兰西有不利影响，是一幢与法兰西人格格不入的文化大厦投下的阴影。[1] 当然，考虑到他重建法兰西文化独立性的迫切心情，他这种反意大利的偏见是可以理解的，但它无助于探究法兰西文化的真正起源。

  全面确立法兰西传统的独立性是帕基耶作为历史家的使命，他清楚地知道，在法律和语言领域法兰西文化的独特品性表现得最为充分。他认为，罗马曾经生活在一个共和政体下，而法兰西人则生活在一个君主

---

[1] Donald R. Kelley, *Foundations of Modern Historical Scholarship*, New York: Columbia University Press, 1970, p. 285.

政体下，所以法兰西的制度与罗马人的制度毫无共同之处。罗马的制度对法国人没有启发，法国人不是依照罗马的法律和风俗习惯来塑造自己的。他不仅把法兰西文化的独特性看作一个历史事实，而且认为这似乎是上帝意志的表现："上帝用崇山峻岭把我们与意大利分开，他也使我们在风俗习惯、法律制度、民族性格等方面完全与意大利不同。"[1] 帕基耶的这些观点表现出历史思想中日益增长的民族意识。

他坚信，尽管在历史过程中有罗马因素的渗入，但是法兰西社会从来有它自身的传统，这一传统更有活力、更根深蒂固。即便在实行成文法地区，罗马法也只是一般法律，而不是比具体习惯更具广泛效力的法律，它是在缺乏任何习惯规范时的最后手段。在实行习惯法的地区，习俗具有非常高的权威。在那儿，社会环境得到优先考虑，因为习惯是在各地逐渐形成的，是与各地人民的性格相一致的。在某种意义上，这种观点反映了古老的地方司法权的原则，同时也阐明了法国法学家和历史家共同持有的一种法律观念，即把法律看作社会控制的一种方式。从历史观点来看，法律不是上帝的赠礼或理性的产物，而是习惯的结果。

帕基耶等人的观点不仅是基于对封建法的变异性理解，也是基于对法律和习惯的地理环境相对性的深刻认识。他指出："法律的差异应归因于处在不同地区、不同环境下的人的风俗习惯的差异。正像医生根据患者的生活环境、年龄和脾性来开药方一样，明智的立法者也要针对他所统治的人民来行动。"[2] 与帕基耶同时代的许多学者有类似的看法，埃罗尔在题献给德·图的《论法的性质》一书中，把立法者与画家相比，认为画家和立法者都是取法自然。气候和环境与理性同样重要，法的实质就是要考虑法所处的具体环境。勒鲁瓦也曾告诫人们，要从环境的不同来理解事物的差异。博丹对此更有系统的阐述。

帕基耶等人的历史思想的主要特征不是他们对某种理论或意识观念的坚持，而是他们那种勇于探究、追求博学的精神。他们认为，通过艰

---

[1] Donald R. Kelley, *Foundations of Modern Historical Scholarship*, New York: Columbia University Press, 1970, p.289.

[2] Ibid., p.290.

苦卓绝的观察和研究，就一定能理解自然和人类文化。在探究法兰西精神时，帕基耶就是这样做的。他认为，法兰西独特品性是来源于它独特的起源和历史过程。关于法兰西起源，他特别重视法兰西文化中的凯尔特因素，竭力表明古高卢人绝非"蛮族"，以恺撒的权威来对抗李维和他的一些同时代学者的观点。高卢人的成就虽然大多湮灭无闻了，但有一点可以确定，那就是他们与古希腊、罗马完全无关，他们独立地创造了优秀的文化。他认为，法兰克人的遗产是对凯尔特遗产的补充。然而，对法兰克因素的重视，并没有使他像霍特曼那样成为日耳曼起源论者。他不同意法兰克人与高卢人有亲缘关系的观点，更不认为特洛伊起源论有什么站得住脚的根据。塔西陀关于古日耳曼人的记载与法兰克人的相似性，表明了法兰克人的日耳曼起源，语源学的证据更充分证明了这一点。法兰克人对近代法兰西民族性格的主要贡献—如其名称所昭示的，就是法兰西民族的独立与自由的精神。[①]

总的来说，帕基耶并没有花太多努力去探寻所谓法兰西民族的最终起源问题，而是力图描述各族群共同创造法兰西社会的过程。[②] 摆脱关于法兰西远古起源无休止的争论和玄思，注重可考的具体历史问题的研究，这是当时学者们的共识。但真正潜心具体问题，依照一个大致的编年顺序来分析，来着手重建法兰西民族历史的学者是帕基耶。研究法国中古史的过程中，帕基耶遭遇的第一个恼人的问题就是采邑起源问题。在评述了各家观点后，部分由于看到封建制并不局限于法国，帕基耶倾向于温和的罗马起源论，认为采邑与军役有关，即起源于罗马帝国将土地授予驻守边防的士兵。但这种关系是间接的，法兰克国王授予属下封地是对罗马皇帝的效仿。但是，他对该问题的论述没有富歇透彻，富歇把法兰西的封建组织与一般意义上的封建制度区分开来，认为封建制度是一种超民族的社会制度。接下来，帕基耶又探讨了法兰西贵族制度、巴黎大学、巴黎高等法院、法国职官制度，以及三级会议的历史。他总

[①] Donald R. Kelley, *Foundations of Modern Historical Scholarship*, New York: Columbia University Press, 1970, p. 292.

[②] Ibid., p. 293.

是用大量文献资料，包括档案材料和翻译文献来论证自己的观点，而厌倦对法国各种制度的历史做无根据的推测。他的出发点依然是要证明法兰西民族的优越性和独特性，但他对档案文献利用更充分，论证更翔实，因而学术性更强。

除阐明法兰西制度的独特性外，论证法兰西教会自由也是这一时期学术的一个重要特征。《法兰西研究》第三卷就是专论这一问题的。在这一问题上，他与皮图的观点很相近。他认为法兰西教会自由有三个基本原则，其一是教皇不能在法国实施开除教籍；其二是国王有权独立处理世俗事务；其三是教皇服从于一个教会会议。[1] 帕基耶不是作为一个神学家来提出自己的理论，而是作为历史家，通过分析一系列历史问题来得出结论。他像迪蒂耶和富歇那样，追溯法国教会自由到墨洛温时代，然后，具体分析了从那时起直到他自己的时代各时期法兰西教会制度的演变。最后，他得出结论：自主的法兰西教会是在一个漫长历史过程中逐渐建立起来的。他的基本观点与迪穆兰一致，而且是基于对教会法的详尽考察。他认为，法国教会自主源远流长，非常古老。如果说某些法国教会的制度是近代的创制，那也是为了抗衡教廷的有害发明，防止教士的贪婪和欺诈。古老的法国教会传统与耶稣会、胡格诺等新兴教派完全不同，前者维护法国君主制，后者却给法国带来灾难。他分析和描述法国教会自主的历史，目的在于颂扬法兰西民族传统，促进社会、政治改革。帕基耶的历史思想是皇家法学家的观点与人文主义观点的融合。

帕基耶在对法国教会自主进行历史考察的同时，也对人文主义学术复兴进行了历史考察。他认为，法国新学术的复兴是与巴黎大学紧密相关的，同时，巴黎大学也是法国教会自主论的主要源头。他不同意大利人文主义学术复兴的传统观点，认为在法国新学术12世纪就开始复兴了，那时涌现出彼得·阿贝拉、圣伯纳德和彼得·康梅斯等学者。巴黎大学不仅是当时法国的学术中心，而且成为后来欧洲其他地区效仿的

---

[1] Donald R. Kelley, *Foundations of Modern Historical Scholarship*, New York: Columbia University Press, 1970, p. 296.

榜样。到近代，巴黎大学创办法国第一家印刷出版社，从而促进了拉丁雄辩术的复兴。16世纪，通过比代的努力，巴黎大学更成为古典学术的一个主要中心。[1]

帕基耶论述了法国文化的方方面面，目的是要把语文学家和法学家所提出的，基于对一切可得到的原始资料的细查的方法应用于法国中古史研究，以期重建和解释古代文本，最终阐明法兰西精神。[2] 他的著作是法兰西民族史观的充分展现，代表了文艺复兴时期历史学的最高水平。他没有精深的语文学研究能力、高超的历史叙述水平和深刻的哲学思想，但是他的成就是该时期各学术传统的最好综合，使法国史学走上了批判学术的道路，"是下个世纪法兰西史学大发展的先兆"。[3]

---

[1] Donald R. Kelley, *Foundations of Modern Historical Scholarship*, New York: Columbia University Press, 1970, p. 299.

[2] George Huppert, *The Style of Paris: Renaissance Origins of the French Enlightenment*, Bloomington: Indiana University press, 1999, p. 63.

[3] Denys Hay, *Annalists and Historians: Western Historiography from the Eighth to the Eighteenth Centuries*, London: Methuen & CO LTD, 1977, p. 132.

第五章 英国人文主义民族政治史写作

英国除了具有悠久的修道院编史传统外,还具有悠久的世俗编年史传统。世俗编年史不像修道院编年史那样带有强烈的宗教色彩,往往更关注地方性事务。15世纪晚期随着印刷术的引进,世俗编年史传统得到很好的发展。15世纪晚期,最早把印刷术引进到英国的印刷商威廉·卡克斯顿等人受到意大利人文主义的影响,具备对中世纪抄本和古代著作的辨别能力。他们在书籍正式出版之前,常常亲自或组织学者校对和整理抄本,并请学者将旧编年史的内容延续到更晚近的时代。例如《诸事编年》(Polychronicon)和《不列颠编年史》在得到整理和续写之后,分别于15世纪60年代和80年代印刷出版。理查德·阿诺德的《编年史》和罗伯特·法比安的《新编英格兰和法兰西编年史》则是16世纪初出版的重要世俗编年史著作。这些历史著作在英国上层读者中很有市场。

虽然意大利的人文主义在15—16世纪之交完全影响英国,但是英国历史写作的回应是滞后的。[①] 最初,英国本土作家并没有表现出对古典历史作品榜样的热情,所以当时模仿古代榜样的历史作品较为少见。较著名的仅有托马斯·莫尔(Thomas More,1478—1535年)在1513年出版的《理查三世时代的历史》。到16世纪后期,英国民族历史写作日益兴盛,产生许多杰出历史家。如果说卡姆登的《伊丽莎白一世时代的编年史》以传达政治智慧为目的,具有马基雅维利和圭查迪尼开创的分析政治史风格的特征,那么,约翰·海沃德的《爱德华六世的生平及其统治时期的历史》则是分析政治史风格的典范之作,是大陆人文主义

---

① 参阅郭小凌《西方史学史》,北京师范大学出版社1995年版,第199页以下。

新史学在英国传播,引发英国史学革命的重要表现。海沃德的著作不以用历史实例讲述道德教训为目的,而以实际政治分析,传授治国之术和政治智慧为目的。这就与他同时代的培根倡导的那类历史相一致,阅读它不是要获得道德教训的实例,而是要获取政治智慧和公共行政的智慧和实例。①

弗兰西斯·培根作为文艺复兴时代的儿子,他的历史理论在很大程度上与16世纪人文主义者关于历史艺术的论述相仿;作为欧洲近代学术的奠基人,他提出了研究自然和人的崭新方法,如强调历史知识的基础性作用,将自然史与人类史等量齐观,赋予学术史在历史知识分类体系的独立地位。同时,在倡导写作连贯的英国民族史过程中,他自己写作了一部杰出的人文主义风格的历史著作。因此,培根对西方历史学术的贡献主要表现在两个方面:一个是历史理论,另一个是具体的民族历史写作。

第一节 托马斯·莫尔的《理查三世本纪》

在英国文艺复兴早期,效仿古典榜样写作的历史著作中较著名的有托马斯·莫尔在1514年前后出版的《理查三世时代的历史》(*History of King Richard III*)。莫尔的这部历史著作渗透了人文主义精神,正如布雷萨赫所说,此书具有非常明显的人文主义特征,在著作形式和叙述风格上效仿古罗马历史家,使用优雅的拉丁语写作,很大程度上抛弃了英国流行的编年框架,强调人类动机而非上帝计划在历史进程中的作用,重视历史的垂训作用。莫尔是英国文艺复兴时期著名的人文主义者和政治活动家,同时,他也是英国效仿古代史家,最早写作人文主义风格历史著作的历史家。②

托马斯·莫尔(Thomas More,1478—1535年)1478年出生于伦敦

---

① S. L. Goldberg, "Sir Johan Hayward and 'Politic' Historian," *The Review of English Studies*, New Series, Vol. 23, No. 6, (1955), p. 234.

② Ernst Breisach, *Historiography: Ancient, Medieval, and Modern*, Chicago: The University of Chicago Press, 1983, p. 165.

一个律师家庭,父亲约翰·莫尔是一位成功的律师,担任过皇家高等法院的法官。莫尔幼年曾在当时伦敦的名校圣安东尼学校学习拉丁文。1490年至1492年,他为坎特伯雷大主教约翰·莫顿做家庭侍从。莫顿是英国著名政治家,做过大法官,学识渊博,热心于人文主义学术。他相信莫尔是一个有前途的青年,对莫尔有非常良好的影响。1492年,莫尔进入牛津大学,接受古典教育。通过两年的艰苦学习,他熟练掌握了拉丁语和希腊语。后来由于他父亲坚持要他学法律而离开了牛津大学,转入一家法律预备学校学习。1496年,他进入林肯律师学院学习,直到1502年毕业,正式取得律师资格。此后,莫尔投身政治,以国会议员身份活跃于政坛。他反对亨利七世的重税主义政策,维护纳税人的利益。他的政治主张触怒了国王,以至于他的性命都受到威胁。1509年,亨利八世继位后,他又重新参与政治活动,并在1515年出使弗兰德尔。之后,他成为英王亨利八世的重要顾问,1529年至1532年担任英国大法官。在宗教上,他反对新教改革,尤其是马丁·路德和威廉·廷代尔的神学观点。在学术上,他投身人文主义学术研究,把罗马时期的希腊作家琉善的对话作品译成拉丁文,著有《理查三世时代的历史》和《乌托邦》(*Utopia*)等重要著作,并与欧洲大陆的人文主义者,如伊拉斯莫等人有密切交往。后来,他因为反对英王亨利八世断绝与罗马天主教会的关系,拒绝承认英王为英国教会首脑,被英王逮捕入狱,于1535年7月以叛国罪处死。

莫尔以写作《乌托邦》而名垂史册,他这本小书写于1506年前后,首先在鲁汶出版,随后在巴黎、巴塞尔、佛罗伦萨等地出版。后来,这部拉丁语著作被译成欧洲各国语言流传甚广,为近代所有有关理想国家的著述开了先河。《乌托邦》这部风格优雅的小册子既是一部批判英国君主专制和英国社会经济制度的檄文,也是模仿柏拉图的《理想国》,显示作者深厚人文素养的作品。莫尔从道德高度出发来描述英国现实政治状况,试图为英国社会走出困境提出某种补救办法,以缓解其弊端。莫尔不仅描述了英国的国家制度,而且对君主专制持怀疑态度。面对社会的分裂,莫尔设想了一个不存在私有制、不以金钱衡量一切事物的理想社会。"这是一个渴望完美、渴望世界大同、关注着自己的国家和自己的时代的人有条不紊的深思熟虑的,而且往往是带来内心痛苦的探索。"① 我们还应该看到,这种反专制、反暴政的观点是莫尔一贯的思想,在1513年前后,他又通过效仿古代作家,写作《理查三世时代的历史》一书,对专制暴君进行了生动形象的描写,对专制暴政给予猛烈抨击。《理查三世本纪》是英国第一部人文主义史学著作,在英国近代史学史上占有独特的位置。

理查三世属于约克家族成员,英格兰金雀花王朝,即约克王朝最后一位国王,1483年至1485年在位。1485年,亨利·都铎起兵,8月22日与理查三世战于博斯沃思,理查三世战死,由此结束了持续30年的红白玫瑰战争。托马斯·莫尔的《理查三世本纪》说是这位英国国王的传记,实际上涵盖的时间非常短。如果不算追述和前传,它包括从1483年4月9日爱德华四世去世到6月26日继位,以及7月的加冕礼,前后不过两个多月时间。从该书1557年英文本出版以来,围绕莫尔的作者身份、资料来源、写作时间等问题争论不休。一般说来,多数现代学者认为该书是莫尔所作,但大部分资料得自坎特伯雷大主教约翰·莫顿。关于写作时间,莫尔的侄儿威廉·拉斯特尔声称是1513年前后写作的,那时候他正担任伦敦代理郡长,② 而多数学者更倾向于该书写作于1514年至1518年之间。莫尔这部书虽然写得很早,但一直到他死后出版时也是一个未完成本。莫尔这部书有拉丁文和英文两个版本,英文本由其侄儿拉斯特尔编辑出版于1557年,8年后,即1565年该书拉丁文本才出版。

长期以来西方学术界对两个文本的关系一直众说纷纭,难有定论。③ 莫尔为什么要写两个文本?他为什么突然中断写作,致使该书未能完成?他为什么不出版它们,而又允许它们以抄本形式流传?这些问

---

① 萨尔沃·马斯泰罗内:《欧洲政治思想史》,黄华光译,社会科学文献出版社1998年版,第41页。
② Elizabeth Story Donno, "Thomas More and Richard Ⅲ," *Renaissance Quarterly*, Vol. 35, No. 3, (1982), p. 402.
③ 关于《理查三世本纪》的两个文本的关系,参阅 McCutcheon, Elizabeth. *Differing Designs, Differing Rhetorics*: *Why Two Versions of Mores' Richard III* ? http://thomasmorestudies.org/study.html, (consulted Jan. 9, 2014)。

题一直困扰着研究莫尔的学者。虽然该书的英文和拉丁文本在主题、风格，以及虚构演讲词等古典修辞手法的运用等方面非常一致，但拉丁文本并不是英文文本的简单翻译。莫尔精通这两种语言，他用两种语言分别写同一个题材有其明显意图。首先，用两种语言写作该书这一事实反映了他对这一题材以及利用这一题材来分析阐述的问题的重视。其次，莫尔是一个眼界宽广的学者，与欧洲大陆学界有密切联系，他不仅要对英国读者说话，而且要对整个欧洲的学者说话。他用英语写作针对的读者大众包括英国的法学家、公职人员、教士和贵族，同时还包括那些对本国历史和政治感兴趣的中等阶层。拉丁文本针对的读者不仅是懂拉丁语的英国人，更重要的是欧洲大陆的人文主义学者。最后，虽然莫尔以古罗马作家为榜样写作该书，但其英文本更口语化，叙述也更接近英国传统编年史。这种松散的叙述有利于他模糊焦点，掩盖自己的观点，减少政治上的风险。而拉丁文本则严格遵循古典历史著作传统，叙述更为紧凑连贯，文辞也更典雅，对英国的地名和习惯有更多解释，围绕理查三世的篡位、登基展开的故事具有明显的政治和道德暗示。总之，莫尔是利用理查三世的政治生涯这一题材来探究当时英国乃至欧洲各国所面临的一个严肃的政治问题，即政治专制与法治的矛盾。他用拉丁文构建一个精致、具有古典风格的叙事文本，面对全欧有更高文化素养、懂拉丁语的读者。与此相对应，他用英文面对熟悉英国政治和历史，对按时间顺序编年叙述的方法更感兴趣的广大本国读者。另外，当时英国日益强化的君主专制也使莫尔书中对法治和民意的强调显得不合时宜，并且非常危险。这可能就是莫尔最终没有完成该书，生前也没有印刷出版该书的原因之一。

从风格上看，《理查三世本纪》具有鲜明的人文主义历史著作的特征。首先，莫尔以古罗马作家萨鲁斯特为榜样，用优雅匀称的笔调写作，围绕理查三世登上王位的过程构建了一个完整的叙事。其次，他特别重视修辞，在人物性格和戏剧性事件的描绘上表现出高超的艺术技巧，如以理查三世肉体上的丑陋来衬托其道德上的卑下。再次，他像人文主义史家一样，在书中使用了大量虚构的对话和演讲词来对展现人物性格，分析影响事件的心理因素。最后，重视历史著作的道德垂训作用也是这部著作的一个人文主义特征。它写作于《乌托邦》之后,似乎是要提供一个与莫尔的理想相对立的典型,间接地表达作者关于现实政治和伦理道德的见解。他的叙事风格效仿萨鲁斯特,而对专制制度的描述和抨击则更多地得自塔西陀。[1] 莫尔笔下的理查三世的形象成为英国历史文献中专制暴君的典型,以至于莎士比亚在写作其历史剧《理查三世》时全盘接受了他的描述。

总之,根据人文主义历史写作标准来判断,莫尔的这部著作应该算是一部人文主义历史著作,其英文版更是第一部英文人文主义历史著作的范例,它不是罗列事实,而是精心设计,认真构建的一个整体。莫尔作为英国文艺复兴时期一位杰出的代表,写出了一部优秀的英文历史著作,"是第一部用近代英文散文写的有文学价值的历史著作。"[2] 作为英国文艺复兴时期人文主义民族政治史的开山之作,在史学史上有独特的地位。当然,在史料选择和考证方面,莫尔确实与布鲁尼等人有距离,与比昂多相去甚远。

第二节 海沃德的政治策略史著作

约翰·海沃德(Johan Hayward,1564—1627 年)是英国文艺复兴时期著名的历史家、法学家和政治理论家。他大约 1564 年出生于英国萨福克郡,其父母并非来自当地名门,所以对其家世史载甚少。他能进入英国社会上层完全依靠自己天赋的聪明、完善的教育,以及后来在职业上的出色表现。他早年在家乡的费利克斯托教区学校学习,后进入剑桥大学彭布罗克学院深造,1581 年取得学士学位,1584 年获得硕士学位,1591 年获得法学博士学位。在完成大学学业后,海沃德娶埃塞克斯郡的乡绅安德鲁·帕斯卡尔的女儿为妻。完善的法学教育使他有资格进入法律界,供事于教会法庭和海事法庭,开始他的职业生涯,很快成

---

[1] 关于莫尔论专制,参阅 George M. Logan, *Thomas More on Tyranny*, http://thomasmore-studies.org/study.html, (consulted Jan. 9, 2014)。

[2] 汤普森:《历史著作史》(上卷),谢德风译,商务印书馆 1988 年版,第 859 页。

为一位著名的法官。

在他的律师事业蒸蒸日上的同时,他在宗教、政治和历史方面也不断有著作问世。然而,与律师职业不同,与政治相关的著述既给他带来名誉,也给他带来了牢狱之灾。1599 年,他发表了《亨利四世的生平及其统治时期的历史第一部》(*The First Part of the Life and Raigne of King Henrie* Ⅳ),叙述亨利四世的继位和理查二世的废黜。作为埃塞克斯伯爵的顾问,他的写作目的非常明确,就是要伯爵以史为鉴,提高自己的政治能力,所以他将该书题献给埃塞克斯伯爵二世。女王伊丽莎白一世及其亲信不喜欢这部书的语调和他的献词,于是叫枢密院审查该书,试图证明海沃德参与了埃塞克斯伯爵的密谋,写作历史是在为伯爵做宣传。虽然有培根为他辩护,说书中许多内容都是出自古罗马作家塔西陀,但他还是被投入监狱,直到女王去世后才获释。[①] 1603 年,詹姆斯一世成为英国国王,海沃德立即著文邀宠。1609 年,为组织人员投入与天主教的宗教论战,詹姆斯一世建立了切尔西学院。1610 年,海沃德与卡姆登一道被任命为切尔西学院的历史家。1613 年,应王子亨利之邀,他发表了《英国三位诺曼国王传》(*The Lives of the III Normans, Kings of England*)。1616 年,他曾试图到牛津大学执教,同年 8 月,他成为伦敦民事律师公会的律师。1619 年,作为国王的资深法官,他被国王詹姆斯一世授封为骑士,并成为国王派往坎特伯雷的特派专员。从 1616 年直到 1627 年去世,他一直担任大法官法庭的助理法官。[②]

海沃德著述甚多,涉及宗教、政治和历史多个方面,其中以历史著作影响最大,他也以历史家扬名后世。他一生中写了四部历史著作,其中只有两部是身前发表的。《亨利四世的生平及其统治时期的历史第一部》和《英国三位诺曼国王传》先后出版于 1599 年和 1613 年。《爱德华六世的生平及其统治时期的历史》(*The Life and Raigne of King Edward*

[①] Alzada J. Tipton, "Lively Pattern... For Affayres of State: Sir Johan Hayward's the Life and Reigne of King Henrie IIII and Earl of Essex," *The Sixteenth Century Journal*, Vol. 33, No. 3, (2002), pp. 769 – 794.

[②] S. L. Goldberg, Sir Johan Hayward and "Politic" Historian, *The Review of English Studies*, New Series, Vol. 23, No. 6, (Jul. 1955), p. 236.

the Sixth）初版于 1630 年，即他去世后 3 年。《伊丽莎白女王统治时期头四年的编年史》（Annals of the First Four Years of the Reign of Queen Elizabeth）直到 1840 年才出版。1991 年，约翰·J. 曼宁根据福尔杰莎士比亚图书馆的抄本，整理出版了《亨利四世的生平及其统治时期的历史第二部》，并对第一部进行了学术校勘。与同时代写作大部头著作的编年史家约翰·斯托等不同，海沃德的著作部头不大，涵盖的时间不长，并且都是夹叙夹议。《爱德华六世的生平及其统治时期的历史》的初版只有 180 页，就是《英国三位诺曼国王传》也只有 314 页。[1]

现代西方学者戈德堡称海沃德为政治策略史家（politic historian），他写作历史的方法不同于布鲁尼等传统人文主义史家，伦理道德垂训不是他的目的，对历史进行分析解释，传授治国之术才是他的目的。因此，他的历史是政治策略史，其属于意大利人文主义者马基雅维利和圭查迪尼开创的分析政治史传统。[2] 古希腊史家修昔底德的著作，尤其是古罗马作家塔西陀的历史著作是这一传统的古典源流。这一流派的史家行文简洁，好用警句，强调对历史上用以达成政治目的的方法进行分析。海沃德在这一传统中独树一帜，由于既是历史家又是法学家，所以他能够把政治策略史与他的法学知识结合起来，从而不仅对历史学术本身有贡献，而且还对法学史做出重要贡献。例如，他不承认普通法的遥远起源，认为诺曼征服改变了英国法律，引入了新的法学语言。而且，他对人文主义新史学的追随和认同，并没有妨碍他承认天意在人类事务中的重要作用。国王詹姆斯一世建立切尔西学院的目的就是要使其成为维护英国教会，对抗罗马天主教廷的精神堡垒，所以作为该学院的历史家，海沃德不可能置身于政治、宗教争论之外。另外，海沃德本人也从来没有打算做一个单纯的学者，他是出色的律师、政治事务的积极参与者、英国国教的坚决捍卫者。因此，更少学者的超然态度、更少好古情

---

[1] 参阅海沃德《爱德华六世的生平及其统治时期的历史》的序言，见 Johan Hayward, The Life and Raigne of King Edward the Sixth, edited by Barrett L. Beer; foreword by Lacey Baldwin Smith, Kent: The Kent State University Press, 1993, p. 6。

[2] See S. L. Goldberg, "Sir Johan Hayward and 'Politic' Historian," The Review of English Studies, New Series, Vol. 23, No. 6, (1955), pp. 233-244.

怀、更重现实的需要成为他的历史著作的显著特征。

1599年，他的第一部历史著作《亨利四世的生平及其统治时期的历史》出版后，同时代人似乎并没有意识到他为英国读者公众引进了一种全新的政治史写作方法，而是为他的人物描写和分析性叙事风格所吸引，在三周之内销售了五六百本。十年之后，他出版了第二部历史著作《英国三位诺曼国王传》。这时的海沃德深受国王宠信，又有威尔士王子亨利的保护，前途一片光明。1612年8月，亨利王子的突然去世，无疑对他是一个重大打击，断了他在政界升迁的念想。这本著作出版时，他将其题献给查尔斯王子，但他从来没有进入过这位未来国王的核心圈子，生前也再没有发表过任何历史著作。在诺曼国王传中，他深刻分析了这些国王的行事方式，以及他们的性格特征。例如，他认为，国王哈罗德野心勃勃，缺乏理智，性格浮躁，是一个难以相处而又非常固执的人。写到征服者威廉，他不同意那些诺曼作家赞扬威廉宽厚仁慈，他尖锐地指出，威廉对被打败的盎格鲁—撒克逊人实施非常严酷的法律。

与亨利四世的生平和诺曼国王传不同，他的《伊丽莎白女王统治时期头四年的编年史》是一部未完成的作品，仅仅叙述了1558年至1562年之间短短四年的历史。这部著作是他历史著作中唯一一部编年史，其余三部实际上都采用的是传记体。他从玛丽女王去世时开始写，叙述了伊丽莎白的登基，以及随后解决宗教纷争、稳定国内局势的过程。第二年的编年史聚焦叙述苏格兰事务，第三年的叙事比较杂乱，但也有叙事中心，如伊丽莎白女王与苏格兰的玛丽女王的关系。第四年，即编年史的最后一部分主要讲述的是英法之间的关系。全书充满着对伊丽莎白女王的颂扬，没有因遭受牢狱之灾而产生的怨恨之气。海沃德一直对写作当代史情有独钟，但他却没有完成这部当代史著作。而且，从形式上看，这部书是严格按照编年顺序来叙事的，非常接近于传统的英国编年史，但实际上它是分析性的，每一卷都围绕一个中心问题来展开叙述，各卷之间的过渡也非常自然。不同于他的前两部著作，这部编年史不是围绕君王的生平事迹和性格特征来描述，而是具体叙述伊丽莎白时代的重大事件。现代学者戈德堡指出，海沃德似乎并不认为伊丽莎白女王是政策的制定者，而是把她描述为前朝制定的政策的坚定执行者。这就解释了他为什么要抛弃传记体裁，改用编年史体裁来写当代史，因为侧重描写人物生平和性格特征的传记体裁不适宜用来描述伊丽莎白时代的重大事件，分析女王所遭遇到的种种政治和宗教问题。① 因此，这部编年史体裁的著作与他前两部著作一样，依然是分析政治史风格。

最能体现海沃德的治史风格，也最为后世学者重视的历史著作是他的《爱德华六世的生平及其统治时期的历史》。这部书正式出版于1630年，即作者去世后三年。至于它的写作目的和写作时间，以及选择爱德华六世作为传主的原因，现代研究者众说纷纭，莫衷一是。在西方史学史上，历史传记体裁源远流长，为君王作传之所以吸引历代史家主要有三个原因：其一，君王拥有政治上的最高权力，他们的善恶行为影响深远广大，他们的言行更有教育意义；其二，他们的生活更丰富、更富于戏剧性，他们比常人更容易受到腐败的诱惑，因而他们的传记就更吸引人；其三，王位的争夺永远是历史家热衷的好题材。另外，文艺复兴时期的历史家特别重视天意在历史中，尤其是在人物行为中的作用，所以通过对历史事件和人物行为的因果分析和类比，人们可以得到道德和政治教训。因此，海沃德及其同时代的历史家都喜欢选择那些有当代影响的历史人物作为传记作品的传主。当然，写作君王传记也必然要遭遇如何处理好君王生平事迹的叙述与其统治时期的历史事件叙述之间关系的两难困境。海沃德选择爱德华六世作为传主，这注定他不可能处理好这二者的关系，因为国王爱德华六世的一生只有短暂的 16 年（1537—1553 年），10 岁继位，做了六年多国王，其生平事迹和政治统治都没什么东西值得叙述。虽然海沃德声称，他写作爱德华六世传是要纪念这位英国国王，使他享有不朽的声誉，但他的重点是叙述其统治时期的宫廷政治、外交政策和军事事务。因此，这部著作形式上是标准传记，实际上并不是一部传记，而是爱德华六世统治时期的政治史。

海沃德明白研究像爱德华六世这样一位不仅具有世俗政治权力，而

---

① S. L. Goldberg, "Sir Johan Hayward and 'Politic' Historian," *The Review of English Studies*, *New Series*, Vol. 23, No. 6, (1955), p. 240.

且具有宗教神圣权威的幼小君王的统治，关键不在于叙述君王本身的事迹，而在于探究君王周围重臣们的所作所为。所以，全书有两个主题，一个是国王统一苏格兰的企图，以及对苏格兰战争的失败，另一个是萨默塞特公爵爱德华·西摩与沃里克伯爵约翰·达德利（即后来的诺森伯兰公爵）之间的权力斗争，后一个主题是他叙事的重心。他所理解的政治史其实就是政治显要之间的互动，从而把爱德华六世统治时期的历史简化为两个主要政治人物之间的斗争，将其他人物和事件一概置于历史舞台的边缘。他认为，贵族之间的惨烈争斗削弱了这个需要强有力领导的国家。他把摄政萨默塞特公爵描绘成一个悲剧人物，认为他缺乏智慧，优柔寡断，他的失败不仅是由于自己的性格缺陷，而且是他谄媚大众，屈从于自己邪恶的妻子的结果。他对公爵夫人的厌恶，甚至使他迁怒于所有妇女，他写道："呵，妻子是世间最甜蜜的毒药，最诱人的祸水！"[1] 他笔下的沃里克伯爵则是一个彻头彻尾的伪君子，为达到自己野心勃勃的目的不择手段。

海沃德的《爱德华六世的生平及其统治时期的历史》在史料处理和使用上非常有特色。在叙述1549年暴乱以及英国与苏格兰的关系等历史事件时，他主要使用的是印刷本资料，即前人编纂的历史著作，包括霍林斯赫德、帕滕、尼古拉斯·桑德斯、约翰·斯托和约翰·胡克等人的历史著作。他把这些历史家的著作作为资料来使用，抛弃他们的编年框架，创作自己全新的叙事，独立分析事件，提出自己的判断和解释，从而使自己的著作截然不同于前辈的著作。在叙述他的中心主题，即爱德华六世及其周围亲信大臣的宫廷斗争时，他主要依靠的是第一手档案资料。在全书开篇，他就明确指出，爱德华六世的日记是他的主要资料，"这些国王爱德华亲手写的记录是由有英国古物宝库之称的罗伯特·柯顿爵士提供给我使用的。"[2] 由于与罗伯特·柯顿过从甚密，他不仅有机会阅读国王的日记，而且还包括国王关于枢密院改革的文件、

---

[1] Johan Hayward, *The Life and Raigne of King Edward the Sixth*, edited by Barrett L. Beer; foreword by Lacey Baldwin Smith, Kent: The Kent State University Press, 1993, p. 19.

[2] Ibid., p. 16.

在英国建立与安特卫普竞争的贸易中心的讨论纪要、1550 年英法谈判的外交书信，以及萨默塞特公爵的审判记录。他在使用这些档案资料时并非将其视为神圣之物，而是诉诸理性，对其进行考证与批判，有选择地利用原始资料。[1] 例如，他完全抛弃了国王日记中对萨默塞特公爵和诺森伯兰公爵的评价。在使用国王对萨默塞特公爵审判的记载时，他对审判提出了自己的法律解释。他是第一位使用日记等原始资料来写作历史著作的历史家，所以他的著作超越了前人关于爱德华六世统治时期历史的著作。当然，他热衷于使用原始资料来校正前人的错误对其叙事的连贯性和整体性有影响，但同时也表明他意识到了原始资料的价值和重要性。虽然他没有像现代史家那样把原始资料与自己的观点区分开来，还像其他人文主义史家一样，使用虚构演讲词的文学手法，偶尔也会出现细节和年代上的错误，但是他对原始档案资料的重视和使用是他这部著作的一大特色。

作为分析政治史家，他的著作从来重视人物的心理分析和事件的因果分析，试图为读者提供政治洞见。他坚持西塞罗为历史写作定下的真实与雄辩的法则，同时他也像塔西陀那样，认为历史不仅能为人们提供政治和道德的规诫，而且能提供可效仿的生动榜样。历史是经验的积累，规诫法则关乎普遍经验，而榜样实例则是国家和统治者的具体经验。通过研究历史我们可以得到关于人的心理的法则和关于事件的社会政治的法则，这些法则把过去与现在联系在一起。[2] 在爱德华六世的生平这部著作中，大量原始资料的使用为他提供了新的可能，丰富了他的历史写作方法，他的历史著作不仅能为读者提供政治智慧，而且能提供更具体的榜样和案例，因而对读者更有借鉴意义。例如，他利用档案资料来描述关于在英国建立贸易中心的讨论，从而展现了政府的议事决策过程。对于像海沃德这样的政治策略史家，研究历史就是对现实政治进行分析，考察政治行为的得失，展现政治决策的过程，探究政治行为的

---

[1] S. L. Goldberg, "Sir Johan Hayward and 'Politic' Historian,", *The Review of English Studies*, *New Series*, Vol. 23, No. 6, (1955), p. 241.

[2] Shumway Smith, Milton, "Hayward's Historiography in The Tacitean Tradition," *Mississippi Quarterly*, 1960, Vol. 14, No. 1, (1960), p. 48.

动机和环境。他写的爱德华六世生平最能体现政治策略史的特征，其讲究修辞，行文简洁，篇幅不长，密切联系现实政治，涉及的主题多样，包括个人悲剧、政治阴谋、外交事务、军事战争、国内暴动和经济发展等方面的内容。

虽然这本书中的政治理论大多来自罗马作家塔西陀和意大利学者马基雅维利等人，它也不像培根的亨利七世本纪那样可以依靠作者著名哲学家的地位来提高声誉，但是它作为历史著作从来受到史学界的重视。这是因为《爱德华六世的生平及其统治时期的历史》是最早的一部爱德华六世的传记，而且是主要依据原始资料写成的一部传记，直到20世纪无人超越。另外，它是英国文艺复兴时期民族政治史的典范，其成就可与托马斯·莫尔、弗兰西斯·培根的历史著作相媲美。

第三节　培根的历史理论及其民族史写作

弗兰西斯·培根（Francis Bacon，1561—1626年）在自然哲学和科学方法领域是西欧从传统社会迈向近代这一转型时期的巨人。他的学术贡献是多方面的，他论述法律、国家和宗教；评述当代政治；思考社会和伦理问题，对近代哲学思想和科学方法有杰出贡献。同时，他还是英国文艺复兴时期的著名历史家。培根有宏大的学术抱负，曾计划分六个部分来写一部巨著《伟大的复兴》（Instauratio Magna）：在第一部分分析人类知识现状；第二部分阐述一种新的科学方法；第三部分汇集实验和研究数据；第四部分解释他的新科学工作方法；第五部分提出一些暂定的结论；最后一部分综述用他的新方法所获得的知识。《学术的进展》（Advancement of Learning，1605年）和《新工具》（Novum Organum，1620年）就是他这一宏大计划的头两个部分。培根最终没有完成他的宏大计划，但我们可以看到他复兴科学计划主要围绕两个中心主题，一个是对自然的认识，另一个是对人自身的认识。他认为自然科学应该以自然史为基础，而人的科学则应该以人类历史为基础。因此，作为文艺复兴时代的儿子，培根重视对既存知识的整理；作为欧洲近代学术的奠基人，他提出了研究自然和人的崭新方法，并且对英国民族历史的理论与实践有贡献。

在《学术的进展》一书中，培根根据人类的三种理解能力对人类知识进行了分类："人类的理解能力是人类知识的处所，人类知识的各部分对应于人类的三种理解能力：历史与记忆相关，诗歌与想象相关，哲学与理智相关。"① 根据他的哲学观点，人类知识来自感觉经验，作为人类知识的重要组成部分的历史也不例外，历史就是经验，他说："我认为历史和经验是同一回事，就像哲学和科学是同一回事一样。"② 他把历史纳入人类知识体系，这充分说明他对历史知识的重视。然而，他说"历史与记忆相关"是否意味着历史仅仅是记忆的产物，人们只能根据事实的准确性来评判历史著作呢？另外，人类这三种理解能力之间是何种关系，作为记忆产物的历史的地位是否低于诗歌或哲学呢？实际上，从1605年出版《学术的进展》到1623年发表其拉丁文修订版《论学术进步》(De Augmentis Scientiarum)，培根对人类认识过程的理解有一个不断深化的过程。他最初确实把历史界定为感觉印象的复述，仅仅是记忆的产物。它与诗歌的区别在于它是真实的而不是虚构的；与哲学的区别在于它是由未经分析的感觉组成，而不是由普遍概念组成。可是，他对这种解释中表现出来的过分机械、过分简单化的官能心理学倾向从一开始就不满意。他指出："在所有关于身心对应联系的知识中，最需要研究的是心智的几种能力由身体的哪些器官承担和负责。这方面的知识有人尝试，也有相关的争论，值得更深入的研究。"③ 到1623年，他接受了意大利哲学家贝尔纳迪诺·特勒肖（Bernardino Telesio, 1509—1588年）的观点，把人类的三种理解能力联系起来考虑，认为它们共同构成了人类的思想能力（Thinking Faculty）。④ 这样，历史就不是简单对应于人类某一种理解能力，只是记忆的产物了，历史家也不仅

---

① Francis Bacon, *The Advancement of Learning*, London: Macmillan and CO, 1869, p. 85.
② B. H. G. Wormald, *Francis Bacon: History, Politics and Science, 1561 – 1626*, Cambridge: Cambridge University Press, 1993, p. 28.
③ Francis Bacon, *The Advancement of Learning*, London: Macmillan and CO, 1869, p. 105.
④ Leonard F. Dean, "Sir Francis Bacon's Theory of Civil History-Writing," *A Journal of English Literary History*, Vol. 8, No. 3, (Sep., 1941), p. 163.

仅是事件的记录者。历史家的著作与自然哲学家的著作都是人的思想的产物，而不只是人的某种理解能力的产物。

在根据人类的理解力来对人类知识进行分类的同时，他又根据人类知识的来源将知识分为来自神的启示的神学和来自自然之光的哲学，哲学包括自然哲学和人的哲学。① 由此可以看到，培根不是要把历史置于诗歌和哲学之下，而是要把自然哲学与人的哲学等量齐观，破除这两种知识分野的壁垒。他相信只有让自然哲学与历史等各门学科相互影响，相互交融，才能克服道德和政治哲学缺乏深度的弊端。因此，在培根的哲学体系中，历史占据了极为重要的地位。历史又可分为自然史（natural history）、政治史（civil history）、宗教史（ecclesiastical or religious history）、学术史（literary history）。② 培根关于历史的分类没什么新意，基本上是根据研究主题的不同来划分的。这种分类方法严格说来是非常传统的，欧洲16—17世纪的许多历史理论著作都这样分类。如前所述，法国思想家让·博丹在其历史理论著作《易于理解历史的方法》的开篇就是这样来对历史进行定义和分类的。然而，培根在通常三种历史之外，加上学术史这一类别，尤其是他对学术的论述展现出卓越的创新精神，试图开创一种全新的人类知识史。

在他看来，教会史、学术史和政治史这三种历史中，学术史是最能显示人的精神和生命的部分，但它是最欠缺的，迄今为止没有一部真正的学术史出版，所以他的时代的世界历史就像波吕斐摩斯的雕像，是没有眼睛的。③ 他的人类历史分类理论明显有突破自古以来把历史等同于政治史的狭隘观点，扩大历史家的视野的企图。16世纪的英国学者已经意识到传统历史定义过于狭隘，不包括人类过去的非政治事务，而且他们积极尝试新的著作形式，以便更好地思考影响当时英国社会包括教会传统、语言文化、民俗习惯和法律制度等方面的各种问题。"然而，他们似乎并没有意识到他们实际上正在扩大传统历史定义的范围。"④ 因此，培根的历史分类理论把学术史正式纳入历史知识范围，视作与政

---

① Francis Bacon, *The Advancement of Learning*, London: Macmillan and CO, 1869, p. 83.
② Ibid., p. 68.
③ Ibid., p. 69.
④ B. Ferguson, "The Non-political past in Bacon's Theory of History," *Journal of British Studies*, Vol. 14, No. 1, (Nov. 1974), p. 5.

治史对等的类别，这在西方史学史上是前所未有的。

当然，这并不意味着他对历史作为一个独立学科的性质有清晰的认识。从写作《学术的进展》到出版该书的拉丁文修订版《论学术进步》，培根一直在探索更好的分类方法。在《学术的进展》中，他认为历史可分为自然史、政治史、教会史和学术史，而在《论学术进步》中，他又把历史分为自然史和人类史两个大类，接着再把人类史分为政治史、教会史和学术史。① 他似乎意识到政治史、教会史和学术史共同构成了整体的人类历史，不过他的学术史的定义非常模糊。在他的行文中，"学术"似乎是指人文学科（liberal arts），而不包括所谓机械技艺（mechanical arts），因为他将包括发明、实验，甚至绘画、雕刻和音乐在内的后者划入自然史的范围。② 据此而论，培根的人类史虽然没有囊括全部人类的行为和思想，但是他毕竟认识到了思想学术史的价值，并且明确提出了学术史写作的具体方案：真正的学术史应该从古代开始写，追溯学术及其各流派的起源，记述它们的产生和传统、它们的治学机构和管理方法；还要记述它们的兴衰存亡、褒贬毁誉、传承流布，并分析其原因，确定其地点。除此之外，学术史应把全世界各时代所有其他与知识学术相关的事件载入史册。培根的学术史远远超越了传统人文主义者的文献研究的概念，他把各时代的文献看作思想和智慧的载体，研究它们是要考察各时代思想学术的观点、风格和方法，由此洞悉各个时代的学术精神。写作这样的学术史不是为了满足热爱学术者的好奇心，而是为了一个更严肃、更重要的目的，那就是要使学者在运用学术和管理学术时更睿智。③因此，他的学术史目的是要通过梳理学术发展历史来为学术重新定向，这是他改造学术、促进学术复兴的宏大计划的基础。

---

① George H. Nadel, "History as Psychology in Francis Bacon's Theory of History," *History and Theory*, Vol. 5, No. 3, (1966), p. 277.

② 关于培根将各门艺术史归入自然史，参阅 Francis Bacon, *Preparative toward a Natural and Experimental History*, https：//eBooks. adelaide. edu. au/b/bacon/francis/preparative/, last up-dated Wednesday, Dec. 17, 2014 at 10：43, 2018 年 1 月 10 日。

③ Francis Bacon, *The Advancement of Learning*, London：Macmillan and CO, 1869, p. 69.

在《学术的进展》以及后来修订出版的拉丁文版《论学术进步》中，培根虽然表现出突破传统历史定义的倾向，但这并没有妨碍他对政治史的偏爱。他明确指出，政治史"在人类著作中的权威和尊严是卓越的，因为它忠实地记载了我们祖先的事例、事物的兴衰变迁、政治策略的基础和历史人物的名字和声誉。"① 他首先把政治史按完成的程度分成三种，即纪事杂录（memorial）、完美历史（perfect history）和古物逸史（antiquities）。纪事杂录是准备性历史，包括单纯记录事件和行为的回忆录和记录各种行为的档案。古物逸史则是磨损了的历史，是偶然逃过岁月侵蚀的历史的残余。② 在三种政治史中，培根非常重视完备公正的历史，即所谓完美历史。他认为，根据记录或声称记录的对象的不同，完美历史又可分为三种，即记录时间的编年史（chronicles）、记录人物生平的传记（lives）和记录事件的纪事（narrations）。三种完美历史各有所长，编年史最为完备、最为精致。③ 他特别指出，他所谓编年史是指政治史，在人类整个历史长河中希腊、罗马是上帝选定的世界各国在军事、学术、道德、政体、法律等方面的榜样。"这两个国家于是被置于时间序列的中部，比它们古老的历史有一个共同的名称，叫古代史（antiquities），它们之后的历史可以被称为近代史（modern history）。④ 在此，培根实际上接受了传统人文主义者对历史的分期，认为中世纪"黑暗时代"把他自己的时代与古代榜样分隔开来了。他称自己所处的为当代（these times），认为近代以来的历史著作大部分水平低劣，只有少数值得一观。因此，他向英国国王建议，倡导写作英国历史，特别是英国当代历史："既然大不列颠岛从今以后联合成了一个君主国，因此它过去时代的历史也应该作为一个整体来叙述……如果写作一部完整的英国史工程太浩大而难以完成，那么，可以选择英国历史中一段不长的时代作为叙述对象，比如从红白玫瑰两个家族的联合到英格

---

① Markku Peltonen, (ed.), *The Cambridge Companion to Bacon*, Cambridge: Cambridge University Press, 1996, p. 232.
② Francis Bacon, *The Advancement of Learning*, London: Macmillan and CO, 1869, p. 72.
③ Ibid., p. 73.
④ Ibid..

兰与苏格兰两个王国的联合这一辉煌的时代。"① 培根的这一提议说明他充分认识到写作英国民族国家历史的急迫性，英国的民族身份和民族国家认同需要通过写作民族历史来界定和加强。

培根的第二种完美历史是传记。西方传记传统源远流长，可一直追溯到公元前 5 世纪爱奥尼亚的散文纪事，包括墓志铭、家族世系表和关于王公贵族的故事叙述，公元前 4 世纪色诺芬的《阿格西劳传》是最早的传记作品之一。从古希腊开始传记作家对文体有很强的自觉意识，普鲁塔克（Plutarch，约 46—120 年）就明确表示他写的《希腊罗马名人传》不是历史而是传记。② 然而，传记与历史的密切联系是无容置疑的，传记是关于"真人"的故事，而历史则是关于"真事"的记述。到文艺复兴时期，传记体裁得到复兴和发展，产生了许多传记杰作，但人文主义者仍然坚持传记与历史在文类上的分别。培根把传记作为三种完美历史之一，这表明他既不盲目崇尚古典古代，也是对传统人文主义文类理论的超越。培根认为："写得好的传记是描述个人的生平，传主的所作所为无论大小，无论是公共行为还是私人行为，都穿插叙述，还必须真实、自然和生动。"③ 他指出，传记在实用性方面超过了编年史，重视美德的人们应该重视传记的写作，传记使义人名垂永久，使恶人遗臭万年。④

培根认为，第三种完美历史是纪事历史，它以真实可信见长。因为纪事历史的作者是根据自己的观察和知识，选择能驾驭的题目，所以纪事历史必定比编年史更加准确真实。⑤ 他引证古罗马作家塔西陀的观点，把纪事历史分为两类，即编年纪事（annals）和日志（journals），认为编年纪事记载国家的重大事件，而日志则记载一些值得纪念的特殊事件。⑥ 他坚持纪事历史以叙述事件为本，反对在纪事著作中夹杂政治

---

① Francis Bacon, *The Advancement of Learning*, London: Macmillan and CO, 1869, p. 74.
② Plutarch, *Plutarch's Lives* Ⅶ, trans. Bernadotte Perrin, London: William Heinemann LTD, 1967, p. 223.
③ Francis Bacon, *The Advancement of Learning*, London: Macmillan and CO, 1869, p. 73.
④ Ibid., p. 75.
⑤ Ibid., p. 73.
⑥ Ibid., p. 77.

议论和评论。他把穿插政治议论的历史称为"沉思的历史"（ruminated history），将其归入政治策略论著。

由于培根偏爱政治史，所以他像传统人文主义政治史家一样，重视记载政治、军事显要人物言行的编年史以及档案等文献材料。他清楚作为整体的社会史应关注人类生活的各个方面，需要各种资料，不仅包括既存的编年史，还包括未经整理的"家族谱系、年代纪事、法令法规、碑刻钱币、专有名称、语汇词源、格言传说、档案文书，以及散布于非历史书中的公私史实。"[①] 尽管这些是重要的历史材料，但关于它们的研究属于不完美的历史，有别于利用既存编年史和档案文献来叙事的完美历史。因此，在培根看来，历史家与博学研究者是判然有别的两类学者。他对政治史的定义完全遵从古典作家和人文主义者的观点，认为历史家应该只关注政治、军事、外交等重要人物和事件，可以利用档案文献来编写政治史，但不能在历史叙述中掺杂博学研究者感兴趣的非文献的、非政治的内容。博学研究者研究的那些支离破碎、缺乏文献证据的材料"对于历史是一种典型的腐蚀和蛀虫，因此不应该使用它们。"[②] 当然，我们不能就此认为培根完全忽视卡姆登（William Camden，1551—1623年）等同时代学者的贡献，因为他并不反对方志著作（cosmography），[③] 他称方志著作是多种因素混合的历史，既有属于自然史的地理方面的记载，又有属于政治史的关于居民、管理和风俗方面的内容，还有属于数学的关于气候和天体的记载。据此，我们可以看到，培根没有轻忽卡姆登那样的博学家的学术贡献，把他们的方志学著作纳入了历史著述范围，并且给予高度的评价。他说："方志学在现代的各种学问中成就卓著。它可以说是我们时代的荣耀，是真正能与古代媲美

---

① B. Ferguson, "The Non-political past in Bacon's Theory of History," *Journal of British Studies*, Vol. 14, No. 1, (Nov., 1974), p. 9.

② Francis Bacon, *The Advancement of Learning*, London: Macmillan and CO, 1869, p. 72.

③ 在16世纪"地志学"（topography）、"地方志"（chorography）和"寰宇志"（cosmography）之间的区分变得不那么清晰，一般只是描述范围大小的区别，这几个术语甚至可以当作同义词来使用。16世纪中期以后欧洲各国出版的地理志、寰宇志和地方志著作实际上都是历史地志学著作。参阅 Strauss, Gerald, "Topographical-Historical Method in Sixteenth-Century German Scholarship," *Studies in the Renaissance*, Vol. 5, (1958), p. 98。

的一种学问。"①

培根反对根据博学研究者感兴趣的实物材料、民间传说、私人文件来重建历史，是因为他担心这些材料的可证实性。实际上，他不完全排斥博学研究，把古代逸史作为一种历史知识类别，这与他尊重事实，把搜集和确定事实作为真正归纳法的第一步有关。培根试图把他的归纳法的适用范围推广到历史领域，认为遵从归纳逻辑才能写出真实而又有用的历史。从古希腊、罗马时代起，历史的真实性就受到高度重视，被认为是"历史的首要法则"，但持不同哲学观点的史家，以及不同时代的史家，对历史真实性的理解各不相同。到文艺复兴时期，历史真实性的含义越来越明确，宗教的与世俗的"真实"被截然区分开来，并由洛伦佐·瓦拉等人锤炼出一套考证历史证据的方法。② 人文主义者倡导，常常是实践一种求真求实的学术标准，这就是把历史写作建立在世俗学术的基础上。培根是文艺复兴时代的伟大思想家，宗教知识与世俗知识的区别对他的整个哲学至关重要。他蔑视中世纪教会史著作，认为它们缺乏真实性，充满荒诞不经的内容。他也不赞成中古以来的所谓普遍史著作，认为这类历史著作事无巨细全部囊括，必然导致顾此失彼，出错在所难免。在拉丁文版的《论学术进步》中，培根甚至把宗教史归入人类历史。他这样做的目的不是要贬低宗教史，而是要使宗教史的一个分支教会史接受如同政治史一样的世俗学术的检验。③ 培根像同时代的人文主义者一样，坚持历史要求真求实的原则，他说："认真地思考过去，真诚地同情古人，孜孜不倦地研究，坦率忠实地记述，借助语言文字把时代的变革、人物的性格、决策的变动、行动的过程、虚饰的真相和政府的秘密呈现出来，是一项需要付出艰辛劳动和判断的任务。"④

作为法学家的培根深知证据真实性的重要性，在他的法学和历史著

---

① Francis Bacon, *The Advancement of Learning*, London: Macmillan and CO, 1869, p.77.
② Lloyd Kramer and Maza Sarah (ed.), *A Companion to Western Historical Thought*, Oxford: Blackwell Publisher, 2002, p.114.
③ George H. Nadel, "History as Psychology in Francis Bacon's Theory of History," *History and Theory*, Vol.5, No.3, (1966), p.279.
④ Leonard F. Dean, "Sir Francis Bacon's Theory of Civil History-Writing," *A Journal of English Literary History*, Vol.8, No.3, (Sep., 1941), p.167.

作中，他都把证据的真实性看作达致公正无私的前提。[1] 他抱怨年代记和史料目录的缺乏妨碍了历史家根据事实发挥自己的解释和综合能力。他希望历史家根据尽可能翔实的资料来写作，然而，在讨论历史写作时，他强调的重点是资料的阐述和解释而不是资料的搜集和考证。他没有清晰地区分"经验事实"与历史事实，而且，他在使用"历史"这一术语时，通常有两层意思，既指历史家工作所依靠的历史资料的搜集，也指历史家依据这些资料所做出的最终的解释和综合。[2] 培根之所以在资料搜集和最终解释之间省略了历史事实考证的环节，是因为他把历史家与历史事实的记录者截然区分开来，他似乎认为单纯记录事实是那些勤奋的学者们的专长。

正是因为他认为历史家不是单纯的历史事实记录者，他才会把回忆录和档案文献称为"准备性的历史"（preparatory history），认为这类历史按时间顺序简单地记录下发生的事件和行为，没有动机和企图的分析，不考虑事件发生的具体场合，或者单纯汇编档案文献，不讲究清晰的顺序和连贯的叙述。[3] 这种准备性的工作不是历史家的分内事，不过历史家要利用这些勤奋的学者所做的基础工作来写作翔实连贯的完美历史。[4] 实际上，在培根的时代，依靠档案文献来写作历史已成为历史家的通常做法，当时甚至以是否使用档案证据来作为评价历史著作的标准。培根在写作《亨利七世统治时期的历史》（History of the Reign of King Henry the Seventh，1622年）时，他并不满足于现存编年史的资料，但由于政治上失宠，要直接进入档案馆有困难，于是，他通过历史家约翰·塞尔登（John Selden，1584—1654年）和他的秘书博学家约翰·伯勒（John Borough，卒于1643年），搜集了许多官方档案资料和著名藏书家罗伯特·科顿收藏的抄本资料。因为知道培根在写作中使用了许多

---

[1] Perez Zagorin, "Francis Bacon's Concept of Objectivity and the Idols of the Mind," *The British Journal for the History of Science*, Vol. 34, No. 4, (Dec., 2001), p.381.

[2] Leonard F. Dean, "Sir Francis Bacon's Theory of Civil History-Writing," *A Journal of English Literary History*, Vol. 8, No. 3, (Sep., 1941), p.164.

[3] Francis Bacon, *The Advancement of Learning*, London: Macmillan and CO, 1869, p.72.

[4] Daniel R. Woolf, "John Selden, John Borough and Francis Bacon's History of Henry Ⅶ, 1621," *Huntington Library Quarterly*, Vol. 47, No. 1, (Winter 1984), p.48.

档案资料,所以塞尔登在批评当时历史著作时才会说,除了培根的《亨利七世统治时期的历史》和卡姆登的《伊丽莎白一世时代的编年史》外,英国的许多历史著作缺乏证据,质量低劣。①

培根不把历史家等同于历史事实的记录者,他相信,历史的主要作用是为现实的心理学和伦理学的解释提供资料,是以事例和现实政治分析来传授政治智慧和道德教诲。在这一点上,他与同时代的人文主义者并无二致,都试图通过历史研究来阐述政治智慧和道德哲学。培根进一步指出,那些更有智慧的历史家能够为研究人性的科学提供最好的资料,马基雅维利和圭查迪尼等优秀历史家就为研究人性提供了有价值的资料。他说:"我们非常感激马基雅维利等人,他们只记述了人类所为,而不是人类所应为。"② 据此,培根的政治史属于塔西陀—圭查迪尼传统,他青睐的是更实用、更细致、更客观的分析政治史风格。

为了更好地理解培根关于历史的作用和功能的观点,我们有必要回到他对伦理学,即关乎人的欲望和意愿的知识的讨论。他是从人的欲望和意愿,而不是理性来界定伦理学,这就预示了他对传统道德哲学的批判。③ 他认为,传统道德哲学提出了善良公正的榜样,勾画了善良、美德、职责和幸福的图景,但对于怎样获得这些优秀品德,怎样约束人的意愿使其与追求的目标一致,它要么全然忽略,要么一笔带过。换句话说,仅仅只有关于德行的理性原则的知识是无效的,因而也是无用的。培根提议用一个新的学科来弥补,他称这一学科叫心灵培育术(Georgics of the Mind),其目的是教导人的行为,使人积极地生活。心灵培育术不同于传统的道德哲学,它不是只描述善的性质,而是要提出怎样驾驭、运用和调适人类意志的方法。④ 政治史与诗学、修辞学一道发挥双重作用,既提供关于激情、情感和意志的知识,也提供驾驭或掌控它们

---

① Daniel R. Woolf, "John Selden, John Borough and Francis Bacon's History of Henry Ⅶ, 1621", *Huntington Library Quarterly*, Vol. 47, No. 1, (Winter 1984), pp. 49 – 50.
② Francis Bacon, *The Advancement of Learning*, London: Macmillan and CO, 1869, p. 157.
③ James C. Morrison, "Philosophy and History in Bacon," *Journal of the History of Ideas*, Vol. 38, No. 4, (Oct. – Dec., 1977), p. 595.
④ Francis Bacon, *The Advancement of Learning*, London: Macmillan and CO, 1869, p. 147.

的知识，以便它们符合理性的道德律。诗人和历史家是这种知识的"最佳教师"（best doctor），因为他们揭示激情如何彼此争斗和遭遇。这种知识在道德和政治事务中具有特殊用处，它阐释怎样安顿情感，如何用一种情感来制约另一种情感，正如我们用一种兽来狩猎另一种兽，用一种飞鸟来捕获另一种飞鸟。① 这意味着不受控制的情感是兽性的，理性并不能制约它们，而只能用另一种情感来加以控制。情感决定意志，意志又转而决定了行为。人的行为动机不是理性的考虑，而是最强烈的情感。

培根把历史学与伦理学结合起来，使后者成为一门经验科学、一种自然主义心理学，由此他修正了古代道德哲学，不以至善为伦理学的论题，强调实用现实主义和人的社会职责。② 培根以历史作为自然主义伦理学的基础，由此把伦理学与政治学彻底分离开来。在其《学术的进展》一书中，培根把伦理学和政治学归入人的哲学，认为人的哲学分成政治哲学（或政治学）和道德哲学（或伦理学）两个部分，道德哲学关乎灵魂与肉体的结合。道德哲学由两个部分组成，即善行的典范（exemplar of good，即应然的学说）和心灵的驾驭（regiment of the mind，即实然的学说）。"前者描述善的性质，后者提出如何驾驭、运用和调适人的意志去实现善行的规则。"③ "道德哲学的任务是塑造内在的善，政治知识只要求外在的善。就社会而言，有外在的善就足够了。"④ 这一切表明培根的伦理学和政治学观念与古典古代的观念是相背离的。他的伦理学关注个人的道德，而不以至善为论题；他的政治学关注社会的道德，而不以理想政体为政治学的论题，这是要从伦理学和政治学中排除关于理想和应然的论题。据此，伦理学和政治学就被化约为关于情感的历史经验及其"作用"方式的研究。国家政体也不从形式和终极目的（即充分发挥人性和美德的最佳结构）来看待，而是看作一个"自

---

① Francis Bacon, *The Advancement of Learning*, London: Macmillan and CO, 1869, p. 163.
② W. A. Sessions, *Francis Bacon Revisited*, New York: Twayne Publisher, 1996, p. 117.
③ Francis Bacon, *The Advancement of Learning*, London: Macmillan and CO, 1869, p. 147.
④ Ibid., p. 170.

然有机体"，拥有它自己的意志、欲望和情感。①

培根认为传统的道德哲学家不应该纠缠于善或至善进行无休止的争论，应该观照人类生活本身，看到存在于万事万物中的积极和消极两种欲望，一种保存或延续，另一种是扩展或增殖。接着，培根进一步用产生于自爱的三种欲望取代了两种欲望的划分：即保存、促进和增殖。于是，与人们在社会中追求的舒适、效用和保护三种目的相对应，人类就有三种政治知识：即社交、协商和统治。它们是性质不同的三种智慧，其作用也各不相同。与追求舒适的目的相对应的是行为上的智慧，与效用的目的相对应的是事务上的智慧，与保存的目的相对应的是统治的智慧。② 培根同意马基雅维利的意见，政治知识不是关乎人应该追求的东西，而是关乎人实际追求的东西。因为人实际所追求的东西可化约为不同形式的权力，同时因为国家本身就是追求权力，所以政治学就是行使权力的艺术或方法。③

叙述历史事例的历史和记述个人行为的传记最有利于传授人们所需要的实际政治知识，马基雅维利的历史著作是这类著作的典范。④ 因为从特殊实例中，我们可以得到适用于具体情况的最佳办法。从特殊到普遍更容易、更有效，因为普遍法则的实际应用总是不确定的，所以人们决不要从普遍着手。他坚信，只有基于自然历史的归纳推理才能确保对自然的改造。换言之，只有实验的方法才能确保有用的知识。以此类推，政治史的目的犹如自然史的目的，是行动、权力和驾驭。如果说自然史是要提供促使自然行动的因素的知识，那么政治史则要提供情感怎样驾驭人的行动的知识。纯粹理性的自然哲学如果不是建立在历史和经验基础上的，它就不能促使对自然的改造，亦如理性自身不能促成人类行动和生活的改善。自然定理必须建基于特殊的具体事物，即自然史所

---

① James C. Morrison, "Philosophy and History in Bacon," *Journal of the History of Ideas*, Vol. 38, No. 4, (Oct. – Dec., 1977), p. 596.
② Francis Bacon, *The Advancement of Learning*, London: Macmillan and CO, 1869, p. 170.
③ James C. Morrison, "Philosophy and History in Bacon," *Journal of the History of Ideas*, Vol. 38, No. 4, (Oct. – Dec., 1977), p. 597.
④ Francis Bacon, *The Advancement of Learning*, London: Macmillan and CO, 1869, p. 176.

记述的具体事物的"倾向"和"因素"之上。道德准则和政治法则必须以政治史中人类具体的情感、需要和欲望为基础。在人的哲学和自然哲学中，人们试图发现的不是普遍的"原因"，而是具体的"情感"和"倾向"，因为人类行为以及自然和技艺的作品中都是由那些欲望和倾向所引发和造成的。伦理学和政治学告诉我们如何驾驭、运用和调适人类意志，而自然哲学则告诉我们怎样引发和驱使自然产生符合我们意愿的变化。① 因此，培根历史学的实用主义、伦理学的自然主义、政治学的现实主义是协调一致的，统一于他的经验主义哲学。

据上述，培根把历史的作用和意义概括为三个方面：首先，他像其他人文主义者一样，认为历史为人们关于人的哲学，即政治学和伦理学的思考提供了事例。然而，他区分了两种使用事例的方法，一种是仅仅为了支撑自己的观点而引证事例，使事例依附于议论，像奴隶一样伺候着议论。另一种是以事例为议论的基础，不是随意抽空事例，而是全面具体地引用，做到论从史出，以事例来矫正自己的议论观点。他反对前者，支持后者，所以他赞扬马基雅维利把自己的评述建基于历史事实之上，而不是仅仅引用历史事例来证明自己的观点。②

其次，他认为历史不仅是哲学思考的事例宝库，更是归纳论述的基础。如其对自然哲学的论述一样，培根坚持把历史与基于历史的议论区分开来。他指出："历史的真正职责是陈述历史事件，提出建议，基于事件的评议和结论还是留给他人根据自己的能力去自由做出判断吧。"③ 在培根看来研究自然"所作所为"的自然史与研究人的所作所为的政治史在原则上是没有差异的，都要遵循归纳逻辑和方法。④ 历史能提供关于人类心灵活动的真实知识，所以一如自然史是自然哲学的基础，政治史也是道德哲学和政治哲学的基础。

---

① James C. Morrison, "Philosophy and History in Bacon," *Journal of the History of Ideas*, Vol. 38, No. 4, (Oct. – Dec., 1977), p. 597.
② Markku Peltonen, (ed.), *The Cambridge Companion to Bacon*, Cambridge: Cambridge University Press, 1996, p. 236.
③ Francis Bacon, *The Advancement of Learning*, London: Macmillan and CO, 1869, p. 77.
④ George H. Nadel, "History as Psychology in Francis Bacon's Theory of History," *History and Theory*, Vol. 5, No. 3, (1966), pp. 276 – 277.

最后，培根还非常重视历史的纪念意义，他最常提及的历史作用是历史记载了先辈们的名字和声誉。他写作《亨利七世统治时期的历史》是为了纪念这位国王。他开始写作而最终没有完成的关于伊丽莎白女王的历史著作，书名就叫《关于伊丽莎白女王的幸福回忆》(*In felicem memoriam Elizabethae*)。他认为传记这种历史著作体裁是最适合纪念死者的著作形式，写作传记是重视美德的表现。因此，他指出，纪念性的传记应该记述那些值得我们称颂的人物的所作所为，而不应该只是零散的报道和一味称颂的悼词。①

作为伟大思想家，培根不仅对历史理论有卓越贡献，他还积极投身历史写作，是一位杰出的历史家。在 1605 年写作《学术的进展》时，他曾经论及写作英国历史的重要性。实际上，他当时有一个以君王传记的形式写作英国历史的想法，这部历史包括亨利七世、亨利八世、国王爱德华、玛丽一世和伊丽莎白一世。后来，他在 1608 年开始写作《关于伊丽莎白女王的幸福回忆》，这应该是他计划写作的第一部历史著作。1610 年前后，培根开始搜集资料，并将他写作传记形式的英国史的计划呈递国王詹姆斯一世。此后许多年，培根都一直没有忘记这一计划。直到 1621 年，他在政治上失意后，用短短 5 个月时间完成了《亨利七世统治时期的历史》。接着，应王太子查理之请，他又着手写作《亨利八世统治时期的历史》，但最终没有完成。他真正完成并正式出版的重要历史著作只有《亨利七世统治时期的历史》。②

如前文所述，完备公正的历史，即所谓完美历史在三种历史中最为重要。完美历史根据记述对象不同又分为三种，即记录时间的编年史、记录人物生平的传记和记录事件的纪事。三种完美历史各有所长，编年史最为完备，传记最有教益，纪事最为真实。因此，他的《亨利七世统治时期的历史》围绕亨利七世的一生，按编年顺序记述他统治时期的政治、军事和外交事件，似乎想兼有三种完美历史的优点。

---

① Francis Bacon, *The Advancement of Learning*, London: Macmillan and CO, 1869, p. 75.

② Markku Peltonen, (ed.), *The Cambridge Companion to Bacon*, Cambridge: Cambridge University Press, 1996, p. 235.

《亨利七世统治时期的历史》以政治、军事为主线，按编年顺序记述亨利七世时代英国的重大事件，同时关注当时欧洲发生的重大事件，并将二者关联起来。这样一种中心突出、线索清晰、视野开阔的历史叙述方法，是典型的人文主义政治史风格。这种风格既有波里比阿和塔西陀等古典作家的渊源，也与马基雅维利和圭查迪尼所开创的分析政治史传统密切相关。人文主义政治史家认为，历史家的任务不仅仅是记录历史事件，而是要对业已确定的历史事实进行解释和说明，从而为读者提供道德和政治教训。在实际的历史写作中，培根没有超越这一传统，文学性和实用性依然是其著作的突出特点。在叙事结构上，培根围绕若干重要主题展开叙述，而每一个重要主题都按编年顺序处理，以揭示其不同的发展阶段。所以，在《亨利七世统治时期的历史》中，除了对亨利七世的性格分析外，有四个重要主题共同构成整部著作的总体结构。其一是王朝更替，即叙述亨利是如何取得和保有王位的过程；其二是国王的治国之术和处理对外事务的能力；其三是政敌的篡权企图，主要是珀金·沃贝克密谋；其四是亨利巩固其国内外地位的权力政治学。[①] 对沃贝克密谋的叙述充分展现了培根在情节布局上的高超能力。他没有严格按照时间顺序来叙事，而是根据自己展开论述的需要来叙述具体事件，如穿插叙述有关的欧洲其他国家君王和贵族对密谋的看法。[②] 因此，培根对编年叙事原则的遵循，并没有影响他灵活安排叙事，展开分析论述。

培根重视分析历史事件的因果关系，探究事件背后的个人心理动机，以及历史人物的性格对事件的影响。他和马基雅维利一样强调个人在历史上的作用，试图证明性格和智力有助于个人的成功。他对过去与现在之间的差别不敏感，也不重视，认为过去与现在完全可以类比，从而把研究历史作为当代政治分析和人性探究的工具和方法。他对政治史的解释摆脱了宗教神学的束缚，命运和神意在他的政治史解释中没有地

---

① F. Smith Fussner, *The Historical Revolution: English Historical Writing and Thought*, 1580 – 1640, Westport: Greenwood Press, 1976, p. 274.

② 参阅 Francis Bacon, *The History of the Reign of King Henry the Seventh*, New York: Cornell University Press, 1996。

位。他使用"命运""神意"等语汇只是出于文学效果的考虑，就像他使用人文主义者常用的文学手法虚构演讲词一样。培根认识到档案材料的价值，不过他在写作历史时，主要依据既存的编年史著作，对其进行润色加工，添加道德忠告和演讲文辞，使叙事更深刻、更有趣。①《亨利七世统治时期的历史》是以霍尔（Edward Hall，1497—1547年）的编年史为基本材料，再加上其他人的编年史著作和科顿收藏的抄本文献，以及他通过塞尔登和伯勒得到的官方档案资料写成的。

他的分析和解释不局限于人文主义道德和政治教育，而是试图在历史故事本身之外，对事件和人物进行权力政治学和理论心理学的分析，主要是基于他长期积累的政治经验和他对人性的观察。所以，他在叙事风格上与人文主义历史家相一致，但在分析解释的方法上却与人文主义者有差异。他不像人文主义史家那样用非常理想化的方式来处理政府和王权，根据传统的君王道德标准来分析其政治行为。他说到贪婪是亨利的主要缺点，但认为这并非出自其天性，而是命运使然。培根在前人的基础上重新描述亨利的性格和行为方式，其方法和目的不同于前人。他承认亨利勤奋、勇敢、智慧，但他坚持认为亨利贪得无厌、谨小慎微、刚愎自用、缺乏远见。这些性格特征使他不为人民所爱戴，人民对他只是敬畏、害怕，甚至是憎恨。②培根在这样做时已经完全脱离了他使用的现存编年史材料，而是在用他所倡导的伦理学和政治学方法描述和分析亨利的性情和性格的形成和变化。他要分析生活环境、生活经历、社会地位，以及年龄和健康状态等因素对个人性情和性格的影响，考察这些变量与个人性情和性格的关联是培根人类心理归纳研究的核心。因此，他认为明智的历史家在于有能力把考察人的个性置于其历史叙述的中心地位，认识到性格与环境之间的辩证关系。③

---

① Stuart Clark, "Bacon's Henry VII: A Case-Study in the Science of Man," *History and Theory*, Vol. 13, No. 2, (May, 1974), p. 102.

② Francis Bacon, *The History of the Reign of King Henry the Seventh*, New York: Cornell University Press, 1996, pp. 202 – 211.

③ Stuart Clark, "Bacon's Henry VII: A Case-Study in the Science of Man," *History and Theory*, Vol. 13, No. 2, (May, 1974), p. 111.

综上所述，我们应该从以下几个方面来评价培根对史学的贡献。第一，他提出了卓越而复杂的历史学理论，强调历史是人类知识的重要组成部分，在他的人类知识分类体系中赋予历史学与自然科学同等地位。他主张用归纳法来研究世界，首先观察现象，然后再搜集和确定事实，以便推导出可能的通则。他的这种"经验哲学"排除了思辨推测和体系构建，使伦理学和政治学成为基于历史知识的经验科学。第二，在论述各类历史时，培根赋予政治史以特殊地位，倡导写作连贯的英国民族史。这一方面是他对大陆人文主义分析的政治史风格的接受，另一方面也是他试图用完整连贯的英国史来强化英国现实的政治统一，促进民族和民族国家认同的表现。第三，他倡导写作学术史，关注历史中的非政治因素则是西方史学史上的一大创新。他以促进学术发展为写作学术史的目的，这也把他与以满足好奇心和博学为目的博学研究者区别开来。他在17世纪初把学术史纳入历史知识范围，这在英语著作中是第一次。[1] 他提出的新学术史方案具有重要意义，预示了西欧史学发展的新方向，使培根成为18世纪在西欧蔚然成风的社会文化史研究的先驱者。

最后，培根写作了一部非凡的历史著作《亨利七世统治时期的历史》，它文辞典雅流畅，情节布局得当，具有极高的文学价值和史学价值，是近代早期英国民族历史写作的典范之作。同时，培根非常重视描述事件背景，分析历史事件之间的因果关系，以及历史人物的性格和心理动机。因此，他的历史写作不是简单地汇编现存记载，对其进行改造，以符合人文主义历史叙述风格，而是超越一般历史叙事，对事件和人物进行权力政治学和心理学的分析和解释，以期对"人的哲学"作出贡献。这是与他的经验主义方法论一致的，即把搜集事实看作获得知识的基础，也就是他所谓："人类的知识就如同金字塔，历史是它们的基础。"[2]

---

[1] B. Ferguson, "The Non-political past in Bacon's Theory of History," *Journal of British Studies*, Vol. 14, No. 1, (Nov., 1974), p. 4.

[2] Francis Bacon, *The Advancement of Learning*, London: Macmillan and CO, 1869, p. 93.

第六章　英国博学传统的民族史写作

英国近代早期的民族史写作兴起是对16世纪亨利八世的宗教改革所带来的社会、政治和宗教方面的变化的回应，其历史解释注重英国历史的整体性、独特性和连续性，这显然与法学家和博学家对英国法律和政治制度的解释相关；其叙事风格和研究方法注重原始资料使用、制度史的探究、事件因果关系的分析，以及历史事实的真实性和历史的教育作用，这又与人文主义政治史和博学研究密切相关。值得注意的是，在文艺复兴时期，英国民族历史写作受惠于历史—地志研究独多，而在当时历史—地志研究不属于人文主义历史研究的范围，而是人文主义博学研究的组成部分。尽管历史研究与博学研究在研究方法和著作形式上都有明确区别，但在民族历史写作过程中二者表现出明显的融合趋势。因此，我们认为，英国近代早期博学传统的民族历史写作的产生既受到前面所述人文主义政治史的影响，也是作为古典学术复兴的结果的人文主义历史—地志学与英国本土的地方史、编年史和旅行游记传统相结合的产物。注重文化史的英国民族历史写作的兴起不仅对民族身份认同的强化和民族国家的巩固有贡献，而且表现出历史学与博学研究融合的新趋势，预示了英国的历史学术从思想到方法向近代史学的转变。

第一节　英国的方志学传统与历史—地志学研究

意大利和德国人文主义者与英国人文主义者面临的社会、政治环境截然不同。意大利和德国的人文主义者试图通过历史—地志学研究来追寻民族过去，描述家国山川，颂扬民族文化，激发民族自豪，表达民族意识和认同，呼唤民族国家统一。在英国，强大的王权是政治现实，亨利八世通过废除罗马教廷对英国的征税权，重新解释了国家主权，王权至高无上的地位逐渐确立起来。英王通过颁布一系列法令，废除地方领主的封建特权，彻底结束了英国的封建时代，使王权在全国各地行之有效。在统一王国司法的同时，英国领土也得到扩张。1536年颁布的《联合法案》把威尔士公国和边区纳入英王治下，① 使边地侯附属于既存各郡，同时建立五个新郡，并且在这些新郡实行王国法律和土地制度，国王法令成为英国完成领土统一的手段。到1537年年初，诺福克公爵镇压反对宗教改革的"求恩巡礼"叛乱之后，国王在英格兰北部的权威确立起来，国王的政治和司法权最终把整个王国联系在一起，英国实现了地理疆域的统一。"在七国时期形成的各个地区，包括威尔士和北部边区成为一个政治实体，即便不是在方方面面都结成了一个社会，但以国家主权的名义巩固了王国领土的统一。"② 因此，英国人文主义者不是要通过历史—地志学的描述和民族历史的写作来表达民族意识，呼唤民族国家统一，而是要借此加强民族身份认同，巩固民族国家统一。

如前所述，托马斯·莫尔的人文主义风格的历史著作问世之后，在英国盛行的还是传统编年史。直到16世纪30年代至40年代，英国的历史写作才出现一些变化，这与旅居英国的意大利人文主义者博莱多内·维吉尔（Polydore Vergil，1470—1555年）对英国传统编年史的挑战有关。维吉尔是意大利著名的人文主义博学好古研究者，1502年来到英格兰。随后，他受英王亨利七世委托，编写了《英国史》。维吉尔在编年框架和史料方面主要依靠英国传统编年史，不过他用古典拉丁语风格对其进行了改造，应用人文主义语文学方法对所用资料进行考证。他对英国的特洛伊起源说和亚瑟王传奇持怀疑态度，对英国的各种制度，尤其是大学、修道院和法律等有浓厚兴趣。他的人文主义历史著作具有鲜明的个

---

① Carol Percy and M. C. Davidson (ed.), *The Languages of Nation: Attitudes and Norms*, Bristol: Multilingual Matters, 2012, p. 88.

② William Rockett, "Historical Topography and British History in Camden's Britannia," *Renaissance and Reformation*, XXVI, 1 (1990), p. 72.

性特征，表现出博学研究的倾向。该书在全部出齐（他去世那年，1555年）前，该书已经成为16世纪英国历史著作的权威。①

维吉尔的《英国史》的出版对英国学术界产生了冲击，历史著作的数量激增，不过直到伊丽莎白时代，英国历史写作的质量都不太高。应该看到这一时期印刷业的发展带动了英国学者对古典古籍和中世纪权威著作的整理、翻译和重印，②这些基础性的工作无疑对英国民族历史写作的发展有促进作用。然而，英国民族历史写作要有大突破，必须在历史研究方法和历史著作体裁上进行探索，必须在接受大陆人文主义新学术的基础上，突破古典历史著作局限于政治、军事题材的文类限制。英国人文主义者是通过意大利博学家维吉尔来接受大陆人文主义历史风格的，这一点具有特殊意义。他的《英国史》不仅激发了英国学者写作民族历史的愿望，而且他把博学研究成果应用于历史写作的方法也对英国的历史学术产生了深远影响，使英国的博学研究与历史研究不像欧洲大陆那样泾渭分明，在英国前者是作为历史研究的一个分支而兴起的。其次，亨利八世宗教改革引起的国家主权和政治制度的急剧变化改变了英国人的历史观念，要求整个新学术重新界定民族国家的历史范围，在努力追寻和解释民族制度起源的过程中，重新发现各地区的地志特征以及各地区之间的历史联系，进而塑造英国在地理疆界、文化传统和民族认同等方面的整体性。最后，英国人文主义历史—地志学研究的形成，不能简单归因于大陆人文主义历史—地志学的传入，实际上英国本土悠久的编年史、地方史和游记传统也在其中起了重要作用。

英国的编年史写作可以追溯到中世纪早期，而且英国的编年史著作很多都有一个地志描述的序言或开篇。吉尔达斯的《不列颠的灭亡》（*De Excidio Britanniae*，540年），一开篇就简要描述了不列颠诸岛的位置和范围。比德的《英国教会史》（*Historia ecclesiastica gentis Anglorum*，731年）的第一章有对英国的动植物、盐泉、矿藏、江河等自然情况的

---

① 参阅 Denys Hay, "The Life of Polydore Vergil of Urbino", *Journal of Warburg and Courtauld Institutes*, Vol. 12, (1949)。

② 参阅 Ernst Breisach, *Historiography: Ancient, Medieval, and Modern*, Chicago: The University of Chicago Press, 1983, p. 174。

描述，还谈到英国的语言，早年的外敌入侵等。这种作为编年史著作的序言或开篇出现的历史—地志描述可以说是英国地方史研究的萌芽。在 12 世纪，历史家马姆斯伯里的威廉在《英国主教史》（*Gesta Pontificum Anglorum*）中，描述了英格兰北部、南部和西部的城市和乡村。威廉·费兹斯蒂芬在其《托马斯·贝克特传》的序言中对 12 世纪的伦敦给予了生动的描述。巴里的杰哈德的著作中有不少游记具有地志描述的性质，如《爱尔兰地志》（*The Topography of Ireland*）、《鲍德温大主教威尔士旅行记》（*The Itinerary of Archbishop Baldwin through Wales*）和《威尔士概述》（*The Description of Wales*）等。直到 14 世纪中期，雷纳夫·希格登的编年史著作《史综》（*Polychronicon*）问世，编年史的内容有了很大变化。他综合之前的编年史著作，并且把编年史写作的重点从编年纪事转向地志描述。全书共 7 卷，整个第 1 卷是对世界地理的描述，接下来描述爱尔兰、苏格兰、威尔士和英格兰，涉及自然状况、语言历史、罗马遗迹、古代地名、法律术语和机构等方面的内容。他的资料主要是前人著作，也包括他自己的观察。1387 年，约翰·特里维萨把《史综》从拉丁语译成英语。1480 年，考克斯顿将这一英译本中的地志描述部分摘取出来，以《英格兰概述》（*The Descrypcion of Englonde*）的书名出版，以后一再重印，成为 15—16 世纪读者非常熟悉的地方史著作。[1]

然而，直到 15 世纪末，欧洲大陆人文主义学术传入英国前，英国本土的地方史研究具有非常浓厚的中古色彩，著作大多采用编年纪事的形式，资料主要依赖前人的编年史著作，并且缺乏批判鉴别的方法，不过在研究范围上与后来的人文主义历史—地志学几乎没有区别，从全国性概述到各个地区和城市以及各种遗迹的具体描述都有，而且它们确实构成了一个英国本土的学术传统。因此，英国 15 世纪以前的编年史和方志传统有助于 16 世纪的英国学者接受欧洲大陆的人文主义历史—地志方法。《英格兰概述》出版之后，有博学家伍斯特的威廉追随希格登

---

[1] Stan Mendyk, "Early British Chorography," *Sixteenth Century Journal*, Vol. 17, No. 4, (Winter, 1986), pp. 460 - 462.

的榜样，游历英国各地，广泛收集各种资料，打算编写一部综合性的英国地志概述。虽然伍斯特最终没有实现自己的心愿，但他留下了大量游记，内容包括传奇故事、圣徒传记、修道院文献、碑刻铭文和当代事件等，这无疑预示了约翰·利兰的工作。

第二节　约翰·利兰的历史地志研究

维吉尔的《英国史》出版后，英国本土学者一方面不满意由意大利人来编写英国历史；另一方面，他们沿袭传统的编年史写作方法，又确实难以编写出高质量的民族历史著作。英国历史写作的真正突破口是在博学研究领域，这一领域中开风气之先的人物当数利兰。约翰·利兰（Johan Leland，1503—1552 年）1503 年出生于伦敦，在伦敦圣保罗人文学校和剑桥大学接受过良好的人文教育。1526 年至 1528 年远赴巴黎大学学习，熟悉大陆人文主义学术。1529 年，利兰回到英国，得到国王的青睐，曾担任亨利八世的宫廷牧师，并作为宫廷诗人有机会经常出入宫廷。1533 年，利兰受国王之命巡察英格兰各修道院及其藏书。在随后的几年中，他遍访各寺院，编撰各寺院藏书目录。1536 年，在英国国会通过法案剥夺小修道院的财产后不久，利兰哀叹对修道院藏书的劫掠，就此致信国王重臣托马斯·克伦威尔，希望能拯救图书文献，以防止德国人趁机掠取。[1] 由于长期在英国各地寻访古迹文物，搜求图书文献，推动当局者妥善保管图书文物，所以他依照人文主义者的方式，称自己为 *antiquarius*（古物研究者）。[2] 利兰一生在教会兼任多个领取薪俸的闲职，这使他有时间从事自己所喜好的古物研究。利兰一生的学术研究大多数与其全国巡游、实地考察相关。他身前发表的大多是诗作，学术著作除《亚瑟王事迹考》（*Assertio inclytissimi Arturii regis Britanniae*）外，其余都是后世整理编辑其遗稿成书的。《亚瑟王事迹考》出版于

---

[1] Cathy Shrank, *Writing the Nation in Reformation England*, 1530—1580, Oxford: Oxford University Press, 2006, p. 100.

[2] Arnaldo Momigliano, "Ancient History and the Antiquarian," *Journal of the Warburg and Courtauld Institutes*, Vol. 13, No. 3/4, (1950), pp. 313 – 314.

1544 年，是利用文学、词源学、考古学和口头传说来详细考证亚瑟王的事迹。①《名人录》（*De uiris illustribus*）写于 1535 年至 1543 年，身前未完成，② 是按年代顺序编写的英国著名作家传记集，不是单纯的书籍目录。《不列颠古代文献摘录》（*Antiquitates Britanniae*）和《杂录》（*Collectanea*）是他 1533 年至 1536 年到各地修道院的访书笔记。《旅行日志》（*Itinerary*），是他的历史—地志研究笔记，编写于 1538 年至 1543 年前后。

1536 年，他萌生了写作一部全面的英国历史—地志著作的想法，到 1538 年前后，他转而关注英格兰和威尔士的地志和古物，可能由此开始了长期的访古之旅。1538 年夏天，他游历了威尔士地区，随后多次到英格兰各地考察。虽然他在英格兰旅行的具体时间和顺序史载不详，但从他留下的全部旅行日志看，时间跨度长达六七年。③ 他有确定时间的旅行日志是 1542 年的日志，那年他去了英国西南各郡。在此之前，他已去过西北地区，经由威尔士边区，游历了柴郡、兰开夏郡、坎伯兰郡。他的日志还告诉我们，他曾去过英格兰中部的西米德兰兹郡，东北部的约克郡和达勒姆郡，以及布里斯托尔地区。他很可能还到东南地区做过短期考察。关于东部地区，他的日志中只有只言片语，不能确定他是否去过。

后来，他因为疾病没有完成写作英国历史—地志著作的计划，但在 1545 年年底他曾致信国王亨利八世，汇报自己的考察成就和著述计划。他认为自己通过多年艰辛的努力，积累了足够的资料，可以写出一系列关于英国历史、文学和地志方面的著作，并可以为绘制更详细的王国地图提供丰富资料。④ 根据这封信，我们可以看到利兰有一个宏大的著述计划，而后世编辑成书的《旅行日志》则是他为其著述工作所做的资

---

① William Raleigh Trimble, "Early Tudor Historiography, 1485 – 1548," *Journal of the History of Ideas*, No. 11, (1950), pp. 37 – 38.

② Johan Leland, *De uiris illustribus*, ed. James P. Carley, Toronto: Pontifical Institute of Mediaeval Studies, 2010, xiii.

③ Johan Chandler, Johan Leland in the West Country, in Mark Brayshay (ed.), *Topographical Writers in South-west England*, Exeter: University of Exeter Press, 1996, p. 36.

④ Ibid..

料准备。他信中说要利用自己长期积累的大量资料,完成四项写作计划,即编写一部英国作家《名人录》;绘制一幅详细的王国地图,并将其铭刻在银桌上,再配以文字说明,即编写一部《英国地志》,使人能识别古代文献中的英国地名;编纂一部《英格兰和威尔士史》,用50卷来记述英格兰和威尔士的历史,再用6卷讲述英国沿海岛屿;《英国贵族名录》(*De nobilitate Britannica*)。实际上,这一写作计划中只有一项基本完成,即英国作家《名人录》,其余都没有最终实现。[①]

利兰的《旅行日志》是其身后由托马斯·赫恩于1710年至1712年整理编辑出版的,全书9卷。在整个旅行过程中,他细心观察,详尽记录他的所见所闻,并根据各种文献和口述材料评述各地的文物古迹、神话传说、家族谱系、城市城堡、寺院大学,有对山川湖泊、乡村景色、城镇布局的描述,也有许多访书寻古的趣闻。除了文物古迹外,他对英国政治、经济的新变化也感兴趣,日志中有对工业发展、地产转移、新贵产生的记载。利兰是一个非常仔细的具有批判精神的研究者,他从不轻信所闻,对自己所记载的内容都要进行认真的考证,常常引证古代文献和进行现场考察来鉴别资料真伪,所以他的日志从来被看作英国地方史研究的重要参考资料。[②]

利兰的《旅行日志》几乎囊括了整个都铎时期的整个英国,他颂扬英国国王从罗马教廷手中夺回了国家主权,他清楚地认识到国家主权的范围和国王司法权的范围决定了民族国家疆域的范围。由于他写作英国历史—地志著作的愿望没有实现,所以我们不知道他是否通过全国游历考察,找到了一种写作英国民族历史的方法,即在民族国家的范围内把地方作为整体的各部分联结在一起,由此赋予各地方历史文化传统一种民族历史的意义。然而,日志中展现出来的历史—地志研究方法的确与英国传统方志研究有本质不同。他注重实地考察,具有批判精神,把

[①] Johan Leland, *De uiris illustribus*, ed. James P. Carley, Toronto: Pontifical Institute of Mediaeval Studies, 2010, xxxv.

[②] Johan Chandler, Johan Leland in the West Country, in Mark Brayshay (ed.), *Topographical Writers in South-west England*, Exeter: University of Exeter Press, 1996, p. 45. See also A. J. Piesse (ed.), *Sixteenth-century Identities*, Manchester: Manchester University Press, 2000, pp. 64 – 69.

追溯民族过去，描述英国文物古迹、山川湖泊与颂扬自己的民族，激发人们的爱国情感紧密结合起来。"利兰敏锐的观察、不懈的探索、执着的研究使他成为一位理想的记录者。"① 有学者认为，他之所以从事英国地志学研究，是"因为他热爱都铎王朝的英格兰，他热爱英格兰辉煌的现在，更因为他热爱英格兰的过去"②，也就是说利兰的博学研究源于他对英国现实和未来的关注。"他是从一个正在消失的过去和一个全新的未来的角度来看待英国的现状的：对于利兰来说，英国的地理是完全由其历史，特别是它最近的历史所决定的。"③ 他在日志中实际上描述了两个英国，一个是正在消失的传统天主教的英国，另一个是新兴的经历了宗教改革洗礼，在政治、经济、文化各方面出现了各种新因素的英国。因此，他虽然没有写出超越维吉尔的英国民族史著作，但为以后英国民族历史写作创造了条件。

第三节 威廉·卡姆登的《不列颠志》

利兰的历史—地志研究启发了后世学者，威廉·兰巴德的《肯特巡游记》（*A Perambulation of Kent*，1576 年）是利兰之后出现的历史—地志学杰作。威廉·卡姆登（William Camden，1551—1623 年）更是在前人的基础上，把历史—地志研究与历史研究结合起来，为民族历史写作做出了开创性的贡献。卡姆登早年曾在基督公学和圣保罗人文学校接受人文教育，1566 年进入牛津大学学习。大学毕业后，卡姆登于 1575 年出任威斯敏斯特公学的副校长，1593 年接任该校校长一职。卡姆登一生的大部分时间是在威斯敏斯特公学从事教学，所以他与古典人文教育有密切联系，非常熟悉古希腊、罗马历史家的著作，其中一些对形成他

---

① Johan Leland, *De uiris illustribus*, ed. James P. Carley, Toronto: Pontifical Institute of Mediaeval Studies, 2010, xiii.
② Stan Mendyk, "Early British Chorography," *Sixteenth Century Journal*, Vol. 17, No. 4, (Winter, 1986), p. 468.
③ A. J. Piesse, (ed.), *Sixteenth-century Identities*, Manchester: Manchester University Press, 2000, p. 64.

的历史观念和历史方法有决定性影响。他与大陆人文主义者有广泛交往，欧洲史学革命时代的新观念对他并不陌生。荷兰地理学家奥特里乌斯在1572年曾鼓励卡姆登致力于不列颠古史研究，要他"探究不列颠古史，重建不列颠古代"。① 同时，长期在公学任教使他能利用假期游历英格兰各地，考察文物古迹，搜集历史资料，从事研究和写作。《不列颠志》（Britannia）就是在这一时期完成的，并于1586年正式出版。1597年，他辞去威斯敏斯特公学校长职务，被国王任命为宗谱纹章院纹章官。他担任该职26年，直到1623年去世。

如前所述，《不列颠志》是在实地考察、认真研究资料的基础上写成的，而且，初版后到1607年修订出版，整个修订过程也与实地考察研究分不开。他以重建不列颠古史为志业，而他不是要写一部罗马人殖民时期的不列颠史，他对不列颠古史有他自己的理解。他并不把罗马人占领时代等同于不列颠古代，也不认为因为与罗马人的关系，不列颠人才能与欧洲其他民族相媲美。他在初版序言中说，他的书是要化旧为新，变模糊为清晰，要解决疑难，尽可能使不列颠历史确实可信。他坚定地认为，写作该书是为了祖国的荣耀。② 《不列颠志》是他多年研究的结果，他把这一研究概括为三个方面，其一是探究最古老的不列颠居民；其二是追溯英国人的起源；其三是考释托勒密等古代作家的著作中提及的不列颠古城。根据他初版序言中的陈述，我们可以看到他的写作动机和全书的总体计划。他打算把古代不列颠人的历史叙述、英国人起源的研究和古代城市的考证，这三方面的内容整合在一部著作中，这也是他将全书分成三部分的原因。③ 卡姆登的初衷确实是要写一部英国历史—地志研究著作，而在实施这一计划过程中，他创造了一种以各地区为单位写作整体民族历史的新模式。他以比昂多为榜样，借鉴意大利和德国的历史—地志学研究方法，沿着利兰等英国前辈的道路，赋予不列

---

① William Rockett, "The Structural Plan of Camden's Britannia," *The Sixteenth Century Journal*, Vol. 26, No. 4, (1995), p. 830.
② Ibid..
③ William Camden, *Mr. Camden's Preface to Britannia*, ebooks @ Adelaide, http://ebooks.adelaide.edu.au/c/camden/britannia-gibson-1722/, (consulted Dec., 30, 2014).

颠历史以连贯性和整体性，以及更鲜明的民族特性。卡姆登试图锤炼出一种特殊的著作形式来囊括三个方面的内容，结合两种类型的研究，适应历史学的编年叙述和地志学的系统描述两种不同的文类。①

因此，《不列颠志》的第一部分是以编年叙述为主要特征，涵盖恺撒入侵不列颠到诺曼征服时期的历史事件，叙述古代不列颠人的历史，这是英国人的民族起源和巩固发展的时期。在这一部分，作者完成了他的头两个目的，即叙述古代不列颠人的历史和英国人的民族起源。这一部分采用编年叙述的方式述及不列颠历史各个重要时期，包括古不列颠人时期、罗马殖民时期、盎格鲁—撒克逊时期和丹麦人统治时期，最后以诺曼征服开始英国民族巩固发展的新时期。他在这一部分表现出明显的解释历史的意图，以概述不列颠总体情况开始，接着分八小节分别叙述不列颠人的各组成部分，就是按编年顺序叙述在不列颠定居的各族群。最后讨论不列颠的地区划分、贵族等级和法律制度。他认为，诺曼人征服者威廉的到来标志着外来入侵的结束，确定了不列颠各地区的划分，结束了一个纷乱的历史过程，使英国从此成为一个繁荣的基督教国家，而且由诺曼人开启的制度和文化直接延续到都铎王朝时期。

《不列颠志》第二部分和第三部分是历史—地志描述，包括英格兰、威尔士、苏格兰、爱尔兰和其他岛屿，描述的地点中有许多是古代地理书和游记中提及的城市和要塞。这样就达到了他写作该书的第三个目的。第二部分是对英格兰、威尔斯和苏格兰的实地踏勘记录，其描述以罗马殖民前不列颠凯尔特人的地区划分为单位。第三部分是关于爱尔兰及其邻近岛屿的地志描述，同样以地区为单位来安排。在这两个部分，他介绍了各地区主要城市和城镇概况，考释和描述了古代地理著作中提及的城市。他花了很大工夫考释古代地名，利用词源知识来辨认古代城镇、村庄和要塞，并且努力将古今地名关联起来。他测量各地之间

---

① 关于《不列颠志》的结构和内容，参阅 William Camden, *Britannia*, ebooks@Adelaide, and William Rockett, "The Structural Plan of Camden's Britannia," *The Sixteenth Century Journal*, Vol. 26, No. 4, (1995)。

的距离，将测得的数据与古代地理著作上的记载做比较，根据实物遗迹来考证文献记载。他借助托勒密的地理著作和《安东尼旅行指南》(*Antonini Itinerarium*)① 等古代文献，辨认出了许多古代遗址，试图寻找古不列颠人的聚居地。他用这种方法来追溯各地的历史，介绍它们的概况。他总是从一个地名的词源分析入手，然后沿着水路旅行的线路来编排各地的历史概况，同时关注沿途各地值得注意的建筑和值得记载的事件，以及与之相关的古代和当代人物，每个郡的考察都以讲述当地贵族世家来结束。②

像卡姆登这样沿着旅行线路来编排著作在古代和近代早期都有先例可循，罗马作家普林尼的《自然史》、希腊旅行家鲍桑尼亚的《希腊志》，以及他的同时代人比昂多和利兰的著作无不如此。③《不列颠志》与这些著作不同的是，他将地方史纳入自己的著作，其目的不是汇编各地历史，而是要创造一种整体的、有层次的全新著作结构。他不是严格地按照编年顺序叙述政治、军事事件，而是按照地区单元来系统描述整个国家的社会、文化和历史。注重局部与整体的联系，既关注时间上的连续性，又重视空间上的统一性，从而把地方史融入一个整体的民族国家历史，这是卡姆登超越前人的成功之处。卡姆登无意标新立异，但由于他接受大陆人文主义传统，并不囿于传统，把历史—地志研究与历史编年叙述结合起来，使他在西方史学史上占有独特位置。卡姆登既是一位优秀的人文主义历史家，又是一位卓越的博学研究者，他的《不列颠志》虽说不上实现了历史研究和博学研究的真正融合，其明显具有折中性质，是地志描述与历史叙述两种文类种属间的混合（generic hy-

---

① 《安东尼旅行指南》是大约编写于3世纪的一部罗马帝国旅行手册，包括陆路和水路两部分。参阅 William Rockett, "Historical Topography and British History in Camden's Britannia," *Renaissance and Reformation*, XXVI, 1 (1990), p. 75.

② William Rockett, "The Structural Plan of Camden's Britannia," *The Sixteenth Century Journal*, Vol. 26, No. 4, (1995), pp. 837–838.

③ William Rockett, "The Structural Plan of Camden's Britannia," *The Sixteenth Century Journal*, Vol. 26, No. 4, (1995), p. 838.

brid），① 这可以说是两个学科融合的第一步。

从古希腊、罗马时代开始，历史研究与博学研究就是两个截然区分开来的学科，这种情况一直到文艺复兴时期没有多大改变。这两个学科无论是研究方法、研究对象、研究目的，还是著作形式和学术地位都有明确区别。② 在文艺复兴时期，尽管结合历史叙事、地理描述、文献证明和实地考察的历史—地志著作逐渐形成一个独立的文类，其涵盖非常广阔，内容上包括自然界和人类世界值得记载的事物，但是从事历史—地志研究的学者都不以历史家自居，而是常常自称为"古物学家"，历史地志研究属于博学研究的范畴。古物学家的研究动机是博学好古，是对家国母邦的热爱，对其过去抱有浓厚兴趣。历史—地志著作与历史著作不同，它往往不是围绕政治、军事、外交事件，严格按照编年顺序的连贯叙事，不以分析事件的前因后果，提供明确的道德教训和政治智慧为目的，关注的重点不在时间之流中的人事，而是特定空间范围内的自然和人类事物方方面面。

虽然利兰有写作英国历史的意图，但他从来自称为古物学家。卡姆登尽管写作过《伊丽莎白一世时期的编年史》那样的纯粹人文主义风格的历史著作，但他依然不认为自己是历史家，而且还"强调《不列颠志》不是历史著作，要人们留意这部著作关注的是地志学主题，承认古物学家的谦卑地位"。③ 这充分说明直到卡姆登的时代，博学研究与历史研究、古物学家和历史家是有区别的。④ 然而，如前所述，英国是通过意大利博学家维吉尔来接受人文主义史学新风格的，他把博学研究成果应用于历史写作的方法对英国的历史学术产生了深远影响，使英国的博学研究与历史研究不像欧洲大陆那样分明，"历史家"与"古物学

---

① W. H. Herendeen, "William Camden: Historian, Herald, and Antiquary," *Studies in Philology*, Vol. 85, No. 2, (Spring, 1988), p. 201.

② 参阅 Arnaldo Momigliano, "Ancient History and the Antiquarian," *Journal of the Warburg and Courtauld Institutes*, Vol. 13, No. 3/4, (1950).

③ W. H. Herendeen, "William Camden: Historian, Herald, and Antiquary," *Studies in Philology*, Vol. 85, No. 2, (Spring, 1988), p. 196.

④ Michael Hattaway, (ed.), *A New Companion to English Renaissance Literature and Culture*, Oxford: Wiley-Blackwell, 2010, Vol. 1, p. 58.

家"这两个术语之间的界限也不是那么泾渭清晰。人文主义历史家和古物学家都认识到现在与过去之间的距离，以几乎同样的方法来对待过去，历史家试图把那些值得记忆的高贵而美好的行为传给后代子孙，而古物学家也以保存古代文献、文物古迹和贵族谱系为职责，二者都重视学术研究的实用价值和爱国目的。尽管如此，二者之间还是有差异，历史家遵循修昔底德和李维等古典榜样，写作文辞优雅的历史著作，重视事件的因果分析，而古物学家则对各种古物，包括古代文献、古代器物和古代遗迹等更感兴趣，搜集和描述古物古迹，关注传统的传承。

利兰的《旅行日志》无疑是博学家的著作，目的在于观察、记录和保存，他的愿望是要为保存文物古迹和古代文献作贡献，是要通过描述古代遗迹嘉惠于后代子孙。因此，利兰记述自己的所见所闻，意在"发现英国"而不是在叙述英国的历史，是地志描述而不是历史叙述。整部日志按照巡游各地的先后顺序来编排就是要呈现这一"发现"过程，不像卡姆登的著作有重要的历史或政治主题贯穿其中，有明显的解释意图。与利兰的著作形成鲜明对照，卡姆登的《不列颠志》有精心的结构，所以，"它是重建而不是发现，它是再造而不是搜集或描述，尽管强烈感到它在描述民族国家的面貌，但重要的是历史叙述，而不是描述。"[①] 卡姆登的著作有主题、有观点，而利兰的著作只是备忘的旅行日志，虽然他们都按照旅行线路来编排内容，但利兰是要呈现空间的巡游，而卡姆登则是要重建历史的时间之旅。卡姆登的写作目的是重建不列颠古史，他主要依靠的是历史文献，实地踏勘是为了查找和考证文献，这就与利兰以描述山川地貌和文物古迹、搜集古物和文献为目的的访古之旅判然有别。

因此，卡姆登的地志学研究服务于他的历史研究和历史叙述，而不是仅仅局限于历史地志描述。他的著作具有强烈的理解历史的意识，在历史资料的选用、历史时期的划分，以及地名词源和家族谱系的研究等方面都表现出对证据的权威性和意义的卓越的识断能力，他要把自己理

---

① W. H. Herendeen, "William Camden: Historian, Herald, and Antiquary," *Studies in Philology*, Vol. 85, No. 2, (Spring, 1988), p. 199.

解历史、重建历史的过程呈现给读者。这种质疑精神和解释的意愿在利兰那一代学者身上几乎是看不见的，也不同于同时代的人文主义修辞派历史家。卡姆登的确是利兰的继承者，他曾细心钻研过利兰的著作，并在《不列颠志》中给予充分利用，但他使用利兰的著作一如他使用别的文献一样，都要经过细心的拣选和校对。他的《不列颠志》看似利兰遗愿的实现，实际上是完全原创性的著作。他深受大陆人文主义历史—地志学的影响，对人文主义历史叙述也不是外行，同时，他继承了英国本土的地方史研究传统，把方志学的描述方法和利兰的档案文献研究与深刻的历史理解结合起来，调和古物学家和历史家，混合历史著作与博学著作两种文类，成功地写作出了一部跨古物研究、地方史研究、语文学研究、法学史研究等多学科的连贯系统的英国民族历史著作。

总之，从利兰访古旅行到卡姆登出版《不列颠志》，这四五十年是英国史学发生急剧变革的时期。如果说利兰的《旅行日志》还表现出传统人文主义历史—地志学研究的特征，那么卡姆登的《不列颠志》则在继承传统的基础上超越了传统。虽然卡姆登自己不以历史家自居，不认为自己的《不列颠志》是历史著作，但同时代的许多学者认为他是杰出的历史家，《不列颠志》是优秀的历史著作，以至于到17世纪30年代，"古物学家"与"历史家"在英国就被当作同义词使用了。[1] 正是沿着利兰开辟的道路，卡姆登应用人文主义历史—地志研究方法，突破历史著作与地志著作的文类局限，于1586年出版了《不列颠志》，真正改变了英国人文主义新史学落后的局面。该书标志着"中古编年史为近代历史所取代，其创造性的研究，尤其对公共档案的研究，使它成为优秀历史著作的典范。"[2]

利兰写作民族历史的愿望最终没有实现，而卡姆登通过自己的民族历史写作极大地强化了英国人的民族身份认同。卡姆登的《不列颠志》通过描述英国历史的连续性来表现不列颠人的民族整体性，他旅行指南

---

[1] D. R. Woolf, "Erudition and the Idea of History in Renaissance England," *Renaissance Quarterly*, Vol. 40, No. 1, (Spring, 1987), pp. 44–45.

[2] F. Smith Fussner, *The Historical Revolution: English Historical Writing and Thought, 1580–1640*, Westport: Greenwood Press, 1976, p. 230.

式的著作结构也是通过描述不列颠人居住的各个地区来呈现英国在领土疆界上的完整性。卡姆登与比昂多一样都是人文主义博学研究者，而不是注重修辞的人文主义历史家，他们都根据古代区域划分来写作他们的民族国家历史—地志研究著作，从而表明存在于人文主义古史观念中的民族国家界定的潜能。他超越比昂多的是，他敢于在《不列颠志》中混合两种文类，把不列颠各地区纳入一个精心设计的整体框架，关注各地在社会、文化和语言等方面的差异和共同性，使英国民族历史写作摆脱了传统人文主义政治史的窠臼，开创了民族史写作的新体例。他的著作以荣耀祖国为基本写作动机和目的，极大地促进了英国民族意识的发展，民族身份认同的强化，以至于 R.C. 理查森认为，他对英国的再发现，从某种意义说，与探险家发现新大陆同样重要。[1] 丹尼斯·海更认为："长远来看，卡姆登对英国统一的贡献比詹姆斯国王更大。"[2]

---

[1] R. C. Richardson, "William Camden and the Re-discovery of England," *Transactions of the Leicestershire Archaeological and Historical Society*, 78 (2004), p. 120.

[2] Denys Hay, *Annalists and Historians: Western Historiography from the Eighth to the Eighteenth Centuries*, London: Methuen & CO LTD, 1977, p. 151.

第七章　德国的民族历史写作与
德意志民族的塑造

如前所述，人文主义新史学在德国出现得相当晚，塔西陀《日耳曼尼亚志》抄本的发现和传入德国对德国的历史批判意识影响极大。另一方面，比昂多的《意大利详述》的影响也很重要，它是历史—地志研究的典范。在此背景下，雅各布·温斐林在1505年出版了第一部人文主义风格的德国史。1517年马丁·路德发起了德国宗教改革，从此宗教信仰成为德国社会关注的焦点，宗教问题成为德国知识界讨论的重要主题。新教与天主教之间的论战构成了宗教改革运动的主要内容，论战双方都有自己的政治理论家和历史家，都需要用自己的观点来解释政治、宗教制度和历史事件，力图为自己的政治主张提供一套周密的理论依据。这种情况无疑刺激了历史理论的思考、文化传统的探究和历史的写作。因为，这一由新教改革引发的冲突具有社会、民族和思想等多重性质，从一开始它就以历史的方式表现出来，即它不仅表现为不同宗教价值观之间的冲突，而且表现为截然不同的历史传统之间的冲突。值得注意的是，人文主义学术无论是对新教历史家，还是天主教历史家都有深刻影响，成为论战双方共同遵循的规范。因此，在宗教改革时期，无论是出于民族感情，还是宗教论战的需要，德国人写作历史的热情空前高涨，涌现出一大批杰出的历史家。

约翰·阿文蒂乌斯（Johann Aventinus，1477—1534年）是当时最著名的人文主义史家，有"巴伐利亚的希罗多德"的称号。他著有《巴伐利亚史》，这部具有人文主义风格的地方编年史试图把布鲁尼倡导的历史叙事方法与比昂多那样的学术研究结合起来。他虽然没有明确表示支持新教，但他公开反对修道院制度，对宗教改革和新教教义抱同情态度。阿文蒂乌斯的这部著作"在德意志历史编撰学的发展上是一个明确的路标"。[①] 贝亚图斯·雷纳努斯是一位卓越人文主义者，1531年他在巴塞尔出版的《德意志纪事》是文艺复兴时期德国民族历史的杰作。

除了一般的历史著述外，德国的历史—地志研究发展也特别充分。是德国民族历史写作的重要形式。16世纪德国人文主义学者面临的一个紧迫任务是探究和描述他们的国家。他们心中的德国是一个幅员辽阔、资源丰富、人口众多的国家，不再是古代作家笔下的到处是大沼泽和茂密森林的蛮荒之地。他们认为有必要通过历史著述来把这样的形象固定下来，有必要考察和描述德国的江河、山脉、河谷和平原，必须编制德国的资源清单。而且，地方编年史必须从档案馆中拯救出来，方言和习俗必须被研究和记录下来。只有完成了这项宏大的清理工作才能使德国人真正意识到他们是一个民族。这项工作非常宏大，不过，人文主义者有能力承担此任。虽然15世纪90年代康拉德·策尔蒂斯及其同事们所从事的，效仿弗拉维奥·比昂多的《意大利详述》编写《德国详述》的计划没有实现，但它是向正确方向迈出的第一步。到16世纪，策尔蒂斯计划的创造精神与"地理学的复兴"等学术因素融合在一起，产生了一种比"描述母邦"的视野更广的学术，那些在策尔蒂斯的启发下产生的著作在历史—地志文献这一更大的事业中找到了它们的符合逻辑的位置。历史—地志学家所采用的描述方法是他们为达到自己的目的而创造的。它是历史学、方志学和地理学等多学科的混合，其中每一个学科都发挥其能力来阐明德国的一个方面，各学科又融合为一个完整的描述方法。在16世纪，学者们对方志学做了更宽泛的解释，地理志、地方志和宇宙志之间的区分也不那么明确，名字甚至可以互换使用。因此，16世纪中期以后出版地理志、地方志和宇宙志许多是这类历史—地志学著作，其中最著名的要数明斯特16世纪中期出版的《寰宇志》

[①] G. R. 波特：《新编剑桥世界近代史》第1卷，中国社会科学院世界史研究所组译，中国社会科学出版社1999年版，第159页。

和约翰·劳 16 世纪末出版的《寰宇志》。总之，历史—地志著作涵盖非常广阔，空间上可以囊括整个世界，时间上是从古至今，内容上包括自然界和人类世界值得记载的事物，其目的是要通过向读者详尽地描述世界，尤其要使读者更加熟悉自己的故乡，要证明德国人的生生不息，及其悠久的历史文化传统。①

直接参与宗教论战的新教历史家塞巴斯蒂安·弗兰克是新教史学的重要先行者。他受过良好的人文主义教育，精通古典语言和学术，积极参与宗教改革运动。1538 年，弗兰克发表了历史著作《德国编年史》，叙述从古代直到查理五世时代的德国历史。这部著作以德语写成，他写作该书的目的是"指出我们的历史中真正的要点和主题"，以回应意大利人文主义史家对德国人的诽谤。因此，这部著作是一部出于爱国热情而写作的德国民族史。弗兰克的历史著作语言流畅，具有批判精神，将编年叙事与主题研究结合起来，注重探究历史事件的社会经济原因。因此，有学者甚至把弗兰克的著作称为"德国现代史学的开端"。②

第一节 温斐林的《德国史纲》

德国人文主义新史学的起步和历史批判意识觉醒，首先要归功于塔西陀《日耳曼尼亚志》的发现。该书是由意大利人文主义者埃尼阿斯·西尔维阿斯传给德国人文主义者的。塔西陀强调了日耳曼人固有的、纯粹的品性，他们的道德和经济关系的纯洁，以及他们政治制度的自由和民主。这些观点为德国历史学提供了意识形态基础。其次，比昂多的《意大利详述》是历史—地志研究的典范，是对德国民族情绪的一个挑战。为回应它，康拉德·策尔蒂斯（1459—1508 年）及其同事试图创作《德国详述》，以颂扬德国的传统。"高贵的先生们，我们应该感到羞愧，"策尔蒂斯曾经对德国人说，"某些现代历史家（他们出

---

① Strauss, Gerald, "Topographical-Historical Method in Sixteenth-Century German Scholarship," *Studies in the Renaissance*, Vol. 5, (1958), pp. 87 – 101.

② 孙锦泉等：《欧洲文艺复兴史·史学卷》，人民出版社 2010 年版，第 233 页。

版了新的历史著作,骄傲地声称他们可与古罗马帝国媲美)称我们著名的领袖为'野蛮人'……贬低我们德国人的声誉。"[1] 同时,人文主义者雅各布·温斐林也哀叹,德国人没有像罗马人、威尼斯人、英国人、法国人等创作一部民族历史,于是,他在1505年出版了《德国史纲》(*Epithoma rerum Germanicarum*)。他的《德国史纲》是对策尔蒂斯建议的响应,是德国第一部人文主义风格的民族史。

雅各布·温斐林(Jacob Wimpheling,1450—1528年),德国文艺复兴时期的著名人文主义者和神学家。1450年,他出生于阿尔萨斯地区的塞莱斯塔城的一个工匠家庭。他幼时在家乡一所拉丁语学校接受人文教育,该校校长就是塞莱斯塔人文图书馆的创建者路德维希·德林根贝格。1464年,他进入弗莱堡大学学习,1466年取得学士学位。随后,他转赴爱尔福特大学和海德堡大学学习,1471年取得硕士学位,接着又在该校研究了三年教会法。1584年,他得到了斯佩耶尔大教堂传道士的职位,于是,他用这份教会工作的收入来支撑自己在海德堡大学多年的神学研究。1498年,应帕拉丁选帝侯之邀,他担任了海德堡大学修辞学和诗学教授。1501年,他辞去海德堡大学的教授职位,来到斯特拉斯堡,试图劝说市政当局建立一所新型拉丁人文学校。此后十多年,他一直生活在斯特拉斯堡,在那儿从事写作和教学,依靠教会工作的微薄收入过活。1515年,他回到故乡塞莱斯塔,生活在学生和志趣相投的朋友们中,直到1517年路德宗教改革爆发才打破他宁静的生活。

在新教改革爆发之初,温斐林同情马丁·路德对出售赎罪券的谴责,对教士腐败和教皇滥权的攻击。1520年,当教廷把路德革除教门时,他曾呼吁教廷收回绝罚令。像许多较年老的德国人文主义者一样,他在了解路德的神学教义,认识到路德改革对教会统一的威胁后,毅然决然地与其断绝了往来。尽管他晚年体弱多病,他仍坚持抗争,不准路德教的传道士进入塞莱斯塔城。在一封写给路德和慈温利的公开信中,他敦促两位宗教改革者保留传统天主教仪式,尊重教廷。他的这些努力

---

[1] Donald R. Kelley, *The Writing of History and the Study of Law*, Burlington: Ashgate Publishing Company, 1997, I, p. 246.

并没有成效，拥护新教改革的学生和年轻的同事们斥责他是变节者，而那些天主教对手也没有放过他 1517 年之前对教会腐败的猛烈抨击，怀疑他对教会的忠诚，结果是两面不讨好。1528 年，他在家乡塞莱斯塔离开人世。①

温斐林是一个多产的作家和文献编辑者，他写作和编辑了一百多部书。他的著作涉及范围非常广泛，包括诗歌、戏剧、修辞和教育等，还有许多神学论著。在发表了一些拉丁诗歌后，他于 1484 年模仿罗马剧作家泰伦斯，写作了校园喜剧《施蒂尔弗》(*Stylpho*)。他在教育方面的著作主要有三本书，第一本是《优雅青华》(*Elegantiarum medulla*，1493 年)，该书实际上是对意大利学者瓦拉的《论拉丁语的优雅》的摘要和评述。第二本是《德国青年指南》(*Isidoneus germanicus*，1497 年)，这本书表达了他反对经院主义教育方法，提倡人文主义教育的思想，认为应该通过阅读异教作家和基督教作家的著作来学习文法，同时，他还强调了学习实用知识的重要性。第三本是《论青年》，这本书是对《德国青年指南》的补充，阐述了他关于道德伦理教育的观点。他关于德国历史的著作首先是 1501 年出版的《论日耳曼》(*Germania*)，这本书是题献给斯特拉斯堡市政当局的，目的是要说服当权者同意他在当地兴办人文学校。该书第一卷声称阿尔萨斯从来就属于日耳曼人，而不是法国的领土，并且为支撑自己的观点披露了许多历史文献根据。在第二卷，他概括了他兴办拉丁语学校的计划，分析了德国的社会和政治结构、社会冲突的原因，提出了消弭社会冲突的办法。他认为，德国社会是由僧侣、君主和平民组成，政治上则是一个有大小诸侯领地和自由城市组成的统一国家。德国社会扰攘不宁、纷争不断的原因是社会阶层之间彼此觊觎对方的权力和财产，只有各阶层安分守己、各尽其责社会才能达到和谐。当然，作为教会神职人员，他尽其所能地为僧侣辩护，强调他们并非不劳而获，而是负责社会成员的精神福利，对社会有贡献的阶层。他经常使用"共和国"(*respublica*)这一术语，但并不能说他具备像意

---

① Paul F. Grendler, (editor in chief), *Encyclopedia of The Renaissance*, New York: Charles Scribner's Sons, 1999, Vol. 6, pp. 311 – 312.

大利人文主义者那样的共和观念。他的所谓"共和国"实际上是指统治阶级关心"公益"的政治共同体，不仅包括那些治理良好的自由市，而且包括由贤明君主统治的诸侯国。他这本书目的不在于阐述政治理论，而是要说明人文教育对培养社会精英阶层的作用，从而推销自己的办学计划。①

当然，他最重要的历史著作是1505年发表的《德国史纲》。这本篇幅不长的历史著作虽然算不上史学杰作，但却是德国民族史学的开山之作，是意大利人文主义新史学在德国传播的结果，在西欧民族史学发展史中具有重要地位。他在写作风格上更接近布鲁尼的《佛罗伦萨颂》，而不是《佛罗伦萨人民史》。他主要利用了中世纪拉丁文历史著作，按照编年顺序来叙述德国历史，颂扬德国人的文化成就，线索非常清晰。这样，温斐林就从政治史和文化史两个方面界定了德国人，具有鲜明的德国民族意识。

首先，《德国史纲》从古代日耳曼人写起，赋予德国历史一个古今连贯的叙事形式，讲述日耳曼杰出人物的丰功伟绩。温斐林的资料来源主要是中世纪神圣罗马帝国的编年史，在事件叙述的细节上与其差别不大，但他在书中强调的是所谓日耳曼人的"卓越事迹"。他志在改变德国人没有自己的历史著作的现状，使德国人能在他的著作中"知晓德国人的古代，读到他们的帝王们的生平事迹，彻底了解德国人值得称道的功绩和名人，他们所进行的战争和取得的胜利，他们的艺术创造能力，以及他们高贵、虔诚、坚定和诚实的品格。"② 他首先追溯了日耳曼人的起源，把日耳曼人的历史一直上溯到荷马时代，以此宣称他们比罗马人更古老。接着他从五个日耳曼部落开始叙述日耳曼人的古代史，颂扬日耳曼的伟大事迹和人物，包括阿里奥维斯图斯，"第一个日耳曼人的

---

① 关于温斐林的《论日耳曼》的内容，参阅 Thomas A. Brady Jr., "The Themes of Social Structure, Social Conflict and Civic Harmony in Jacob Wimpheling's Germania," *The Sixteenth Century Journal*, 1972, Vol. 3, No. 2, (1972), pp. 65 – 76。

② Julie K. Tanaka, Historical Writing and German Identity: Jacob Wimpheling and Sebastian Franck, in *Politics and Reformation: Histories and Reformations* (edited by Christopher Ocker ET AL), Leiden: Koninklijke Brill NV, 2007, p. 158.

国王"，侧重于讲述日耳曼人对外族战争的各种胜利，包括对罗马人和哥特人的战争的胜利。在强调指出日耳曼人帮助罗马人打败哥特人重获自由后，他开始叙述日耳曼人帝国的历史。从查理曼到马克西米利安一世，他对历朝历代的皇帝都有生平简介，并且给予查理曼大帝、奥托一世、腓特烈一世和腓特烈二世特别关注。《德国史纲》中关于德国政治史部分以对德国文化成就的概述结束。

关于德国的文化成就，温斐林骄傲地提到在1380年德国人首先发明了火炮，认为这种武器比传统的臼炮威力更大，能摧毁坚固的城墙，给敌人造成更大的威胁。接着他继续赞扬德国人的聪明才智，尤其提到了印刷术的发明，指出印刷术的重要性要根据其影响的广度来评价。他认为，1440年斯特拉斯堡的约翰·谷登堡发明印刷术是上帝神圣的赐福，它影响广泛，为德国人带来巨大荣誉。德国人发明了印刷术，并且把它传播到欧洲各地。他声称，德国人除了是天才的发明家外，他们在建筑和艺术方面也胜过其他民族，他援引教皇庇护二世的话来佐证自己的观点。庇护二世曾说："我认为，德国人是杰出的数学家，在建筑上超越了所有民族。"[①] 他认为德国人的绘画才华也值得钦佩，并自豪地列举了伊萨克·阿勒曼乌斯、马丁·施恩告尔和阿尔布雷希特·丢勒等著名艺术家，说他们享誉全欧，作品销售到意大利和欧洲其他地区。在温斐林看来，国外对德国艺术家作品的需求证实了德国艺术的卓越。他特别看重意大利人对德国文化的认可，津津乐道印刷术如何使意大利人震撼，意大利人又是如何喜爱德国大师的画作。对他来说，德国人的成就和意大利人的欣赏就意味着德国拥有辉煌灿烂文化的明证。

德国人的文化成就把他们与欧洲其他民族区分开来，但仅此一项还不足以界定德国民族，他认为德国人还具备独特的民族性格。在这一点上，他利用古代和中世纪的文献，把古代作家有关日耳曼人好战的负面描述，转变为对日耳曼人的正面赞扬，声称德国人特别具有尚武精神。

---

① Julie K. Tanaka, Historical Writing and German Identity: Jacob Wimpheling and Sebastian Franck, in *Politics and Reformation: Histories and Reformations*, Leiden: Koninklijke Brill NV, 2007, p. 161.

德国人天生地热爱自由，随时准备发动战争保护他们来之不易的自由，就是妇女有时也会为保卫自己的家园而走上战场。他指出，德国人不是因为好战而发动战争，他们只有为保卫自由和家园才不惜发动战争。同时，温斐林认为，德国人出身高贵，并引述一位对德国人和德国文化怀有敌意的意大利人的书信来印证自己的观点。这位叫安东尼奥·康帕诺的意大利人曾致信他的朋友诋毁德国人和德国文化，但是他在信中不得不承认日耳曼人在家中和平温顺，对外敌英勇果断，日耳曼人生生不息，名人辈出，拥有比法国人、意大利人或西班牙人更高贵的血统。[1]温斐林并不认为日耳曼人的高贵得自罗马人，他坚信日耳曼人的高贵是由于他们高尚的品德和卓越的功绩，他们还把这种高贵带给了罗马人。在这一部分的最后，他提出日耳曼人的历史比罗马人的历史还要悠久的观点，他说："罗马比基督诞生早752年，但根据阿米利亚鲁斯·马西里鲁斯的记载，著名的日耳曼城市特里尔比基督诞生更早2000年。"[2]于是，他根据一位罗马作家的记载，声称日耳曼人有一个比意大利人更独特、更值得尊重、更悠久的过去。除了论证日耳曼人历史悠久、血统高贵外，温斐林还强调日耳曼人生性善良、有礼、慷慨。他们的这些品格与罗马教会的开化努力无关，而是出于天性。在接下来的一部分中，他赞美德国自然条件的优越，认为他的祖国气候温和，土地肥沃，水源丰富，森林茂密，物产多样，并发挥他诗人的想象力，把日耳曼人的聪明才智，人才辈出归因于当地宜人的气候。全书以赞美德国的土地和人民，重申德国人对基督教的虔诚和忠诚来结束，他写道：

> 在世界范围内，德国在如下方面胜过其他民族：德国人口众多，妇女贞洁，有卓越的统帅和君王，他们的血统高贵纯洁；德国的战士孔武有力，心志崇高；德国人从来宽宏大量，忠诚正直，热爱自由，意志坚定，具有杰出的艺术才能；德国有许多主教辖区，

---

[1] Julie K. Tanaka, Historical Writing and German Identity: Jacob Wimpheling and Sebastian Franck, in *Politics and Reformation: Histories and Reformations*, Leiden: Koninklijke Brill NV, 2007, p. 162.

[2] Ibid., p. 163.

无数大大小小的城市和城镇；德国人在教堂修建上最为用功，他们忠顺教廷，乐意缴纳什一税；德国人乐善好施，衣着得体；德国的地理位置优越，气候宜人。①

虔诚的基督教信仰，天生的优秀品格，高贵的民族起源，悠久的历史传统，辉煌的文化成就，优越的地理环境，丰富的自然资源，所有这些都被温斐林用来作为确认德国人的民族身份的因素，他是德国民族意识的最初表达者，德国民族史学的开创者。他遵循人文主义史学规范，用优雅的拉丁语改造中世纪文献，通过叙述日耳曼人的悠久历史，强调他们的文化成就来激发德国人的民族自豪感，在16世纪初为德国人写出了第一部人文主义风格的民族历史著作。

第二节 贝亚图斯的《德国纪事》

贝亚图斯与伊拉斯莫等人有交往，是一位卓越的人文主义者、历史家、藏书家、宗教改革者。他长期从事人文学术研究，熟悉古典古籍。1531年，他在巴塞尔出版的《德意志纪事》是文艺复兴时期德国的史学杰作，该书追溯日耳曼民族的过去，涵盖语言、文化和种族等各个方面。开阔的历史视野、全面的资料收集、良好的批判精神和深厚的爱国情怀是这部著作的主要特点。"贝亚图斯是那些模仿意大利人文主义者，其著作为德国历史编撰奠定牢固基础的历史家之一。"②

贝亚图斯·雷纳努斯（Beatus Rhenanus，1485—1547年）是阿尔萨斯人，1485年出生于阿尔萨斯的塞莱斯塔城，是著名人文主义者温斐林的同乡。他的父亲安托万·比尔德是来自里诺（Rhinau）的屠夫，他的姓雷纳努斯就得自其祖籍，而名贝亚图斯则是其父名比尔德

---

① Julie K. Tanaka, Historical Writing and German Identity: Jacob Wimpheling and Sebastian Franck, in *Politics and Reformation: Histories and Reformations*, Leiden: Koninklijke Brill NV, 2007, p. 164.

② Donald R. Kelley, *The Writing of History and the Study of Law*, Burlington: Ashgate Publishing Company, 1997, II, p. 163.

（Bild）的拉丁化。由于家境殷实，所以他能接受良好的教育，早年在家乡著名的塞莱斯塔人文学校读书。1503年，他进入巴黎大学求学，深受著名的人文主义者雅克·勒菲弗·戴塔普勒的影响。1507年，他回到塞莱斯塔，然后去了斯特拉斯堡，为印刷商马蒂亚斯·许雷尔工作。在斯特拉斯堡，他结识了包括温斐林、塞巴斯蒂安·布兰特和约翰·盖勒·冯·恺撒斯堡等阿尔萨斯人文主义者。1511年，他移居巴塞尔。他在弗罗本印刷所从事编辑和校对工作，为这家著名的印刷所的古籍出版事业作出了重要贡献。定居巴塞尔16年期间，他最突出的工作是编校古代异教作家和早期基督教作家的著作，尤其是1520年编校罗马历史家维利尤斯·帕特丘努斯的著作，以及1523年编校的早期基督教作家的历史著作。与此同时，他还在1526年出版了他自己的《普林尼〈自然史〉校注》一书，书中清晰阐述了他编校古代文献的标准。

从1514年起，他和伊拉斯莫过从甚密，伊拉斯莫非常欣赏他的工作能力和人品，有时还让他帮忙料理个人事务，协助自己进行学术研究。贝亚图斯把伊拉斯莫视作"慈父和良师"。只是在贝亚图斯确立了自己的学术地位和声望后，他们之间的关系才稍有疏远。然而，伊拉斯莫一直都认为他是自己最忠诚朋友之一。1536年，伊拉斯莫去世后，贝亚图斯毅然承担起了伊拉斯莫著作全集的编辑出版工作。1540年，《伊拉斯莫全集》出版，贝亚图斯为全集附上了一篇权威的伊拉斯莫传，将其题献给皇帝查理五世。在与马丁·路德相识之初，他认为路德与伊拉斯莫的理念是一致的，路德的早期文集的出版可能是二人合作的结果。1523年之后，由于看到路德改革引起的政治分裂，以及随后爆发的农民起义，他虽然同情宗教改革，但不再积极参与改革活动，减少了对改革的支持。为了避免卷入巴塞尔的宗教纷争，他潜心于弗罗本印刷所的工作，并于1527年离开巴塞尔，回到故乡塞莱斯塔。回乡后的前十几年，他全身心致力于历史研究和古籍编校，成果丰硕。1531年，他出版了历史著作《德国纪事》（*Rerum Germanicaarum*），1533年和1535年又先后编校出版了罗马历史家塔西托和李维的著作。1528年和1539年，他曾两次对德尔图良的著作进行校订。1539年之后，由于身体状况越来越差，他除准备续编《德国纪事》外，没有出版任何作品。

1547年春，为缓解日益恶化的膀胱疾病，他赴黑森林维尔德巴德温泉疗养，结果在回塞莱斯塔的途中死于斯特拉斯堡。①

贝亚图斯对古代文献校勘和历史研究一直有浓厚兴趣，他的学术成就也主要在这两方面。在古代文献研究方面，他是德国文艺复兴时期最伟大的语文学家之一，他与伊拉斯莫等人一道，把意大利人文主义者所锤炼的一套文献校勘考证的方法传播到北欧，并使其得到很大发展。贝亚图斯的文献校勘方法根植于对原典文字的研究和分析，对同一文献的不同抄本的认真校对，以及对新近出版的印刷版校勘本的仔细考查，这是其方法的重要特点。贝亚图斯具有深刻的历史意识，清楚地认识到语言、文化、社会、教会和教会仪式在历史过程中的变化，所以他在校勘古代文献过程中坚持对语言文字进行历史分析，从而避免了时代误置，能真实准确地读解古代作家的著作。这种历史变化的意识观念使他能把古代文献看作特定历史时期的产物，其形式和内容都反映了特定历史时期的语言、习俗、法律、术语和宗教仪式。他认为，正确读解古代抄本文献，尤其是修复残缺的抄本文献的关键在于对抄本内容进行严格的历史分析，包括分析文字拼写和抄写书法的细微变化。从他的古籍校勘方法，我们既能看到他对瓦拉和博里齐亚诺等意大利人文主义语文学家的继承，也能看到他对同时代学者，尤其是伊拉斯莫的学习，而且多年在弗罗本印刷所从事编辑校对工作的经验也非常重要。瓦拉等人提出了基于同一文献的不同抄本校对、文献抄本的文字分析，以及用特定历史时期的其他作家的作品作为旁证来对文献抄本做进一步的语文学、文法学和语境的分析的人文主义文献校勘方法。贝亚图斯发挥自己的天才，继承前人成就，依靠自己敏锐的历史意识、广博的历史知识，以及长期从事编辑工作的经验，抛弃了长期沿用的基于拉丁语修辞原则，依靠校勘者对某一作家的著作及其拉丁行文风格的熟悉来进行文献校勘的做法，把人文主义语文学方法提高到一个新的高度。正是这种充分的历史意识

---

① Beat von. Scarpatetti, Beatus Rhenanus, in *Contemporaries of Erasmus: A Biographical Register of the Renaissance and Reformation* (edited by Peter G. Bietenholz and Thomas B. Deutscher), Toronto: University of Toronto Press, 1985, Vol. 1, p. 107.

观念，把他的古代文献研究著作与他的老师伊拉斯莫的编辑、校订和注释古代文献的著作区分开来。①

实际上，贝亚图斯一生的学术生活都与他对古代文献的研究分不开。在巴塞尔期间，他编校过大量古代作家的著作，为许多古代异教作家、基督教早期作家和中古作家的著作编写过注释。从他早年编校罗马历史家维利尤斯·帕特丘努斯的著作和写作《普林尼〈自然史〉校注》，到他晚年对罗马历史家李维和塔西陀的校注，以及两次编校德尔图良的著作，我们不仅可以追溯他的学术思想的发展，而且可以考察其宗教思想和历史观点。他的文献校注著作中有对罗马教会及其宗教仪式的批判，表现出宗教改革的意愿，但他总是试图协调改革教会与服从罗马教廷之间的关系。他的宗教观点本质上与他的老师伊拉斯莫是一致的。更为重要的是，他的文献研究工作强化了他的历史意识，提高了他的历史研究水平，使他能够成为文艺复兴时期德国最有才华的人文主义历史家。

贝亚图斯对德国历史的探究由来已久，可以追溯到他客居巴塞尔，从事古代文献编校的时期。从15世纪晚期开始，罗马作家塔西陀的《日耳曼尼亚志》对德国知识界有特殊意义，是德国民族的自我发现和自我意识不可或缺的文献。意大利人文主义者波吉奥首先在黑斯菲尔德修道院藏书室重新发现《日耳曼尼亚志》的古抄本，后来埃尼阿斯·西尔维阿斯·皮科罗米尼用塔西陀这本小册子对日耳曼地区的描述来贬低德国，认为野蛮的德国需要罗马教会来开化。德国人文主义者接受了这一挑战，试图对该书进行了全面细致的研究，给予全新的解释。因此，一个《日耳曼尼亚志》的权威版本就成为重新解释这本古典著作，探究德国民族的历史起源的前提条件。1519年5月，巴塞尔的弗罗本印刷所出版由贝亚图斯校注的《日耳曼尼亚志》单行本，而且，以后各次重印（1519年8月、1533年和1544年）版都经过他的修订，使其遗漏和错讹越来越少。直到1574年利普西乌斯校订的塔西陀著作出版

---

① 关于贝亚图斯的文献研究方法，参阅 Johan F. D'Amico, *Theory and Practice in Renaissance Textual Criticism: Beatus Rhenanus between Conjecture and History*, Los Angeles: University of California Press, 1988。

前，贝亚图斯编校注的《日耳曼尼亚志》都是该书的标准版本。他对日耳曼古代历史的探究是从编校、评注《日耳曼尼亚志》开始，到1531年终于出版他的历史著作《德国纪事》，从而把德国人文主义史学提高到了一个新的水平。

贝亚图斯的《德国纪事》全书共三卷，从日耳曼人的古代写起，一直写到神圣罗马帝国的萨克森王朝（919—1024年），内容涵盖语言、文化和种族等各个方面。他写作这部历史著作的目的是要超越那些要么是编辑，要么是虚构的中古编年史，为德国人提供一部信史。他把塔西陀《日耳曼尼亚志》中关于早期日耳曼人的观点纳入自己的历史著作，旨在论证一个可以追溯到远古的日耳曼文化传统。他声称，日耳曼人一直生活在自由之中，而且他们血统纯洁，质朴勇敢，正直高贵，关怀妇女。[①] 他不重视对帝国形成的军事武功的叙述，而偏重于叙述文化与和平，以及文化与宗教之间的相互关联，试图对日耳曼人的起源和漫长历史中的文化成就做全面叙述。他有深厚的爱国情怀，但同时具有学者严谨的批判态度。在利用塔西陀的《日耳曼尼亚志》来追溯日耳曼人的起源时，他不像一般人文主义者那样一味强调日耳曼人的纯洁品格和政治自由，能超然于英雄崇拜和狭隘的民族情感之外，认为没有必把日耳曼人理想化。在史料上，他偏重于使用古典古籍和早期教会作家的著作，而不大重视教会编年史。特别值得注意的是，他的史料不局限于古典古籍、中古编年史、地方史等文献资料，还大量使用钱币、古物等考古资料，甚至使用了民间传说等口头资料。他主张应用严格的语文学方法对资料进行考证，要考虑资料产生的时间和历史条件，对中世纪修道院编年史要批判，那些无知的僧侣记载的东西有许多是不可信的。贝亚图斯用拉丁文写作《德国纪事》，而且历史叙述的下限也没到他自己的时代，所以他一直有续写它，以及把它译成德语的计划，不过这两个计划在他有生之年都没有实现。

正是在处理历史资料时，他提出了区分古代和"中古时代"的观

[①] 唐纳德·R. 凯利：《多面的历史》，陈恒等译，生活·读书·新知三联书店2003年版，第327页。

点。其实，早在 1519 年他写作《日耳曼尼亚志》评注时，他就提到应该利用中古时代（*media antiquitas*）资料来辨识古代（*prisca antiquitas*）文献中记载的日耳曼部落名和地名。他告诫读者，在阅读每一个文献时都要搞清楚文献产生的时间、作者和主题，然后，要对比新旧文献，随时记住时间带来的变化。[①] 后来，在写作《德国纪事》时，他提到要谨慎对待中古时代编年史家的记载，要抛弃其中不实的内容。在此，作为历史家的贝亚图斯强调古代和现代之间存在一个"中间时代"，说明他的"中世纪"概念不局限于文献考证的语文学范围。他虽然还没有把中世纪作为一个历史分期，但至少意识到自己所处时代与中古时代在文化上的不同。这与意大利人文主义者首先在文化史领域提出中世纪概念，而并不将其应用于政治史领域是一致的。因此，贝亚图斯对古代和中古时代的区分，应该说有助于西方史学中中世纪概念的形成。

作为杰出的人文主义者，贝亚图斯对古代历史文化，语言文字有精深研究，在古代文献的整理校勘方面有突出贡献。因此，把语文学方法应用于历史写作是他历史著作的重要特点。他是伊拉斯莫等人所倡导的把历史真实建立在世俗学术基础之上，追求真实而博学的历史学术标准的实践者。虽然他的历史著作叙事不太连贯，历史解释也不够深刻充分，但是他深厚的爱国情怀，追求真实的执着精神，宽泛的史料概念，严谨的批判态度和方法，使他的这部德国历史著作与现代学术和批判方法基本一致，是德国人文主义史学新发展的标志。

第三节　德国民族史的奠基者弗兰克

直接参与宗教论战的新教历史家塞巴斯蒂安·弗兰克是新教史学的重要先行者，也是德国民族历史写作的奠基人之一。他受过良好的人文主义教育，精通古典语言和学术，积极参与宗教改革运动，是德国文艺复兴和宗教改革时期著名的神学家、宗教改革家和历史家。他的《编年

[①] Peter Schaeffer, "The Emergence of Concept 'Medieval' in Central European Humanism," *The sixteenth Century Journal*, 1976, Vol. 7, No. 2, (1976), p. 27.

史、年代记和历史经书》为以后的新教历史家的历史解释奠定了基础。他的《德国编年史》(Germaniae chronicon) 用德语写作，将编年叙事与主题研究结合起来，探究德国历史的方方面面，是一部充满爱国热情的德国民族历史著作。

塞巴斯蒂安·弗兰克（Sebastian Franck，1499—1542 年）1499 年 1 月 20 日出生于巴伐利亚多瑙沃尔特城。他早年曾在诺林根的文法学校学习，1515 年，到因戈尔施塔特大学，接受包括拉丁语、希腊语和希伯来语等古典语言训练在内的人文教育。1517 年，大学毕业后，他转赴海德堡大学研究神学。当时海德堡大学神学院的老师多是信奉亚里士多德主义的经院学者，不过他进校几个月后就见证了马丁·路德及其追随者与经院学者之间激烈的神学争论，即著名的 1518 年"海德堡论战"。我们不知道他什么时候离开海德堡的，只知道离开海德堡后，他成了天主教会的教士。1525 年前后，他转向新教，于 1527 年，在纽伦堡附近的古斯腾费尔登担任新教牧师。1528 年，他娶奥蒂莉·贝哈姆为妻，她的两位兄弟是艺术大师丢勒的学生，宗教上倾向于再浸礼派。在这个农民起义席卷全德的动荡年代，弗兰克接受的圣灵论观点使他与路德的宗教主张尖锐对立。1528 年，他辞去牧师职务，由于自己激进的宗教改革思想，被迫拖家带口，浪迹各地，从事过多种职业。[1] 1529 年，他来到宗教气氛较为自由，聚集了许多激进宗教改革者的斯特拉斯堡。1531 年，他在这里发表了他的重要著作《编年史、年代记和历史经书》(Chronica, Zeitbuch und Geschichtbibel)。然而，他的那些关于世界精神发展的观点不见容于路德派等主流改革派，把伊拉斯莫归入异端，更激怒了曾经非常尊重他的伊拉斯莫。[2] 因此，《编年史、年代记和历史经书》一出版就引来了多方面的指责，书籍遭到查禁，作者弗兰克被投入监狱，最后被逐出斯特拉斯堡。1533 年，他为了谋生移居乌

---

[1] Beat von Scarpatetti, Sebastian Franck, in *Contemporaries of Erasmus: A Biographical Register of the Renaissance and Reformation*, (edited by Peter G. Bietenholz and Thomas B. Deutscher), Toronto: University of Toronto Press, 1985, Vol. 1, p. 53.

[2] Paul F. Grendler, (Editor in Chief), *Encyclopedia of Renaissance*, New York: Charles Scribner's Sons, 1999, Vol. 2, p. 420.

尔姆，1534年8月成为该市市民，同年出版了《编年史、年代记和历史经书》的补编《世界书》（Weltbuch）。然而，此后他的写作生涯也并不顺利，一再因为其激进的思想观点遭到迫害。1538年，他在法兰克福出版了他的历史著作《德国编年史》。次年，他离开乌尔姆，从此居无定所，最后于1542年在颠沛流离中撒手人寰。

《编年史、年代记和历史经书》是他最重要的著作之一，是据前人的历史著作，尤其是攸西比阿斯的《教会史》和哈特曼·舍德尔的《纽伦堡编年史》（1493年）编写的一部世界历史概要，其中提出了他对宗教改革，以及与之相关的社会和宗教问题的观点。在标题页的背面，他列举了自己写作时参考或援引的111种资料来源，其中既有普鲁塔克、普林尼、奥古斯丁、攸西比阿斯等古典作家和基督教早期教父，也有中世纪编年史和当代编年史作者，以及瓦拉、路德等人文主义者和宗教改革家。这充分表现出他良好的人文主义素养和求真求实的历史写作方法。《编年史、年代记和历史经书》的第一部从上帝创造世界叙述到古罗马帝国，第二部分叙述从古罗马皇帝奥古斯都到神圣罗马帝国皇帝查理五世的历史。在第二部中，他接受路德观点，对德国农民起义给予了猛烈抨击，认为对上帝确立的秩序的任何形式的反抗都是暴乱，福音教导基督徒要忍受不义，而不能暴力反抗。第三部又分为三部分，第一部分是从圣徒彼得到克莱芒七世的教皇编年史。在这一部分，他反对天主教会的权力主张，否认圣彼得是教皇。他还援引洛伦佐·瓦拉的著作，否认君士坦丁圣赠的真实性。第二部分叙述各次宗教会议，第三部分叙述罗马教廷所谓的各种宗教异端的编年史，其中包括威克里夫、胡斯和甘斯福特等人。[①]

关于异端的历史是全书中最具独创性和最有价值的部分，因为弗兰克本人与再浸礼派就有密切联系。在《异端编年史》的前言中，他告诫读者要关注书名的反讽意味。他是根据多明我修士卢森堡的伯纳德1522年出版的《异端大全》来划分异端的，也就是说归入异端的那些人是根

[①] George Huntston Williams, *The Radical Reformation*, Kirksville: Truman State University Press, 1992, p. 396.

据罗马教会的正统标准来辨识的。根据他自己的标准其中有些人根本不是什么异端,而应该被尊奉为圣徒,所以他才把伊拉斯莫归入异端。他写作这部历史就是要告诉人们,自教会创立以来的一系列所谓异端思想有其历史发展线索,许多异端人物都是无形的圣灵教会的成员,他们才是上帝存在的确证者。[①] 实际上,这本书重申了他激进的宗教改革观点,他认为除了《圣经·旧约》和《圣经·新约》所表明的从亚当到基督的人类救赎史之外,还有一种后续的神圣救赎史。在这后续的救赎史中,上帝为人类指明的救赎之道进一步展现出来。他认为,历史上的基督与圣经皆不具有特别意义,基督是不可见的圣言。真正的得救之道是建立他所谓由永恒的圣言来统治的无形圣灵教会,这种教会无须任何外在的烦琐仪式、教会制度和圣经权威,得救完全取决于内心的信仰。因此,作为神秘的圣灵主义的代表人物,他书中表现出对历史上出现的各种异端思想的深刻同情,并以异端思想作为基督教发展的历史传统,将其与腐化的罗马教会传统区别开来,从而为以后的新教史学观念奠定了基础。

弗兰克的《德国编年史》出版于 1538 年,即在温斐林的《德国史纲》初版之后 33 年。这部一卷本的德国史与温斐林的著作不同,它不是用拉丁语而是用德语写成。他的《编年史、年代记和历史经书》和《世界书》是一部关于世俗历史和神圣历史的百科全书,中心论题是圣言对世界历史事件的影响,而《德国编年史》则专论德国。虽然《德国编年史》中有世俗史和神圣史的分别,也有对上帝作用的关注,但集中关注的是德国历史。首先,他分析了他认为可信的德国历史家的记载,叙述了日耳曼人历史的方方面面,包括"基督诞生前和基督诞生后,从诺亚开始直到查理五世,他们的名称由来、行为举止、善行劣迹、言论意见、战争胜败……他们的土地、宗教、法律、政策、方言、族群和习俗。"[②] 像温斐林的《德国史纲》一样,他把重点放在神圣罗

[①] See Geoffrey Dipple, Sebastian Franck in Strasbourg, online http: //www. goshen. edu/mqr/pastissues/ oct99 dipple. html (consulted Apr. 20, 2014).

[②] Julie K. Tanaka, Historical Writing and German Identity: Jacob Wimpheling and Sebastian Franck, in *Politics and Reformation: Histories and Reformations*, Leiden: Koninklijke Brill NV, 2007, p. 166.

马帝国的历史上。他在追溯日耳曼人的起源,确定他们最初的历史方面比温斐林做得更好。他为德国人提供了一个从古到今的民族历史叙述,他要使德国人阅读他的历史就像在镜子里看到自己一样。

弗兰克的《德国编年史》不是针对国外知识界为德国人辩护,使德国人文主义学术在欧洲得到平等对待。他的目的非常明确,就是要弄清楚是什么妨碍了德国人意识到自己的民族身份。他相信,只要德国人认识到自己的富足,理解他们真正所需要的东西,他们就不会屈从于任何人,他们就不会在知识学问等方面乞求任何人的恩惠。因此,他要消除过去和现在史籍中关于日耳曼人野蛮的刻板描述,认为那些记载都是荒诞不经的虚构。当然,《德国编年史》全书332个对开页,并非处处精彩,其中268页都是根据其他历史记载来编写的神圣罗马帝国诸帝的生平事迹。这部书真正有意义的有两个方面,一方面是它使我们认识到在16世纪一个德国人对德国民族身份的看法;另一方面,不像温斐林的《德国史纲》主要是从文化史角度来界定德国民族身份,它几乎涵盖了能界定德国民族和德国疆土的各个方面,正如弗兰克在该书序言中所说,他要为德国人提供第一部用德语写成的关于他们自己的完整的历史叙述。[①]

弗兰克曾经在神圣罗马帝国范围内多个城市生活过,他的周围有法国人、意大利人、西班牙人、匈牙利人和波西米亚人等,这种经历对他的历史写作计划有深刻影响。他认为,各民族都有其民族特征,人们可以根据所操语言、服饰外表和行为习性来辨认不同民族的人。许多民族的人,如法国人和匈牙利人清楚地意识到他们与其他民族的差别,更重要的是,他们都以不同于其他民族为傲。弗兰克哀叹道,与其他民族相比较,"只有德国人嫌弃他们自己的语言和服饰,穿着外国的奇装异服到处招摇"。由于德国人所弃绝的正是不同民族之间相互区别的特征,

---

① Julie K. Tanaka, Historical Writing and German Identity: Jacob Wimpheling and Sebastian Franck, in *Politics and Reformation: Histories and Reformations*, Leiden: Koninklijke Brill NV, 2007, p. 167.

所以人们就只有通过酗酒和好战来辨认德国人了。① 对于古代文献中关于日耳曼人的记载给人们造成的德国人野蛮好战的刻板印象，弗兰克的处理方式与温斐林是不同的。温斐林是拒绝使用古代文献中对日耳曼人的负面描述，只选用那些正面的描述来颂扬日耳曼人。而弗兰克则保留这些描述，用它们来证明他的观点，即德国人有多种多样的习俗、语言和服饰，他们又特别善于模仿其他民族的言谈举止，这就妨碍了德国人清楚意识到自己的民族身份。弗兰克一方面批评德国人自己否认他们的民族特征；另一方面，他阐明了他自己对德国民族身份的界定。他认为，要辨认德国人不能仅仅根据语言、服饰和习俗，还需要考虑其他因素。德国人像其他民族一样和蔼可亲、正直诚实、聪慧虔诚。德国土地肥沃富饶，历史辉煌。因此，德国人的性格特征和辉煌历史是界定德国人非常重要的因素。他进一步指出，虽然德国人成就了丰功伟绩，有那么辉煌的过去，但德国人在历史写作方面依然落后于其他民族。没有准确的历史记载来描述德国人和他们的家园，因而德国人不能通过学习和了解历史来认识到他们自己的民族身份。他对德国历史研究的现状非常不满。

为了改变德国史学落后的状况，他认为需要重建从古到今的连续的历史叙述，以便德国人通过学习历史来认识清楚他们从何而来，他们是谁。与早期德国人文主义者写作的德国史不同，他不仅要重建连续的德国历史，而且他的视野更开阔。温斐林是从五个日耳曼部落开始写，然后讲述日耳曼人对古罗马帝国的入侵，而弗兰克却从尽可能早的时期开始写，去追溯日耳曼人的最早起源。他利用塔西陀的记载和日耳曼人的传说，声称日耳曼人是当地土著，而非外来族群，他们是圣经人物诺亚的儿子图伊斯托的子孙，从古到今在这块土地上繁衍生息。日耳曼人的名称（teutsche）就来源于其祖先图伊斯托（tuisto）。这样，弗兰克就把日耳曼人既与古罗马传统，又与圣经传统联系了起来。他还利用中古

---

① Julie K. Tanaka, Historical Writing and German Identity: Jacob Wimpheling and Sebastian Franck, in *Politics and Reformation: Histories and Reformations*, Leiden: Koninklijke Brill NV, 2007, p. 168.

教会史家把世界史描述为巴比伦、亚述、波斯和罗马四大帝国相继更替的四大帝国理论，把日耳曼人的历史与第四个帝国，即罗马帝国的确立联系起来。这就使他能够重建一个比欧洲任何民族的历史都更悠久的日耳曼人的历史，叙述他们源远流长的辉煌文明。弗兰克是要告诉他的读者，日耳曼人在艺术才能、道德品质和政治智慧等方面不输于希腊、罗马人，先辈的丰功伟绩值得记忆，这片土地值得热爱。他认为，查理曼是第一位日耳曼皇帝，而后来的帝国转移，即日耳曼神圣罗马帝国的建立则是日耳曼人历史上的重大事件。文艺复兴时期的人对帝国转移深信不疑，所以把查理曼看作第一位日耳曼皇帝就象征着日耳曼人是罗马帝国的继承者，而帝国转移理论又使日耳曼人的帝国权力得以合法化。他的这些观点虽然不是原创，但通过他拥有众多读者的历史著作，对塑造德国人的历史观念和民族意识影响深远。

有意识、有目的地使用德国俗语写作他的《德国编年史》，是弗兰克区别于其前辈的重要方面。他坚持认为，在丰富多彩、充满生气的德国文化中，最重要的民族身份标志是语言。以前的德国人文主义者一般都遵循人文主义历史写作标准，先用拉丁语写作民族历史，然后再由自己或他人来翻译成德语。用拉丁语写作，除了是遵循人文主义史学规范，依傍古希腊、罗马历史写作传统来提高自己著作的合法性和权威性外，当时的学者还以熟练掌握拉丁语自傲。更为重要的是，当时的德国学者一般都认为，拉丁语比德语更优雅、更有表现能力。人文主义者的这种观点不利于德国语言文学的发展，以至于直到路德把《圣经》翻译成德语出版之前，德国都没有公认的民族文学语言。然而，弗兰克却充分认识到德语的优点，用它来写作历史著作。作为接受过良好人文训练的学者，他精通拉丁语，之所以用德语写作有他的目的。他认为，德语与希腊语和拉丁语一样具有同等表达知识智慧的能力，希腊、罗马人在历史和法律文献中所说过的名言警句，德国人也能用自己的语言表达同样的意思。他对德语的表现能力非常自信，认为德国人可以用它来清晰表达自己的思想。他非常清楚德国有多种方言俗语，但是他似乎是把它们当作一种语言来颂扬的。他公开声称，德语是一种非常值得尊重的语言，可以用它来辨别谁是德国人。他得出结论，德语即便不比希腊语和拉丁语更好，那也是同样好。具有悠久的历史、辉煌的文化成就和共同语言的德国人现在不应该屈从于罗马。他这部历史针对的读者不是人文主义者，而是整个德国人，所以他理所当然地用德语写作。他要用德语为德国人提供一部关于他们的土地家园和历史文化的正确记录，希望德国人从中了解到自己是诺亚之子图伊斯托的子孙，他们优秀的品质使他们有权管理一个帝国长达8世纪之久。日耳曼人不仅是罗马帝国和基督教会的保卫者，罗马帝国权威的继承者，而且，作为图伊斯托的子孙，日耳曼人的起源比罗马还早。德国人可以穿外国服饰，但在16世纪德国人心目中，界定一个民族并不根据外表的穿着，而是根据祖先起源、共同语言，更重要的是一个源远流长、连续不断的辉煌历史。

弗兰克的《德国编年史》是德国历史上第一次从祖先起源、疆域土地和历史文化等方面来全面界定德国民族身份，有意识地用本民族的语言充分表达民族意识观念，标志着德国民族意识在文艺复兴和宗教改革时期的日臻成熟。他对德国历史的系统描述，写作过程中表现出来的求真求实的批判精神，以及把编年叙事与专题研究结合的著作形式，都说明他超越了同时代德国历史家，他的史学是德国现代史学的开端。

第八章　西班牙和尼德兰的民族历史写作

16世纪早期至17世纪晚期是西班牙历史上的所谓黄金时代（*Siglo de Oro*），对古典古代的崇拜是时代潮流。然而，西班牙的古典学术兴盛与欧洲其他国家的所谓文艺复兴有差别，因为古典学术在西班牙从来不曾湮灭无闻。在半岛南部摩尔人的阿拉伯学术影响下，即便是中世纪，西班牙的古典学术研究也薪火传承，从未中断。只是到15世纪末，由于意大利人文主义学术的影响，激发起了西班牙人对古典学术的强烈兴趣。因此，西班牙的文艺复兴不能简单表述为古典学术的复兴，而应该看作在人文主义者影响下，古典学术的繁荣。15世纪70—80年代，蓬波尼奥·曼托瓦诺、卢乔·马里内奥·西库洛和皮耶罗·马尔蒂雷等人文主义者从意大利来到西班牙讲学，应该是西班牙人文主义学术的开端。这一时期意大利对西班牙人文主义学术的影响主要表现在历史领域，无论是马里内奥还是马尔蒂雷，他们都对历史有浓厚兴趣，把人文主义史学方法介绍到了西班牙，并且他们都亲自从事历史写作。[①] 在意大利学者来到西班牙的同时，安东尼奥·德·内布里雅、胡安·马格里特等西班牙学者也前往意大利学习，把人文主义新学术、新方法带回西班牙。

15世纪意大利人文主义者与西班牙学者的交流，1492年西班牙征服半岛南部摩尔人的格拉纳达王国，最终完成了国家统一，这些都促进了西班牙人文学术的发展，使西班牙进入了文学艺术繁荣的黄金时代。

---

① G.R.波特编：《新编剑桥世界近代史》（第1卷），中国社会科学院世界历史研究所组译，中国社会科学出版社1999年版，第63页。

早在伊莎贝拉之父约翰二世在位时，西班牙就有任命人文主义者担任皇家史官的传统，后来的各代君王都沿袭这一惯例。冈萨诺·德·阿约拉、内布里雅、冈萨诺·德·桑塔马、弗罗里安·德·奥坎波、安布罗西奥·德·莫拉莱斯等人文主义者先后担任过皇家史官。西班牙君王希望人文主义者用人文主义编史方法，来追溯西班牙的过去，写作一部连贯的西班牙王国历史著作。在探究西班牙民族历史的过程中，卡萨斯、门多萨、奥维耶多、梅希亚、祖里塔、马里亚纳等学者们写作了阿拉贡年代记、西班牙通史、格拉纳达战争史、西属美洲史等多方面的著作。

荷兰文艺复兴时代是一个新旧交替的伟大时代，人才辈出，若星河灿烂，称之为荷兰文学艺术最繁荣的"黄金时代"。霍夫特是这一时期最著名的诗人，有"荷兰诗歌之父"的美誉。他是一个多才多艺的学者、积极的政治活动家，曾经担任过荷兰梅顿城的行政长官，同时还是一位杰出历史家。因此，在同时代人看来，他既是"荷兰的彼特拉克"，又是"荷兰的塔西陀"。[1] 直到现在，他仍然得到荷兰人民和世界人民的尊重，被认为是荷兰文艺复兴时代的巨人。1947年，为纪念霍夫特逝世300周年，荷兰设立"霍夫特文学奖"，用以奖励那些对荷兰语言文学做出杰出贡献的作家，该奖是荷兰国家的文学终身成就奖。格劳秀斯更是这时期一位享誉全欧的非凡天才，他是杰出的人文主义者、优秀的诗人、卓越的历史家。同时，他还是荷兰著名的政治活动家、思想敏锐的神学家、出色的法学家。他在政治学和法学方面的著作，尤其是《战争与和平法》一书使他享有"国际法之父"的称号。[2]

第一节　西班牙人文主义史学的奠基者梅西亚

梅希亚的《从恺撒到马克西米利安一世的历史》（*Historia imperial y cesarean*）无论从编史方法，还是文辞风格来看都是西班牙黄金时代人

---

[1] 汤普森：《历史著作史》（上卷），谢德风译，商务印书馆1988年版，第830页。
[2] Thomas Mautner, "Grotius and the Skeptics," *Journal of the History of Ideas*, Vol. 66, No. 4, (2005), p. 577.

文主义史学的典范。

佩德罗·德·梅希亚（Pedro de Mexia，1497—1551年）1499年出生于塞维利亚，一生大部分时间是在自己的故乡度过的。他是西班牙黄金时代非常著名的人文主义者，因为学识渊博，成为皇帝查理五世任命的八位皇家史官之一，在当时有"尊贵的骑士"（el magnífico caballero）的称号。关于他的生平有同时代人弗朗西斯科·帕切科，即西班牙伟大的画家、艺术家委拉斯凯兹的岳父为他写的传记传世。[1] 根据这部传记，我们知道他少年时代是在塞维利亚学习拉丁语，随后进入萨拉曼卡大学学习法律。他不仅是一位优秀的学者，熟悉李维、苏维托尼乌斯等古典作家，对数学和天文学都有研究，而且擅长剑术。他的交往圈子非常广泛，与西班牙探险家有交往，与人文主义者伊拉斯莫和韦维斯过从甚密。他一生忍受着严重的失眠症，一夜睡眠不足4小时。作为一位虔诚的天主教徒，每天清晨必定要去教堂祷告，整个白天忙于各种事务，晚上大部分时间用来阅读和写作。他的第一本著作不是历史著作，而是一部人文知识汇编著作，书名叫《百科文苑》（Silva de varia leccion，1540年）。该书涉及多方面的内容，包括逸闻趣事、历史掌故、异象奇观和各种杂感，其著作形式和风格显然受到古典作家杰留斯的《阿提卡之夜》的影响。《百科文苑》是一部畅销全欧的书籍，仅16世纪就重印了17次，1542年翻译成意大利语，1552年翻译成法语，1571年翻译成英语，随后还被翻译成欧洲各国其他语言。正是由于它被多次翻译、效仿和续编而闻名全欧。[2] 这本书的成功激发了他的写作欲望，他马上着手编写历史著作《从恺撒到马克西米利安一世的历史》（1545年前后）。也就在这时，他被皇帝查理五世任命为皇家史官，所以他又开始写作《皇帝查理五世》（Historia del Emperador Carlos V），不过该书由于他1551年去世而没有最后完成。他在世出版的著作还有1547年出版的《对话集》（Dialogos o coloquios）。这本书是对伊拉斯莫同类著作的效

---

[1] Margaret L. Mulroney, *Dialogos o Coloquios of Pedro Mejia*. 5. online at http://ir.uiowa.edu/uissll/ (consulted May 14, 2014).

[2] Ann M. Blair, *Too Much to Know: Managing Scholarly Information before the Modern Age*, New Haven: Yale University Press, 2010, p.127.

仿，讨论天文学等科学问题，还论述当代习俗和信仰等问题。

　　梅希亚接受过良好的人文主义教育，学识渊博，熟悉人文主义史学方法，加之他眼界开阔，交往广泛，留心时事，这就更刺激了他的编史愿望，使他的史学天才得以充分展现。他的第一部著作《百科文苑》虽然不是历史书，但其中表现出他敏于观察，想象丰富，兴趣广泛，熟悉古典和当代作家的著作，并且具有删繁就简，去芜存精，以及卓越的组织材料的能力。这些都是一个优秀史家不可或缺的品质和能力，所以，他后来写作的历史著作《从恺撒到马克西米利安一世》，能够使他在西班牙人文主义史家中占据一个独特的位置。这部著作是梅希亚史学方面的代表作，对研究西班牙黄金时代的史学史有重要意义。它对研究者的意义不仅在于它记述的范围和主题，还在于它与此前的西班牙历史家的著作形成鲜明对照。他从公元前 1 世纪写到 16 世纪，涵盖 1560 年的欧洲人漫长的历史发展过程，不过他剪裁精当，全书篇幅不大，只有 423 个双栏对开页。要在这样有限的篇幅内囊括那样丰富的内容，其编写难度可想而知。① 为编写这样一部时间跨度非常大的编年史，他尽可能搜集了当时可以得到的资料。通过艰辛的努力，他成功地完成了一部资料翔实、判断审慎、结构紧凑的历史著作。他在坚持历史真实性和客观性的同时，又很好地处理了东、西罗马帝国，以及后来的神圣罗马帝国的许多问题。

　　与他之前的西班牙历史家相比，梅希亚的这部历史书内容更全面、更真实，表现出作者对人文主义历史考证方法的娴熟运用。他在史料搜集和考证、材料取舍和组织等方面具有非常好的判断能力。书中没有荒诞不经的东西，不以自己的好恶歪曲史实，努力做到公平、公正。为了使著作更具整体性，他始终聚焦各朝各代最重要的事件，精心选择和组织材料，避免一切冗长枝蔓的离题话。虽然当时人们还不知道使用引文注释的方法，但他已经意识到有必要说明所用材料的可靠性。为支撑一些特定的陈述，他用页边注的形式来指出其资料的权威性，各章中的一

---

① Edward James Schuster, "Pedro de Mexia and Spanish Golden Age Historiography," *Renaissance News*, Vol. 13, No. 1, (1960), p. 4.

般性叙述则以各朝代叙事结尾处开列出参考文献的方式来说明其可靠性。书中开列的参考文献数量大、质量高，而且不是为了炫耀自己的学识。分析他开列的参考文献，我们可以了解到他严谨的治学态度和广博的知识范围。例如在叙述恺撒的生平时，他除了说明自己使用了恺撒本人的著作外，还提到他所用的大量其他作家的作品，其中包括普鲁塔克、苏维托尼乌斯、阿庇安、卢坎、保罗·奥修斯、欧特罗皮乌斯、卢修斯·弗洛鲁斯、西塞罗、维吉尔、圣伊西多尔、比德等，共计十几位作家。叙述其他各代历史时，他所引用的作家都不少于此数。梅希亚的视野非常开阔，在具体历史叙述中远远超越了他原来设定的编年叙述框架，涉及欧洲一千多年的政治、军事和教会的重大事件，并意识到了这些事件的相互作用和影响。除此之外，他还述及法律、哲学、文学和航海探险等方面的内容。

他的另一部历史著作《皇帝查理五世》因他1551年去世而没有完成，没有能够在他有生之年印刷出版。在16世纪和17世纪初，它以抄本形式广泛传播，后来普鲁登齐奥·德·桑多瓦尔（1553—1620年）的《皇帝查理五世史》在内容和风格上都与它一致，几乎就是对梅希亚的剽窃。之后，它一直湮灭无闻，直到1918年才有了第一个完整的印刷版本。1945年，胡安·德·马塔·卡里亚佐通过对二十多个抄本的比较研究，最终出版该书的权威版本。该书实际上是按编年史体裁编写的查理五世的传记，开始于1500年查理出生，结束于1530年查理在博洛尼亚加冕为神圣罗马帝国皇帝。然而，作为查理五世任命的皇家史官，书中难免有溢美之词，强调皇帝的孔武有力，英明智慧，对其缺点却只字不提。该书对查理五世时代的经济、社会、政治，甚至宗教方面的内容都少有涉及，主要讲述的是查理五世与教皇、英王亨利八世和法王弗朗索瓦一世的斗争，还有对1520年至1521年卡斯蒂尔城市公社战争和1527年查理五世洗劫罗马的精彩描述。[①] 尽管对于梅希亚来说，历史似乎就是君王之间的斗争，不过我们可以从中了解到查理五世时代神

---

① German Bleiberg ET AL. (ed.), *Dictionary of the Literature of the Iberian Peninsula*, Westport: Greenwood Press, 1993, p. 1084.

圣罗马帝国、教廷、英国和法国等欧洲各大政治势力之间的关系以及全欧的政治局势。另外，虽然作者与查理五世的特殊关系严重影响了他对历史的叙述和评判，但该书还是表现出作者对史料的批判考证和审慎取舍，以及流畅、优雅、连贯的叙事风格，并不像汤普森所说的那样"毫无批判精神，也谈不上什么风格"。①

梅希亚是一位杰出的人文主义者，他清晰地认识到历史家的求真求实的职责，以及为后代子孙留下真实历史记载的义务。他曾坦率地说：

> 既然我不能只顾把历史藻饰得漂亮，那么，我承诺要力争如实书写，满足于卡图鲁斯论及西塞罗时所言，为了写历史不必是一个雄辩家，只要不是说谎者就足够了。……至于说历史要关注年代安排，叙事顺序，人名地名的确定，要有智慧洞察和警句忠告等历史写作要求和规则，以及其他一些润饰和完善历史的方法，我都在不拖延写作时间，不影响行文简洁的情况下尽量给予了考虑。我必须简要处理一个如此大的主题，虽然我学有欠缺，文不雄辩，还是要尽量写得使人满意。②

第二节 "西班牙的李维"马里亚纳

对于西班牙人来说，文艺复兴，或者说西班牙的黄金时代不仅仅表现为古典学术研究的兴盛，更重要的表现为西班牙民族精神的成长。写作一部连贯的西班牙民族历史，从15世纪晚期开始一直是西班牙历代君王和人文主义者的愿望。如果说祖里塔的《阿拉贡年代记》（1580年出齐）奠定了西班牙近代民族历史写作的基础，那么，马里亚纳编写的《西班牙史》（*Historiae de rebus Hispaniae*）则是第一部把西班牙作为一个整体来连贯叙述的西班牙民族历史著作。因此，当时著名的文学家洛

---

① 汤普森：《历史著作史》（上卷），谢德风译，商务印书馆1988年版，第837页。
② Edward James Schuster, "Pedro de Mexia and Spanish Golden Age Historiography," *Renaissance News*, Vol. 13, No. 1, (1960), p. 6.

佩·德·维加称他为"西班牙的李维"。①

胡安·德·马里亚纳（Juan de Mariana, 1536—1624年）1536年出生于托莱多的塔拉韦拉，是当地一位教士的私生子。他曾经在阿尔卡拉·德·埃纳雷斯的康普腾斯大学学习，17岁加入耶稣会。1561年大学毕业后，他离开西班牙，进入罗马耶稣会学院继续学习。1565年后，他成为洛雷托大学校长，后转赴西西里任墨西拿大学神学教授。1569年，他从西西里去了巴黎，在巴黎索邦大学讲授神学，因对阿奎那的透彻阐述而赢得声誉。1574年，由于健康原因，教廷准许他回到西班牙，定居托莱多。他在托莱多一直担任教会法院检察官、宗教裁判所顾问，还担任过王子的老师。与此同时，他潜心学术研究，写作了许多非常有影响政治、经济和历史方面的著作。1623年，他被菲利普四世任命为西班牙皇家史官。②

虽然马里亚纳著述很多，以史学家名传后世，但他的第一部著作并不是历史书，而是一部政治学著作，即《论国王和国王的教育》（*De rege et regis institutione*）。从著作形式上看，它是一种很古老的，也是当时非常流行的"君王宝鉴"类著作。然而，他在书中根据历史考察和现实政治分析，提出了君王教育的原则，阐述了他的限制君权，反对暴君政治的思想。他并不像他的许多前辈们那样乐观，他认为西班牙的所谓"黄金时代"正在衰落，君主制无非是必要之恶（necessary evil），只能被看作破坏性最小的政府形式。而且，他对长子继承制的接受也非常勉强，认为相对于选举君主制而言，它是两害相权取其轻的权宜之计。他这本书正好出版于西班牙国王菲利普二世去世那一年，即1598年。这位君王统治西班牙长达42年，在位期间他致力于讨伐国外宗教异端，捍卫国王在国内至高无上的权力，所以对他的颂扬似乎成了西班牙人理所当然的事。然而，马里亚纳却在这时看到西班牙盛极而衰的多种表现，如西班牙无敌舰队的失败，干涉法国内战和镇压尼德兰革命所

---

① R. M. Price, "Review (Reviewed work: *Juan de Mariana* by Alan Soons)," *The Modern Language Review*, Vol. 79, No. 2, (1984), p. 475.

② 关于马里亚纳的生平，参阅 John Laures, *Political Economy of Juan de Maiana*, New York: Fordham University Press, 1928, pp. 1–8。

造成的两面作战的困局，为筹措军费对臣民的横征暴敛，以及1596年开始席卷全国的黑死病瘟疫，所有这一切都标志着西班牙君主制的衰落。就在这样的背景下，他出版了这部著作，对君主制进行猛烈的抨击。他甚至于不假意称赞菲利普二世，而是毫无顾忌地剖析这位国王的错误，谴责国王处死埃格蒙特伯爵和霍恩伯爵激化了矛盾，挑起了尼德兰的起义。

他认为，君王的权力来源于臣民，国王不仅要服从自己制定的法律，而且未经臣民表决同意，不得随意更改法律。他坚持贤明的君主应该审慎执政，不滥用权力，兼听多方意见，绝不为宠幸所左右，就西班牙当时的实际情况来说，国王更应该多听取教士的意见。他的观点虽然有为教会干预世俗政权辩护之嫌，但更多地表现出他对西班牙政治现实的绝望，他不相信世俗的政治家和政治机构能有效地限制国王滥权。他的观点很大程度上是以亚里士多德的政治理论为基础的，但他的反暴君思想，以及关于君权在民和限制君权的讨论，在当时西班牙君主专制的语境下确实是振聋发聩的，充分表明他是一位有独立精神、有创新见解的思想家。他站在在俗教士的立场来表达自己的政治观点，试图为西班牙走出菲利普二世去世后的政治乱局出谋划策。他深刻的政治洞见和强烈的爱国热情把他为西班牙教士参政辩护的独特政治立场与时人对政治改革的探讨联系了起来，从中我们可以看到16—17世纪西班牙教俗权力之间的复杂关系。[①]

当然，作为西班牙皇家史官，他最重要的著作是《西班牙史》。这是第一部西班牙通史，是西班牙黄金时代最杰出的历史著作，是整体连贯叙述西班牙历史的第一次尝试。他写作该书的初衷是要让欧洲人了解西班牙历史，纠正外国人对西班牙的错误印象，所以前25卷用拉丁语写成。全书包括西班牙民族从起源到斐迪南五世去世（1516年）的历史，于1592年在托莱多开始出版（1605年全书出齐）。该书拉丁文本出版后取得了巨大成功，于是，马里亚纳意识到有必要将其翻译成西班

---

① See Harald E. Braun, *Juan de Mariana and Early Modern Spanish Political Thought*, London: Ashgate, 2008.

牙语，让西班牙人也能读到自己民族的历史。1601 年，由他亲自翻译的西班牙文本正式出版，书名为《西班牙通史》(*Historia General de España*)。该书的西班牙文版不能说仅仅是翻译，而完全是一本新书，增补了大量资料，做了许多校正和改进。因此，该书西班牙文版的质量优于拉丁文版，至今仍被看作一部西班牙古典风格的史学杰作。① 他将西班牙文译本题献给国王菲利普三世，他说："尽管书中难免有错误，但我相信，西班牙的伟大会使这部书传之永久。"② 后来，马里亚纳继续编写，涵盖了直到 1621 年以前的西班牙历史，卷数也扩展为 30 卷。

马里亚纳有成熟的历史意识，清晰地认识到历史写作的重要性，他指出：

> 历史尤其是对时间的胜利。时间摧毁了过去的一切记忆和辉煌。居鲁士、亚历山大和恺撒时代的宏伟建筑，他们的雕像和战利品，他们的财富和权威，如今安在？所罗门的神殿、耶路撒冷的塔楼和堡垒，如今安在？太阳使花儿在清晨盛开，又使花儿在午后凋谢。只有历史传承下来，是历史保存了伟大人物和事件的记忆。③

因此，他写作历史的目的就是要使西班牙人的丰功伟绩不至于湮灭无闻，据此激发人们的爱国热情。马里亚纳写作和出版《西班牙史》时，菲利普二世正通过兼并葡萄牙（1580 年），取得了对整个伊比利亚半岛的统治权。海外殖民帝国的建立、伊比利亚半岛的统一，使西班牙人的民族意识高涨，急需要一部民族通史著作来界定其民族身份。这一历史使命最终落到了耶稣会士马里亚纳肩上，不过他对如何写作一部民族历史有自己的看法。作为一位长期在意大利和法国工作和研究的人文主义者，他不愿意模仿传统的西班牙编年史，他写作了一部文辞优雅，

---

① John Laures, *Political Economy of Juan de Maiana*, New York: Fordham University Press, 1928, p. 3.

② Barbara Fuchs, *Exotic Nation: Maurophilia and Construction of Early Modern Spain*, Philadelphia: University of Pennsylvania Press, 2009, p. 31.

③ Ibid., p. 32.

内容博学，视野开阔，既有深厚的爱国情怀，完整叙述西班牙帝国的兴起过程，又能反映天主教会反宗教改革的思想观点的历史著作。

他的《西班牙史》以西班牙民族的发生、发展和强盛为主题，从起源一直写到他自己的时代，是把伊比利亚半岛作为一个整体来叙述的通史著作。尽管关注古代"世系"和传统是该书的显著特征，但它也没有轻忽当代事件，初版后的续编对当代事件给予了更多的叙述，甚至赋予某些重大事件以特殊意义。例如，前25卷结束于1492年就具有深意，他是把1492年西班牙人攻占格拉纳达，长达数百年的"收复失地运动"（Reconquista，718—1492年）的最终胜利看作西班牙历史的一个关键点，标志着一个时代的结束。对摩尔人战争的胜利不仅是西班牙民族发展中的重大事件，而且也是基督教世界的胜利，整个西班牙至此重归耶稣基督的怀抱。在马里亚纳看来，西班牙人的真正价值在于由来已久的宗教虔诚精神，以及世世代代成就的丰功伟业，长期抵抗摩尔人的战争更提升了这一价值。正是由于西班牙人的古老、虔诚和勇敢，使他们特别渴望宣示自己的民族身份，希望在欧洲民族之林中有自己的位置。马里亚纳不仅颂扬西班牙人的源远流长，而且引用普林尼等古代作家的著作来证明西班牙是全欧最美好、最富饶的地方。从起源一直写到自己时代是意大利人文主义历史著作的特点，可是西班牙现实政治和宗教斗争的复杂和残酷使马里亚纳望而却步。在1592年后，他续写了第26卷。这一卷的时间上限是1492年，结束于斐迪南二世去世（1516年）。在这一卷中他向读者保证，要继续写下去，因为格拉纳达战争后，西班牙发生了前所未有最值得记述的事件。然而，这一卷的实际内容却主要是叙述那不勒斯战争、西印度群岛的发现，以及葡萄牙人的远洋航行（尤其是达·伽马的航行），明显在回避评述西班牙的现实。只是在该书的1623年版，他在后面几卷中"概括了随后年代发生的事件"，使时间下限延伸到1621年，即菲利普三世去世那一年。[①]

马里亚纳是一位人文主义史家，他认识到人文主义学术给历史写作

---

① Gonzalo Psamar, *Apologia and Criticism: Historians and History of Spain, 1500 - 2000*, Bern: Peter Lang AG, 2010, p. 30.

带来的新变化，力图与传统编年史家保持距离。他相信，人文主义新史学是以语文学方法为基础，注重事件的因果分析和人物心理动机的描写，试图从具体事例中抽绎出政治和道德行为准则，强调历史教育意义和垂训作用。他认为历史是人类的伟大老师，现在就像过去一样，"那些曾经发生过的事情会再次发生"，人们可以从过去预测未来。① 其次，在编史过程中，他效仿的古典榜样是古罗马历史家李维，所以他的著作有生动又富于戏剧性的叙事，有对人物外表和心理的细致描写，还利用虚构人物对话和演讲词这一文学手法来讲述背景，组织情节，表达自己的政治和道德观点。全书有60多处使用了对话和演讲词，这不仅使叙事结构更紧凑有致，而且使作者笔下的士兵、骑士、贵族和教皇个个栩栩如生。最后，在史料搜集和处理上，他眼界开阔，又非常仔细谨慎。当有第一手资料可用时，他总是充分利用，尽量使自己的叙述忠实于历史事实。在1601年版的序言中，他援引西塞罗的"历史的第一法则"来阐明历史真实的重要性。他明白自己讲述的许多故事只是美丽的传说，因而从不自诩所述全都准确无误，甚至公开承认自己"所述远远超过所信"。② 他像布鲁尼等人文主义史家一样，对中古编年史材料进行巧妙的处理，使其符合人文主义修辞风格。另外，他广泛利用了古代作家关于西班牙的记述，对美洲的叙述则主要依据戈马拉等人的描写。

《西班牙史》出版后一再重印，并且有许多历史家续编该书到作者自己的时代，因此，在长达两个世纪的时间内，西班牙一直没有产生能与其媲美的民族历史著作。直到19世纪上半期才出现其他历史家写作的从起源开始的西班牙通史。社会政治经济环境的变化必然带来对史学的新需要，史学本身的发展也必然催生新的史学观点，产生新的历史写作方法，而对既存著述的批判从来就是新史学产生和发展的动因。因此，马里亚纳这部著作独步两个世纪，是其引来各方无数批评的主要原因。反对者不遗余力，认为马里亚纳缺乏批判精神，把神话与史实、传

---

① John Laures, *Political Economy of Juan de Maiana*, New York: Fordham University Press, 1928, p. 10.
② Ibid., p. 9.

说与历史混为一谈,用错误的编年顺序取代了正确历史时间。另一方面,那些生活在 19 世纪中期,支持中央集权的民族主义者们则竭力为其辩护,他们基于民族意识和爱国热忱,给予它崇高的评价,认为它是西班牙民族史学的杰作,同时,把它的错误归之于作者所处时代缺乏现代史学知识和技术,又受到教会书籍审查方面的诸多限制。实际上,超越民族、宗教等意识形态因素,把马里亚纳的著作放到西方史学发展历程中来考察,我们可以看到,马里亚纳是一位具有深厚爱国情怀的人文主义史学家。总之,"马里亚纳的著作说明他是一位浸透了其时代人文主义精神的人,批判、理性和自由是他的指导思想。"①

第三节 杰出的荷兰民族历史家霍夫特

彼得·科尔内利斯祖恩·霍夫特（Pieter Corneliszoon Hooft，1581—1647 年）1581 年出生于荷兰阿姆斯特丹。他的父亲科内利斯·彼得祖恩曾经参加过反抗西班牙的武装斗争,是一位为人温和、思想独立、学识渊博、受人尊重的绅士,长期担任阿姆斯特丹的市长。霍夫特是家里的长子,自幼聪明过人,加之良好的家庭教育更使他能充分发挥其天赋,表现出卓越的文学创作能力。他还是一个孩子的时候就开始了诗歌写作,16 岁时创作了悲剧《阿基里斯与波吕克塞娜》,并因此成为当时著名的文学团体修辞会的成员。就在他受到许多人追捧的时候,他父亲作出一个明智决定,要他离开家乡,游历欧洲,开阔眼界。1598 年 6 月,霍夫特开始了长达三年的游学经历。在法国的拉罗歇尔逗留了几个月之后,他遍游法国主要城市,然后经海路,从马赛去了意大利。1599 年 7 月,他到达意大利热那亚。他在意大利前后待了一年多,其中大部分时间是在佛罗伦萨和威尼斯度过的。1601 年春,他越过布伦纳山口,在德国游历了一段时间,同年 5 月回到阿姆斯特丹。

三年的欧洲大陆之行,对他的影响是双重的,一方面但丁、塔索等

---

① Lucian Boia (ed.), *Great Historians from Antiquity to 1800: an International Dictionary*, Westport: Greenwood Press, 1989, p. 364.

意大利文学大师的伟大成就给他留下了深刻的印象,于是他下决心要把自己的母语荷兰语锤炼成优美的文学语言,以取代当时处于支配地位的拉丁语;另一方面,离家带来的乡愁也使他更热爱自己的民族,对尼德兰历史更感兴趣。一回到荷兰,他马上致力于古典作家的研究,尤其是对历史家的研究。当然,他在做古典学术研究的同时,还创作了大量诗歌和戏剧。他这一时期的作品虽然没有完全摆脱既存传统的影响,但明显带有意大利清新的风格。大约在这一时期,他去了莱顿大学听课,并开始进行法学研究。关于1606年至1607年他在莱顿大学的学习情况,因史载阙如,我们知之甚少。后来,考虑到他父亲的杰出贡献和他卓越的学术声誉,奥伦治亲王在1609年任命他为梅顿城的行政长官。这一荣誉崇高,又无繁重事务缠身的官职,正好适合年轻的诗人霍夫特。他的官邸梅顿城堡是一座庄严宏伟的菱形古堡,周围有宜人的花园和果园,离阿姆斯特丹不远,费赫特河从旁边静静流过。他入主梅顿城堡起的近40年间,这里就因为他的个人魅力和社会地位而吸引了许多文学、艺术和政治精英,形成了荷兰文化史上著名的"梅顿圈子"(Muiden circle)。[1] 诗人、语文学家、三代奥兰治君王的私人秘书康斯坦丁·惠更斯、著名拉丁语学者卡斯帕·巴尔劳斯、博学家福修斯、杰出的管风琴家斯韦林克、尼德兰科学院的创建人科斯特等都是他家的常客。梅顿城堡经常高朋满座,学者、诗人、艺术家和音乐家济济一堂,壁炉台上刻有古罗马诗人卢坎的格言:"拖延总是有害于有备者",勉励着主人和客人要惜时如金,积极进取。

如上所述,霍夫特16岁就成为修辞会的成员,开始了他的文学生涯。从政后,霍夫特在认真履行地方行政长官职责的同时,排开政治、宗教纷争的干扰,把闲暇时间用来研究、写作和交友。大量的抒情诗、若干部喜剧作品和历史著作表明他具有非凡的创作能力。他用荷兰语写作的十四行诗措辞考究,情感真挚,是对荷兰民族语言文学的一大贡献。他的田园剧和喜剧作品语言优美,格调清新。他是把古典悲剧引入

---

[1] Charles Dudley Warner (ed.), *A Library of the World's Best Literature*, Vol. XIX, New York: Cosimo, Inc., 2008, p. 7610.

荷兰文学的第一人，写作了《阿基里斯与波吕克塞娜》和《提修斯与阿里阿德涅》。他在历史剧《格拉尔德·凡·维尔岑》和《巴耶托，荷兰人的起源》中，表现出对古罗马作家塔西陀的推崇和深厚的爱国情怀。在从事历史写作之前，他曾长期致力于塔西陀著作的翻译。他追随塔西陀，赞扬贵族共和制，认为君主制仅仅是国家多事之秋维持和平的权宜之计。

霍夫特接受过良好的古典教育，拉丁语造诣极高，但他以把荷兰语改造成为真正的文学语言为己任，他的所有历史著作都用荷兰语写作。《法王亨利四世传》（*Henrik de Grote*）是他的第一部历史著作，也是他改造荷兰散文语言的一次尝试。法国国王亨利四世（1589—1610 年在位）是他青年时代心目中的英雄，大约在亨利四世去世六年后，他着手记述这位国王的生平事迹。这部书篇幅不大，却是他呕心沥血的精心之作。对文辞风格的高要求延缓了他的写作，个人生活的不幸更使该书的写作一拖再拖。1618 年，他失去了唯一的女儿格特鲁特，两年后又失去了次子阿诺德。1623 年至 1624 年的短短 17 个月中，他痛失寄予厚望的长子科内利斯，以及他最小的儿子阿诺德第二，33 岁的妻子克里斯蒂娜的去世对他更是沉重打击。因此，这部著作 1616 年开始写作，直到 1624 年才出版。他记述亨利四世的生平事迹的目的是要为荷兰奥兰治王朝的新君主弗雷德里克·亨利提供有益的借鉴。这部著作在国内外取得了巨大成功，受到的欢迎出乎他意料。他的朋友格劳秀斯把它送给法国国王路易十三，这位国王因此册封他及其后代为贵族，并加授他圣迈克尔骑士勋章。为使自己的叙事风格符合古典标准，他把罗马作家塔西陀的著作全部翻译成荷兰语，反复读诵这位古典作家的作品，不断锤炼荷兰语的表达能力。另外，他还学习塔西陀的政治分析方法，通过写作历史著作来表达自己的政治观点。例如，他从来支持贵族政治，赞成荷兰与贵族制国家紧密合作，所以在写作《尼德兰史》（*Nederduytsche Historiën*）的同时，他写作了《美迪奇家族兴起的灾难》（*Rampsaligheden der verheffinge van den Huize van Medicis*）一书以阐述他的这一政治主张，不过这部著作他身前没有发表，在他去世后于 1649 年出版。

《法王亨利四世传》的成功使他受到鼓舞，他以极大的热情投入一项伟大的事业，即写作《尼德兰史》。写作一部自己民族的历史是他很早就有的想法，可能产生于从意大利游学回来的途中。① 1628 年 8 月 19 日，他开始写作《尼德兰史》，此后一直到他去世的将近 20 年时间，他都在孜孜不倦地写作这部巨著。《尼德兰史》从皇帝查理五世退位，即 1555 年开始记述，原打算写到 1609 年《十二年休战协定》的签订，但最终没有完成这一写作计划，只写到 1587 年。他精心推敲文辞，完善自己的叙事风格，同时在资料搜集和处理上花了很大工夫。他搜集的资料包括各种编年史著作和档案文献，以及事件亲历者的描述，并对意大利语、法语、西班牙语和荷兰语的资料进行比较分析，务必使所用资料真实可靠。书中有大量关于战争和围城的描述，这主要依靠他对军事史的研究，以及当时著名的维茨将军写作的军事战略著作。当遇见战争亲历者时，他总是请求他们记下他们的经历和印象，提供给他作为资料。他每写完一部分就把书稿送到朋友们手中，征求他们的修改意见，甚至通过朋友惠更斯把书稿送给荷兰执政阅读。由于他治学严谨，精益求精，所以该书写作非常缓慢。1634 年，他完成了 11 卷，但他并没急于出版，8 年后，即 1642 年才出版了前 20 卷，记述到 1584 年沉默者威廉被刺。最后几卷的写作更为艰辛，公务耽搁，病痛缠身，使他预感到没有能力完成预定计划。他在去世前两个月致信给他的朋友说："由于健康原因，我感到来日无多，非常害怕不能完成该书。"② 1647 年 5 月，他赴海牙出席奥兰治的弗里德里克·亨利的葬礼期间，因病去世。他的《尼德兰史》没有完成，余下几卷在他去世后于 1656 年出版。

《尼德兰史》尽量超越党派和宗教偏见，以荷兰争取独立自由的斗争为主题，如实地记述了整个尼德兰革命的过程。他发誓，绝不掩盖历史的真相，即便有时真相对祖国不利，也要秉笔直书。正如他在序言中所说，他准备写一部充满冒险和故事的著作，写来令人痛心：有可怕的

---

① George Edmundson, "Pieter Corneliszoon Hooft," *English Historical Review*, Vol. 9, No. 33, (1894), p. 87.

② Ibid., p. 88.

战役、围困和海战,以及暴戾的叛乱;有对外作战的胜利和停战、国内党派分裂和由此产生的战争,以及短暂的和平。居民在灾祸中乱作一团,被迫拿起武器,铤而走险。兵燹所至,城市、教堂遭受破坏,道德风俗沦丧。人类相互之间的残杀招来天谴:地震、瘟疫、饥荒、洪水接连不断。政府首脑被放逐,王公贵族被剥夺,欧洲到处挤满流亡者。宫廷中人们彼此仇视,法律、特权尽遭践踏。不少勇敢的贵族命丧断头台,许多人只因宗教信仰死在刽子手的屠刀之下。无辜者遭受无妄之灾,生命财产朝不保夕,同城市民相互残杀,同室兄弟视如寇仇。书中的描述建立在大量史料基础之上,展示了作者求真的精神、渊博的学识,而且语言形象生动,明朗有力,流畅优美。[1] 尽管他对所用文献进行了文辞修饰,并使用了虚构演讲词这一文学手法,但直到18世纪末,《尼德兰史》依然被认为是一部伟大的信史。即便是现在,西方史学史家还是把它看作17世纪荷兰史学的里程碑。[2]

霍夫特写作《尼德兰史》的初衷不是要在众多记述尼德兰革命的历史著作之上再增加一部,他的目的是要以优美的民族语言来匹配这伟大的历史主题,要使奥兰治亲王沉默者威廉永垂史册,使那些为荷兰独立自由而奋斗的人为子孙后代所记忆。《尼德兰史》洋溢着爱国热情和民族自豪,不仅是一部杰出的历史著作,而且是一部荷兰民族的散文史诗。早在16世纪末,由于众多文学家的努力,荷兰语逐渐走向成熟,成为一种适宜的文学语言,但还是有许多人鄙视荷兰语,就连霍夫特的朋友诗人凡·巴勒都说:"我们荷兰人说的是哪种话呢?是从外国话里搬来的字眼凑成的!……既然如此,为什么我们不干脆采用罗马的神圣语言呢?罗慕路那些强大的子孙曾在这片平原上扎过营啊。"霍夫特的诗歌创作为荷兰文学注入了清新流畅的意大利风格,他坚持使用民族语言写作散文历史著作,更是对荷兰民族文学语言发展的重大贡献。他利用塔西陀等人的古典拉丁语风格来改造荷兰散文语言,使荷兰语具有了

---

[1] 汤普森:《历史著作史》(上卷),谢德风译,商务印书馆1988年版,第831页。
[2] Lucian Boia (ed.), *Great Historians from Antiquity to 1800: an International Dictionary*, Westport: Greenwood Press, 1989, p. 99.

优雅平衡的句式结构、明晰生动的叙事能力、丰富雄辩的表现能力,以至于著名学者汤普森说:"他这部著作最令人惊叹的地方,是他的荷兰语的纯洁和优美,实际上这是霍夫特一手创造出来的。"①

第四节　最博学的荷兰历史家格劳秀斯

雨果·格劳秀斯（Hugo Grotius, 1583—1645年）1583年4月10日出生于荷兰代尔夫特城。他的祖父来自一个法国贵族卡尔纳家族,名叫科尼利厄斯·卡尔纳。科尼利厄斯娶了代尔夫特城地方行政长官迪德里克·德·格鲁特的唯一女继承人,遵从岳父的要求,其子女随母姓,所以格鲁特（Groot,拉丁化拼作Grotius）就成为家族姓氏。格鲁特家族有深厚的家学渊源,格劳秀斯的父亲约翰·格鲁特是一位法学博士、莱顿中学的校长、著名学者和律师。作为一个早慧的天才儿童,格劳秀斯很快使所有家族成员黯然失色。格劳秀斯9岁写作拉丁诗歌,12岁成为莱顿大学的学生,在著名人文主义者斯卡利杰门下求学。当时荷兰著名学者诺德韦克的诸侯雅鲁斯·道扎（1545—1604年）对他赞不绝口,宣称:"格劳秀斯不久就会超越同侪,媲美古代最博学者。"② 进入莱顿大学两年后,格劳秀斯校注了古代作家马尔蒂亚鲁斯·卡帕拉论人文学科的著作,展现出非凡的学术研究能力,荷兰学界为之震惊。同年,他翻译出版了西蒙·史蒂文论航海的著作。接下来,他又翻译了希腊诗人阿拉图斯的《天象》,表现出他良好的拉丁语能力。他的才华引起了荷兰共和国政治领导人奥登巴内维尔德的注意,1598年随其出使法国,受到法国国王亨利四世的赞赏。正是在这次出使法国期间,奥尔良大学授予他法学博士学位。到1599年,他作为希腊语和拉丁语诗人,以及古典学者的声誉已经奠定。1601年,荷兰共和国任命他为编史官,

---

① 汤普森:《历史著作史》（上卷）,谢德风译,商务印书馆1988年版,第831页。
② William Rattigan, "Hugo Grotius", *Journal of the Society of Comparative Legislation*, New Series, Vol. 6, No. 1, (1905), p. 69.

更是对其天才的进一步承认。① 从法国回来后，他马上开始从事律师工作，接第一个案子时还不到 17 岁。他的法律生涯非常成功，担任荷兰、西兰和弗里斯兰总检察官时才年满 24 岁。

1613 年，格劳秀斯被任命为鹿特丹市议会议长，由此进入荷兰高层政治，卷入了激烈的政治斗争。后来，他因为主张宗教宽容，反对宗教迫害，又与荷兰抗议派领袖奥登巴内维尔德过从甚密，在 1618 年被捕入狱。次年，根据荷兰联省共和国执政拿骚的莫里斯亲王的命令，以叛国罪起诉奥登巴内维尔德和格劳秀斯等人。奥登巴内维尔德被处极刑，格劳秀斯被判终身监禁，囚于荷兰南部的鲁韦斯坦城堡。刚开始对他的看管非常严格，后来逐渐有所松懈，允许他的妻子每周探视两次，可以接受朋友寄来的书籍和信件，但在往来书信中不能谈论政治。守卫的松懈为他妻子帮助他越狱提供了条件。当时，他妻子定期要为他送一箱书籍，起初守卫对书箱检察非常严格，后来逐渐允许不经检查直接送进去。于是，在 1621 年他妻子策划了一个周密的越狱计划，谎称格劳秀斯因为读书太用功，病倒了，需要把书籍全部转运出去，以便他好好养病。这样，他就被藏在其中一个书箱中，运出了城堡。成功越狱的格劳秀斯，很快逃到了法国。流亡法国期间，他受到法国国王路易十三的热情款待，每年给他 3000 里弗的津贴，不过由于枢机主教黎塞留从中作梗，这笔津贴经常不能按时发放。流亡生活的艰辛使他无时无刻不想念祖国，于是，他拿起笔为自己写辩护词。然而，正是这份辩护词激怒了荷兰议会，颁布法令禁止他的辩护词在荷兰人中传播，从而彻底断绝了他回国的想法。因此，他听从朋友的建议，于 1623 年 2 月 26 日致信法国国王，申请归化法国。国王同意了他的申请，给予他特殊保护。1631 年，他曾在朋友们的劝诱下，回到荷兰，结果被荷兰议会再次驱逐，从此没有再踏上过祖国的土地。

1632 年，他去了德国汉堡，两年后他担任了瑞典驻法国宫廷的使节。他担任这一职位长达 10 年之久，在多次外交谈判中与法国国王路

---

① Paul F. Grendler, (editor in chief), *Encyclopedia of The Renaissance*, New York: Charles Scribner's Sons, 1999, Vol. 3, p. 92.

易十三的宰相狡猾的黎塞留交锋，证明了自己的外交才干，赢得了瑞典女王克里斯蒂娜和摄政乌克森谢纳的赞扬和友谊。1645 年，他离开巴黎，赴瑞典卸任，5 月到达汉堡，随后游历了吕贝克和维斯马，沿途受到热情的迎接。在维斯马港，瑞典皇家海军安排了一艘战舰，送他到科尔马，然后经陆路到达斯德哥尔摩。女王在首都亲自接见了他，并与他长谈，希望他能担任国务顾问，继续为瑞典服务，但他婉拒了女王的邀请。同年 8 月，他启程返回法国，8 月 26 日经过罗斯托克时，重病不起，离开了人世。他去世后，曾被暂时安葬在罗斯托克，后来归葬于荷兰代尔夫特的家族墓地。

作为一个早慧的天才，其学术生涯漫长，无论在繁忙的政务中，还是苦难的监禁中，他都没有放弃学术研究和写作。他留下了大量文学、法学、神学和史学等多方面的著作，传世的有 120 部拉丁语和荷兰语著作、7800 多封书信。[①] 在他自己的时代，他以古典学术研究，以及大量政治学、法学和神学著作而享誉全欧。历史著作只是他全部著作中很小的部分，但其中充满强烈的爱国热情，以及对尼德兰争取自由独立的艰难岁月的深情追忆。1601 年，就在他担任共和国编史官的第二年，他写作了《雅典人、罗马人和巴达维亚人政制比较》（Parallelon rerumpublicarum，生前没有出版，1802—1803 年才印刷出版）。他在书中对雅典人、罗马人和巴达维亚人的性格、习俗和政治制度进行比较研究，根据他的证据得出结论，认为低地国家的居民比雅典和罗马居民更优越，因为他们在贤人政制下拥有自由的天性。1610 年，他发表了《巴达维亚国家古史》（De antiquitate reipublicae Batavicae）一书，被认为是前书的续篇。他在这部书中再次用过去来为现在辩护，认为"现在所谓荷兰人"就是古巴达维亚人。巴达维亚人自从罗马时代就是独立自主的，他们的政府是由最优秀的公民代表组成的。在以后的岁月中，即便他不再写作这类历史政治论著，但他仍然真诚地相信荷兰人的巴达维亚起源神话。"在很长一段时期内，他对历史的这种解释在荷兰影响很大，它在

[①] Paul F. Grendler (editor in chief), *Encyclopedia of The Renaissance*, New York：Charles Scribner's Sons, 1999, Vol. 3, p. 92.

荷兰的作用类似于霍特曼的法兰克—高卢观点在法国的作用，因为它使新荷兰国家有了一部合用的历史。"①

格劳秀斯一生致力于基督教的统一，试图在欧洲建立新型的基督教与世俗社会的关系。正是这种宗教和政治关怀使他思考圣经传统和古代历史，重视欧洲列强国内宗教政治纷争和欧洲列强之间的战争，关心欧洲的海外探险和异域他邦的风俗习惯，并对各民族政治和文化进行比较研究，以此来维护自己的宗教和政治观点。同时，文艺复兴时期人文学术的发展和美洲的发现使世界历史的编年方法、统一性和分期问题，以及对新发现的美洲的整合成为这一时期西欧历史家们争论的焦点。因此，格劳秀斯写于鲁韦斯坦城堡、1642 年在巴黎发表的《论美洲人的起源》（*De origine gentium Americanarum dissertatio*）一书不仅与他长期的学术兴趣相一致，也是他积极参与历史学术争论的表现。

在这本书中，他对美洲人的起源提出了自己的看法。他既不同意美洲人源于犹太人的流行观点，也不简单地赞成西班牙耶稣会士阿科斯塔等人的美洲人是迁徙到美洲的亚洲鞑靼人的观点。他认为，美洲不同地域的印第安人有不同的起源。以巴拿马地峡为分界线，美洲被分成南北两部分。北欧人首先迁徙到冰岛，随后从冰岛到格陵兰岛、弗里斯兰、埃斯托蒂兰，最后到达巴拿马地峡。因此，美洲北部的印第安人是北欧人的后裔，而南部的印第安人则源于亚洲鞑靼人或西徐亚人。更有趣的是，为支撑自己的观点，他利用了人种学和语言学的"证据"，通过比较分析地峡以北的美洲人与北欧人在语言、政制、宗教和亲属结构以及其他风俗习惯等方面的相似性，来证明两种人同出一源，拥有共同的文化特征。而且北部印第安人与南部起源于亚洲的印第安人是两种完全不同的类型，文化上有很大差异，如北欧日耳曼人实行一夫一妻制，而西徐亚人是一夫多妻制。作为人文主义者的格劳秀斯承认他的观点和方法有古典渊源，一个是塔西陀对古代日耳曼人的描述，另一个则是希罗多

---

① Lucian Boia, (ed.), *Great Historians from Antiquity to 1800: an International Dictionary*, Westport: Greenwood Press, 1989, p. 97.

德关于西徐亚人的记载。① 中世纪以来的传统普世史中,世界民族大家庭的成员是稳定的,各民族的发源地都是近东地区。美洲和西印度群岛的发现打破了这一世界史解释框架。将美洲整合进世界史,成为摆在16—17世纪历史家面前的难题,否则,过去的所谓普世史就不是普世的,而现在和未来的世界史也将是不可能的。格劳秀斯等人所持的美洲人从亚洲和欧洲迁徙而来的观点,有助于同时代人解释印第安人在美洲的存在,又保持了圣经上所说人类起源于近东的单一起源说。同时,格劳秀斯的论证方法使我们看到传统的历史神意决定论日趋过时,世俗的历史解释越来越占据主流。

他最重要的历史著作是1610年开始写的《低地国家的编年史和历史》(*Annales et Historiae de rebus Belgicus*)。该书是他作为共和国编史官,接受政府委托而写的。他打算追随当时流行的人文主义史学风格,面向欧洲各国读者,编写一部恢宏的历史著作,记述荷兰反抗西班牙,争取独立的整个过程。然而,当1612年格劳秀斯完成书稿时,共和国当局却不准备让它印刷出版,这可能与当时荷兰国内围绕同西班牙的12年休战展开的激烈政治争论有关。这部书是一部典型的人文主义风格史学著作,以政治和军事为叙事主线,模仿塔西陀等古典作家的拉丁语风格,充满强烈的爱国主义感情,强调历史的政治和道德垂训作用。它记述了从尼德兰革命开始到1609年之间的历史事件,注重分析历史人物的心理动机和历史事件的前因后果,对尼德兰革命原因的分析尤为突出。作为外交家和善于使用比较方法的政治理论家,他非常关注对荷兰国内形势有影响的国际环境的发展变化,他讨论了欧洲人的远洋探险活动,以及探险家所遇见的异域他邦的风俗习惯。

虽然他生前没有成功出版这部著作,但他还是非常看重它,无论在狱中还是流亡国外期间,一直在对书稿进行修改。这部著作最早的印刷版由他儿子1657年在阿姆斯特丹出版。由于经过多次修订,已经不是原初的样子,严格编年叙述的特征,以及政治和军事行为之间的联系时

---

① Joan-pau Rubies, "Hugo Grotius's Dissertation on the Origin of the American Peoples and the Use of Comparative Methods," *Journal of the History of Ideas*, Vol. 52, No. 2, (1991), p. 231.

常被众多的细节描述所淹没。他使用拉丁语写作的一个重要目的是试图通过对各次战役和围城的详细描述和讨论,向外国人解释尼德兰革命的性质。在分析革命原因时,他显然忽略了宗教因素在其中起的重要作用,而仅仅从政治角度看待国内各种政治争端。尽管如此,"格劳秀斯与他的同时代人霍夫特一样,仍然是荷兰共和国文艺复兴史学的最伟大也是最后的继承人。"[1]

---

[1] Lucian Boia (ed.), *Great Historians from Antiquity to 1800: an International Dictionary*, Westport: Greenwood Press, 1989, p. 98.